本书系山西省教育厅高等学校哲学社会科学研
"'巴斯德象限'视角下的山西计算机软
产学研合作问题及对策研究"（W20151025）
教育部人文社会科学重点研究基地
山西大学"科学技术哲学研究中心"基金
山西省优势重点学科基金
资　助

山西大学
认知哲学丛书
魏屹东　主编

智能机自语境化认知模型建构
——认知的语境论研究

杨小爱/著

科学出版社

北　京

图书在版编目(CIP)数据

智能机自语境化认知模型建构：认知的语境论研究 / 杨小爱著. —北京：科学出版社，2016

（认知哲学丛书 / 魏屹东主编）

ISBN 978-7-03-048616-5

Ⅰ.①智… Ⅱ.①杨… Ⅲ.①认识过程-研究 Ⅳ.①B017

中国版本图书馆 CIP 数据核字（2016）第126715号

丛书策划：侯俊琳 牛 玲
责任编辑：牛 玲 刘 溪 乔艳茹 / 责任校对：张怡君
责任印制：张 伟 / 封面设计：无极书装
编辑部电话：010-64035853
E-mail:houjunlin@mail.sciencep.com

科学出版社 出版
北京东黄城根北街16号
邮政编码：100717
http://www.sciencep.com
北京京华虎彩印刷有限公司 印刷
科学出版社发行 各地新华书店经销
*
2016年 7 月第 一 版 开本：720×1000 B5
2018年 1 月第三次印刷 印张：13
字数：244 000
定价：**65.00元**
（如有印装质量问题，我社负责调换）

丛 书 序

21 世纪以来，在世界范围内兴起了一个新的哲学研究领域——认知哲学（philosophy of cognition）。认知哲学立足于哲学反思认知现象，既不是认知科学，也不是认知科学哲学、心理学哲学、心灵哲学、语言哲学和人工智能哲学的简单加合，而是在梳理、分析和整合各种以认知为研究对象的学科的基础上，立足于哲学（如语境实在论）反思、审视和探究认知的各种哲学问题的研究领域。认知哲学不是直接与认知现象发生联系，而是通过以认知现象为研究对象的各个学科与之发生联系。也就是说，它以认知概念为研究对象，如同科学哲学是以科学为对象而不是以自然为对象，因此，它是一种"元研究"。

在这种意义上，认知哲学既要吸收各个相关学科的理论成果，又要有自己独特的研究域；既要分析与整合，又要解构与建构。它是一门旨在对认知这种极其复杂的心理与智能现象进行多学科、多视角、多维度整合研究的新兴研究领域。认知哲学的审视范围包括认知科学（认知心理学、计算机科学、脑科学）、人工智能、心灵哲学、认知逻辑、认知语言学、认知现象学、认知神经心理学、进化心理学、认知动力学、认知生态学等涉及认知现象的各个学科中的哲学问题，它涵盖和融合了自然科学和人文科学的不同分支学科。

认知哲学之所以是一个整合性的元哲学研究领域，主要基于以下理由：

第一，认知现象的复杂性，决定了认知哲学研究的整合性。认知现象既是复杂的心理与精神现象，同时也是复杂的社会与文化现象。这种复杂性特点必然要求认知科学是一门交叉性和综合性的学科。认知科学一般由三个核心分支学科（认知心理学、计算机科学、脑科学）和三个外围学科（哲学、人类学、语言学）构成。这些学科不仅构成了认知科学的内容，也形成了研究认知现象的不同进路。系统科学和动力学介入对认知现象的研究，如认知的动力论、感知的控制论和认知的复杂性研究，极大地推动了认知科学的发展。同时，不同学科之间也相互交融，形成新的探索认知现象的学科，如心理学与进化生物学交叉产生的进化心理学，认知科学与生态学结合形成的认知生态学，神经科学与认知心理学结合产生的认知神经心理学，认知科学与语言学交叉形成的认知语义学、认知语用学和认知词典学。这些新学科的产生增加了探讨认知现象的新进路，也说明对认知现象本质的揭示需要多学科的整合。

第二，认知现象的根源性，决定了认知哲学研究的历史性。认知哲学之所以能够产生，是因为认知现象不仅是心理学和脑科学研究的领域，也历来是哲学家们关注的焦点。这里我粗略地勾勒出一些哲学家的认知思想——奥卡姆（Ockham）的心理语言、莱布尼茨（G. W. Leibniz）的心理共鸣、笛卡儿（R. Descartes）的心智表征、休谟（D. Hume）的联想原则（相似、接近和因果关系）、康德（I. Kant）的概念发展、弗雷格（F. Frege）的思想与语言同构假定、塞尔（J. R. Searle）的中文屋假设、普特南（Hilary W. Putnam）的缸中之脑假设等。这些认知思想涉及信念形成、概念获得、心理表征、意向性、感受性、心身问题，这些问题与认知科学的基本问题（如智能的本质、计算表征的实质、智能机的意识化、常识知识问题等）密切相关，为认知科学基本问题的解决奠定了深厚的思想基础。可以肯定，这些认知思想是我们探讨认知现象的本质时不可或缺的思想宝库。

第三，认知科学的科学性和人文性，决定了认知哲学研究的融合性。认知科学本身很像哲学，事实上，认知科学的交叉性与综合性已经引发了科学哲学的"认知转向"，这在一定程度上从认知层次促进了自然科学与人文科学、科学主义与人文主义的融合。我认为，在认知层面，科学和人文是统一的，因为科学知识和人文知识都是人类认知的结果，认知就像树的躯干，科学和人文就像树的分枝。例如，对认知的运作机制及规律、表征方式、认知连贯性和推理模型的研究，势必涉及逻辑分析、语境分析、语言分析、认知历史分析、文化分析、心理分析、行为分析，这些方法的运用对于我们研究心灵与世界的关系将大有益处。

第四，认知现象研究的多学科交叉，决定了认知哲学研究的综合性。虽然认知过程的研究主要是认知心理学的认知发展研究、脑科学的认知生理机制研究、人工智能的计算机模拟，但是科学哲学的科学表征研究、科学知识社会学的"在线"式认知研究、心灵哲学的意识本质、意向性和心脑同一性的研究，也同样值得关注。因为认知心理学侧重心理过程，脑科学侧重生理过程，人工智能侧重机器模拟，而科学哲学侧重理性分析，科学知识社会学侧重社会建构，心灵哲学侧重形而上学思辨。这些不同学科的交叉将有助于认知现象的整体本质的揭示。

第五，认知现象形成的语境基底性，决定了认知哲学研究的元特性以及采取语境实在论立场的必然性。拉考夫（G.Lakoff）和约翰逊（M.Johnson）认为，心灵本质上是具身的，思维大多是无意识的，抽象概念大多是隐喻的。我认为，心理表征大多是非语言的（图像），认知前提大多是假设的，认知操作大多是建模的，认知推理大多是基于模型的，认知理解大多是语境化的。在人的世界中，一切都是语境化的。因此，立足语境实在论研究认知本身的意义、分类、预设、结构、隐喻、假设、模型及其内在关系等问题，就是一种必然选择，事实上，语境实在论在心理学、语言学和生态学中的广泛运用业已形成一种趋势。

需要指出的是，与"认知哲学"极其相似也极易混淆的是"认知的哲学"（cognitive philosophy）。在我看来，"认知的哲学"是关于认知科学领域所有论题的哲学探究，包括意识、行动者和伦理，最近关于思想记忆的论题开始出现，旨在帮助人们通过认知科学之透镜去思考他们的心理状态和他们的存在。在这个意义上，"认知的哲学"其实就是"认知科学哲学"，与"认知哲学"相似但还不相同。我们可以将"cognitive philosophy"译为"认知的哲学"，将"philosophy of cognition"译为"认知哲学"，以便将二者区别开来，就如同"scientific philosophy"（科学的哲学）和"philosophy of science"（科学哲学）有区别一样。"认知的哲学"是以认知（科学）的立场研究哲学，"认知哲学"是以哲学的立场研究认知，二者立场不同，对象不同，但不排除存在交叉和重叠。

如果说认知是人们如何思维，那么认知哲学就是研究人们思维过程中产生的各种哲学问题，具体包括以下十个基本问题。

（1）什么是认知，其预设是什么？认知的本原是什么？认知的分类有哪些？认知的认识论和方法论是什么？认知的统一基底是什么？有无无生命的认知？

（2）认知科学产生之前，哲学家是如何看待认知现象和思维的？他们的看法是合理的吗？认知科学的基本理论与当代心灵哲学范式是冲突的还是融合的？能否建立一个囊括不同学科的、统一的认知理论？

（3）认知是纯粹心理表征还是心智与外部世界相互作用的结果？无身的认知能否实现？或者说，离身的认知是否可能？

（4）认知表征是如何形成的？其本质是什么？有没有无表征的认知？

（5）意识是如何产生的？其本质和形成机制是什么？它是实在的还是非实

在的？有没有无意识的表征？

（6）人工智能机器是否能够像人一样思维？判断的标准是什么？如何在计算理论层次、脑的知识表征层次和计算机层次上联合实现？

（7）认知概念（如思维、注意、记忆、意象）的形成的机制和本质是什么？其哲学预设是什么？它们之间是否存在相互作用？心-身之间、心-脑之间、心-物之间、心-语之间、心-世之间是否存在相互作用？它们相互作用的机制是什么？

（8）语言的形成与认知能力的发展是什么关系？有没有无语言的认知？

（9）知识获得与智能发展是什么关系？知识是否能够促进智能的发展？

（10）人机交互的界面是什么？人机交互实现的机制是什么？仿生脑能否实现？

当然，在认知发展中无疑会有新的问题出现，因此，认知哲学的研究域是开放的。

在认知哲学的框架下，本丛书将以上问题具体化为以下论题。

（1）最佳说明的认知推理模式。最佳说明的认知推理研究是科学解释学的一个重要内容，是关于非证明性推理中的一个重要类型，在法学、哲学、社会学、心理学、化学和天文学中都能找到这样的论证。除了在科学中有广泛应用外，最佳说明的认知推理也普遍存在于日常生活中，它已成为信念形成的一种基本方法。探讨这种推理的具体内涵与意义，对人们的观念形成以及理论方面的创新是非常有裨益的。

（2）人工智能的语境范式。在语境论视野下，将表征和计算作为人工智能研究的共同基础，用概念分析方法将表征和计算在人工智能中的含义与其在心灵哲学、认知心理学中的含义相区别，并在人工智能的符号主义、联结主义及行为主义这三个范式的具体语境中厘清这两个核心概念的具体含义及特征，从而使人工智能哲学与心灵哲学区别开来，并基于此建立人工智能的语境范式来说明智能的认知机制。

（3）后期维特根斯坦（L. Wittgenstein）的认知语境论。维特根斯坦作为20世纪的大哲学家，其认知思想非常丰富，且前后期有所不同。对前期维特根斯坦的研究大多侧重于其逻辑原子论，而对其后期的研究则侧重于语言哲学、现象学、美学的分析。从语言哲学、认知科学和科学知识社会学三方面来探讨后期维特根斯坦的认知语境思想，无疑是认知哲学研究的一个重要内容。

（4）智能机的自语境化认知。用语境论研究认知是回答以什么样的形式、基点或核心去重构认知哲学未来走向的一个重大问题。通过构建一个智能机自语境化模型，对心智、思维、行为等认知现象进行说明，表明将智能机自语境化认知作为出发点与落脚点，就是以人的自语境化认知过程为模板，用智能机来验证这种演化过程的一种研究策略。这种行为对行为的验证弥补了以往"操作模拟心灵"的缺陷，为解决物理属性与意识概念的不搭界问题提供了新思路。

（5）意识问题的哲学分析。意识是当今认知科学中的热点问题，也是心灵哲学中的难点问题。以当前意识研究的科学成果为基础，从意识的本质、意识的认知理论及意识研究的方法论三个方面出发，以语境分析方法为核心探讨意识认知现象中的哲学问题，提出了意识认知构架的语境模型，从而说明意识发生的语境发生根源。

（6）思想实验的认知机制。思想实验是科学创新的一个重要方法。什么是思想实验？它们怎样运作？在认知中起什么作用？这些问题需要从哲学上辨明。从理论上理清思想实验在哲学史、科学史与认知科学中的发展，有利于辨明什么是思想实验，什么不是思想实验，以及它们所蕴含的哲学意义和认知机制，从而凸显思想实验在不同领域中的作用。同时，借助思想实验的典型案例和认知科学家对这些思想实验的评论，构建基于思想实验的认知推理模型，这有利于在跨学科的层面上探讨认知语言学、脑科学、认知心理学、人工智能、心灵哲学中思想实验的认知机制。

（7）心智的非机械论。作为认知哲学研究的显学，计算表征主义的确将人类心智的探索带入一个新的境界。然而在机械论观念的束缚下，其"去语境化"和"还原主义"倾向无法得到遏制，因而屡遭质疑。因此，人们自然要追问：什么是更为恰当的心智研究方式？面对如此棘手的问题，从世界观、方法论和核心观念的维度，从"心智、语言和世界"整体认知层面，凸显新旧两种研究进路的分歧和对立，并在非机械论框架中寻求一个整合心智和意义的突破点，无疑具有重大意义。

（8）丹尼特（D. Dennett）的认知自然主义。作为著名的认知哲学家，丹尼特基于自然主义立场对心智和认知问题进行的研究，在认知乃至整个哲学领域都具有重大意义。从心智现象自然化的角度对丹尼特的认知哲学思想进行剖析，弄清丹尼特对意向现象进行自然主义阐释的方法和过程，说明自由意志的自然化是意识自然化和认知能力自然化的关键环节。

（9）意识的现象性质。意识在当代物理世界中的地位是当代认知哲学和心灵哲学中的核心问题。而意识的现象性质又是这一问题的核心，成为当代心灵哲学中物理主义与反物理主义争论的焦点。在这场争论中，物理主义很难坚持纯粹的物理主义一元论，因为物理学只谈论结构关系而不问内在本质。当这两个方面都和现象性质联系在一起时，物理主义和二元论都看到了希望，但作为微观经验的本质如何能构成宏观经验，这又成了双方共同面临的难题。因此，考察现象性质如何导致了这样一系列问题的产生，并分析了意识问题可能的解决方案与出路，就具有重要意义了。

（10）认知动力主义的哲学问题。认知动力主义被认为是认知科学中区别于认知主义和联结主义的、有前途的一个研究范式。追踪认知动力主义的发展动向，通过比较，探讨它对于认知主义和联结主义的批判和超越，进而对表征与非表征问题、认知动力主义的环境与认知边界问题、认知动力主义与心灵因果性问题进行探讨，凸显了动力主义所涉及的复杂性哲学问题，这对于进一步弄清认知的动力机制是一种启示。

本丛书后续的论题还将对思维、记忆、表象、认知范畴、认知表征、认知情感、认知情景等开展研究。相信本丛书能够对认知哲学的发展做出应有的贡献。

魏屹东

2015 年 10 月 13 日

前　言

　　人类心灵的奥秘一直都是哲学家研究、追问的主要问题。通常，人类的心灵和心灵活动是行为主体在实践基础上对外部现实的能动反映，所涉及的不仅是精神、意识、感知、情感等心理问题，还包括心理活动对外在身体、行为的操纵及支配问题，即"心如何施作用于身"。

　　身心问题一直是哲学界、科学界的学者萦绕心头的"难问题"。本书的意义就在于对这一问题的尝试性探究，具体包括四方面内容。

　　第一，智能机自语境化模型是"认知人本主义"与"认知科学主义"的综合。近现代以来，哲学的发展始终围绕人本主义和科学主义两大思潮展开，认知的哲学情结决定了其发展脉络也必然与此相关，认知人本主义延续了以人为本的宗旨，倡导用未被理性扭曲之本真的人来揭示认知奥秘；认知科学主义继承了理性为纲的研究宗旨，将科学方法当作认知分析的重要事实依据。然而，单纯地重视人性和粗暴地进行理性独断并不能真正地解决认知之困，融合才是趋向。当认知人本主义的自语境化趋向和认知科学主义的计算机模拟趋向结合在一起时，一种取二者之长的新型认知模式出现了，即计算机自语境化认知，它是一种以人的自语境化过程为模板，用计算机来模拟这种演化过程的认知策略。

　　第二，智能机自语境化模型是对人类思维形成过程的一种归纳与提炼。当我们将人的自主性提高到它应有的地位并辅之以语境化认知策略时，就可以推出人类认知的具体过程：在确定认知对象的基础上，认知主体依据自身天赋自主地融入语境，并从语境中获取相关信息，得出一组"可能行为候选集"，而后通过自身的思维能力、经验学习、科学研究、实践检验进行自主选择，选择出最适合或最喜欢的行为响应活动，最终获得有关这种认知对象的螺旋上升的认识。这一过程可分为四种发展形态：无语境化状态、被语境化行为、拟自语境化认知行为和高阶自语境化认知行为。

　　第三，智能机自语境化模型采用的是计算机模拟与思想实验相结合的论证方式。计算机模拟策略是认知科学主义中最普遍、最常用的一种科学研究方案。就目前的人工智能水平而言，狭义数字计算机可以模拟无语境化状态，单纯行为机器可以模拟被语境化行为，但是拟自语境化认知行为和高阶自语境化认知行为尚无可对应的智能机器，笔者通过"老虎思想实验"设想出"以生存为目标的低阶意识机器"及"完全类人化的高阶情感机"，用二者来模拟"拟自语境化认知行为"和"高阶自语境化认知行为"。通过计算机模拟的方式来验证人类思维形成过程的认知策略是一种行为对行为的模拟，它弥补了以往"操作模拟心灵"的缺陷，为解决物理属性与意识概念之间的不搭界问题提供了新思路。

　　第四，智能机自语境化模型究竟为何？概而论之，智能机自语境化模型由三个小模型组合而成：自语境化认知判定模型、自语境化认知发展模型和自语境化认知实现模型。自语境化认知判定模型主要是对自语境化认知判定依据的分析：当一种思维方式或一种行为符合"自主性""行为响应"和一些独有特质时，我们就可以说这种思维或行为是一种自语境化认知。用智能机来验证这一判定假设，就是要看四种智能机类型的自语境化认知状况同它本身的内涵界定是否一致。自语境化认知发展模型则是通过智能机四种类型的发展过程同自语境化认知四种发展阶段的契合性，验证出自语境化认知的发展假设是合理的，并论证出用智能机检验自语境化认知的研究策略也是可行的。自语境化认知实现模型对自语境化认知的实现路径进行了假设，这种假设体现出，自语境化认知的实现是进化突现的结果。同时，智能机四种形态的发展过程同样是在"秩序与混沌"中进化突现的结果，这验证了自语境化认知的这一假设。

　　至此，我们可以得出结论：自语境化认知及其相关假设是合理的。

　　本书结尾部分还对可能存在和仍未解决的一些疑惑进行了解释，如自语境化认知概念的可辨析性、自语境化认知同行为主义理论的区别、假设—检验思路的可操作性、智能机所依循的思维标准、认知人本主义与认知科学主义流派的界定、智能机自语境化的哲学意义及新理念的可行性。当然，这并不是结束，而是有关智能机自语境化模型建构的一个开始，若要完善这一模型，领略其深邃含义，还需于细微深处见真知，更多内容留待日后继续研究。

杨小爱

2016 年 4 月

目　　录

第一章

绪 论

第一节　选题的缘起及意义

认知是行为主体在实践基础上对外部现实的能动反映，是一个探索自然奥秘的过程。它主要涉及感觉、知觉、记忆、思维、语言、行为等的操纵和运用，与此相关的问题即为"认知问题"。认知研究是一项既复杂又神秘的活动，说它复杂是因为到目前为止人类对它的研究还只是停留在初级阶段，说它神秘是因为它总和意识、心灵、情感等感性因素纠缠在一起，困扰着无数哲学家和科学家。鉴于认知研究的复杂性与神秘性，学者们的研究方式和探索路径也是多元化的，不同的学者会从认知哲学、心理学、语言哲学、计算机科学等不同的角度来加以研习。然而，随着研究的不断深入，学者们逐渐意识到，单纯思辨的认知策略早已无法满足人们对心灵的探索要求，简单地依赖技术也不能使人真正地了解认知，二者的融合才是趋势。于是，在探讨如何将认知理论统一到一个不可还原的、整体的基点上时，一些学者提出了语境论的方案，在他们看来，认知发展理论是运用语境论及语境研究启示法的成功案例[①]。

---

① Wertsch J L, Tulviste P L. Vygotsky and contemporary developmental psychology. Development Psychology, 1992, 28：548-557；Bronfrenbrenner U. Ecology of the family as a context for human development. Development Psychology, 1986, 22：723-742.

在认知系统中，认知过程是语境化的，心智的涌现是语境依赖的，意识的产生也是语境限制的，而人作为最重要的认知主体，也一定是处于语境之中的，所以人是语境化的。然而，人类的特殊性又不仅在于此，"他是一种能够主动地融入新语境或是为自己设置语境的行为主体，因此，人又是自语境化的"[①]。同时，人类还能通过自主地融入语境而获得对客体的进一步认知，并使用这些认知来指导自己的行为，从而使自己保持在一种进步和上升的状态中，这就是自语境化认知。自语境化认知是人类认知的一个完整过程，是思维界定的一个新标准：在确定认知对象的基础上，认知主体依据自身天赋自主地融入语境，并从语境中获取相关信息，得出一组"可能行为候选集"，而后通过自身的思维能力、经验学习、科学研究、实践检验进行自主选择，选择出最适合、最喜欢或以其他原则为基准的行为响应活动，最终获得有关这种认知对象的螺旋上升的认识。

上述有关自语境化认知的理论，确切地说是一种哲学假设，但凡是假设就需要验证，在验证方式的选取上，计算机研究策略进入了我们的视野。也就是说，我们可以用计算机的发展过程和模式来验证认知究竟是不是一个自语境化的过程，如果计算机的发展过程同自语境化认知假设模式相一致，就说明自语境化认知的假设是合理的，反之，则不合理。同时，因为自语境化认知是思维界定的一个标准，那么，如果计算机符合自语境化认知的发展模式，我们也可以说，计算机能够像人一样思维，这是对计算机能否思维的一种新诠释。

但是，这种方案有一个缺陷，即对计算机的定义不明，"当认知学者将大脑说成是计算机、将心灵说成是程序时"[②]，计算机本身就已经能够思维了，也就符合自语境化认知了，那么计算机能否思维的问题已有了预设的答案。因此，必须对计算机加以界定。而之所以选择智能机来代替计算机，是因为它内涵丰富且层次分明。它的四种机器（狭义数字计算机、单纯行为机器、低阶意识机器和高阶情感机）分别涵盖了计算、行为、意识和情感四种形态，且呈逐级递增的趋势。

通过智能机来验证自语境化认知假设有两个优势：首先，它用一种科学的、理性的方式来验证一种哲学假设，比单纯的思辨形式更有说服力；其次，它不是用纯理性（计算机）来模拟感性（心灵、思维），而是用理性行为（计算机操作）来验证理性行为（自语境化认知），因此可以规避"物理属性与意识概念之

---

① 魏屹东. 语境论与科学哲学的重建（下册）. 北京：北京师范大学出版社，2012：536.
② Searle J. The Rediscovery of the Mind. Cambridge：The MIT Press, 1992：15.

间的不搭界问题"①。

因此，智能机自语境化认知对心智研究的意义在于：

第一，提出了一种新的认知概念和思维界定标准——自语境化认知；

第二，用人工智能的相关知识验证了这一假设的合理性；

第三，通过智能机对自语境化认知的验证说明智能机（最终）有可能产生自语境化认知，这为机器思维提供了一种研究新路径；

第四，用智能机论证自语境化认知假设弥补了以往"理性（计算机）模拟心灵"的缺陷，为解决物理属性与意识概念之间的不搭界问题提供了新思路。

第二节　核心概念界定

尽管戴维森曾说过，"试图定义真乃愚蠢的"②，但是"由于认知概念并不像它们所广泛使用时所显示的那样清楚"③，在现实研究中，尤其是讨论和研究科学问题时，概念的模糊常会使人们在一些问题上纠缠不清，因此，"试图定义"是不可或缺的，对概念的界定是保障我们的理论得以理解的必要步骤。

1. 认知自语境化过程的相关概念

这些概念不仅适用于人类，同样也适用于其他性质的物体。

（1）自语境化。它是指行为主体能够主动地融入新语境或能够自主设置语境的一个过程，与它相对应的是被语境化。

（2）自语境化认知。它是一个"自主融入语境—形成相关认识—指导实践行为—进行行为选择"的完整认知过程，是通过自主性将认知主体（物体）与认知客体（语境）加以融合的过程，是一个思维和行为相一致的过程。这个过程以语言为媒介，以自寻优、自组织、自学习、自适应、自进化方式存在。

2. 智能机自语境化认知策略

智能机自语境化认知策略的主要内容是用智能机来验证自语境化认知假设，也就是说，用计算机操作等物理行为对人类认知等物理行为进行模拟，这种行

---

① Crance T. Elements of Mind. London：Oxford University Press, 2001：70-101.

② D. H. 戴维森. 试图定义真乃愚蠢的. 王路译. 世界哲学, 2006, 3：90.

③ Kamppinen M. Consciousness, Cognitive Schemata, and Relativism: Multidisiciplinary Explorations in Cognitive Science. Dordrecht：Kluwer Academic Publishers, 1993：17.

为对行为的模拟规避了人工智能者常用的纯物质表征纯心灵的策略，为理性表征心灵提供了一种新路向。

3. 认知发展的四阶段

认知发展的四阶段即无语境化状态、被语境化行为、拟自语境化认知行为和高阶自语境化认知行为。

（1）无语境化状态。它主要包括两方面的内容：首先，即使行为主体会随着环境的变化而变化，但如果这种变化同人类没有关联，它就可被归为"无语境化状态"。比如，沧海变桑田，花谢又花开。其次，无法进行行为响应的也被列为无语境化状态。比如，一个无用手臂的来回摆动无所谓"选择—响应"，因此也属于无语境化状态。

（2）被语境化行为。与自语境化认知相对的是被语境化行为，即行为主体虽然也能进行行为活动，但在"接收刺激—做出反应"的这个过程中，行为主体是"被动地融入语境"的。支配被语境化行为的既可以是自然规律，也可以是人为规则。比如，人类需要进食，是由新陈代谢规律决定的；计算机能进行操作，也是由人类程序规定的，这时人类和计算机所进行的就是被语境化行为。

（3）拟自语境化认知行为。顾名思义，这是自语境化认知行为的一种模拟状态，它同样能够"主动地融入语境"，但是这种主动性指的仅仅是在"生存、繁衍"这样的低阶目标下的一种行为响应，如饥荒年月的食人现象、战争中的你死我活行为等。

（4）高阶自语境化认知行为。它不仅符合自语境化认知的一切标准，如自主地融入语境，还能表征情感。所以，这是一种最高级的人类认知状态，是一种完善的思维认知情状。举例来说，"牢骚太盛防肠断，风物长宜放眼量"所表征出的就是一种高阶自语境化认知行为：虽世事难全（语境）、烦闷不断（自主融入语境），但依然要保持一份豁达的胸襟和非凡的气度（再次结合语境形成的新自主意识）。

4. 智能

智能是一个融合了行为主义、功能主义、计算表征主义和生物学自然主义等智能观点的综合性概念。"计算、程序即智能"是计算表征主义的观点；"智能是计算和行为的共同表征"是行为主义和功能主义的观点；"智能即意识和情感"是生物学自然主义的观点。那么，若要对智能加以定义，则可以采用以下方案：将其按照不同的表征形式进行分类，以期涵盖上述智能内容。也就是说，智能表征的形式由低到高可分为：计算（程序）、行动、意识（思维）和情感，这四种形态都是智能的一个分支，与智能是被包含与包含的关系。

5. 智能机

智能机就是拥有智能的机器。对应于智能的四种表征，即计算、行动、意识和情感，人工智能机器也有四种形式，即狭义数字计算机、单纯行为机器、低阶意识机器和高阶情感机，这四类机器统称为智能机，它们所包含的智能是呈逐级递增趋势的。

（1）狭义数字计算机。数字计算机有广义和狭义之分，广义的数字计算机是指一切以程序为指导的机器，如果自然规律也算是一种程序的话，那么，人类也可以被看做是一种广义的数字计算机。而狭义数字计算机仅指一种严格执行程序的、以计算为唯一宗旨的机器，它是智能机的最初形式。

（2）单纯行为机器。顾名思义，行为机器就是能够模仿人类行为的一种机器，它能够依据程序执行类人行为，比狭义数字计算机更高级。

（3）低阶意识机器。鉴于学者们对"意识/意识机器"的不同看法，可以将意识进行这样的分类：低阶意识和高阶意识。而低阶意识机器指的仅是以"维护自身生存、繁衍"等低阶意识为目的的机器。

（4）高阶情感机。它指的是以"精神诉求、实现价值"等高阶意识为目的的机器。与低阶意识机器最大的区别是，它具备了情感，这是区别低阶意识机器和高阶意识机器的一个标杆，因为情感是一种比意识更高级的认知表现形式。

6. 意识机器的思想实验

就目前的人工智能水平而言，人类还无法确定意识机器是否真的会出现，更不要提制造它了。因此，这里只能采用认知研究中的一种常规方式——思想实验来假设一台意识机器。意识机器可分为低阶意识机器和高阶意识机器，因此，在进行思想实验构想时，也需将二者分开对待。

（1）老虎思想实验：低阶意识机器的理论构想。

内涵：老虎 T 的头部出现意外后，我们对其进行这样的改造：首先，将它的大脑用机器代替；其次，为这个机器设定一个"单纯维护生存和繁衍后代"的程序；最后，这个机器可以通过老虎的奔跑、捕食等动作来充电，无需额外充电。这个改造后的机器被称为老虎 T'。这样，老虎 T'就成了一台外形与老虎

T 相似，但是可以为人类完全控制的机器，而这台机器能够执行的只是"生存和繁衍"意识，因此，可以算作是一台低阶意识机器。

（2）老虎思想实验升级版：高阶情感机的理论构想。

从我们的日常经验来看，人类的情感不是一种新添加的程序，而是人类的自主意识在进化过程中突现的产物。因此，在为高阶情感机构想思想实验时，我们也不能添加任何程序或新物质。那么，在不增加任何新程序的情况下，老虎 T 如何能够从低阶意识机器发展为可以表征情感的新型机器呢？

老虎 T 被设定了"生存和繁衍"的程序，当生存与繁衍不冲突时，老虎自然能够很好地执行这个程序。但若生存与繁衍发生矛盾时，老虎 T′ 所进行的行为响应就开始趋向于一种自主意识，伴随着这种自主意识，情感也就应运而生了。以亲情为例，我们可以构想出这样一幅情感萌现图：老虎 T′ 有了后代，但是现在它面临着一个困境：只有极少的食物，自己吃孩子饿死，孩子吃自己饿死。那么，它是要生存还是要繁衍呢？

高阶亲情的出现要经历两个步骤，第一步是进化的作用，第二步是突现的功效。

步骤一："舍己为人"的母爱不过是低阶意识发展到一定阶段的产物而已。

我们无法为老虎 T′ 做出选择，只能根据"生存和繁衍"这个程序来设想它可能会进行的行为。第一种行为：当它年轻时，或许会选择自己吃，因为它很强壮而孩子很幼小，如果它死了孩子没人照顾也会死，同时，它还年轻，还会再有自己的后代，所以根据"生存和繁衍"的本能它会自己吃下食物。第二种行为：当它已经很老了，几乎快要无法捕食了，而孩子在渐渐长大，小虎马上就能照顾自己了，在这种情况下，"繁衍后代"也就是"保障自己种族的生存"，它可能就会将食物让给小虎吃，这也不能算是违背"生存和繁衍"的最初程序。而在人类的眼里，第一种行为的老虎 T′ 还处在弱肉强食的动物世界中，而第二种行为的老虎 T′ 就体现了人类最无私、最崇高的一种精神——母爱，这时，亲情诞生了。其实，我们会发现，这时的"母爱"不过是老虎"生存和繁衍"程序下的进化产物而已。

步骤二：不拘于"生存和繁衍"目的的真正感情突现而出。

当上述"母爱"发展到一定程度，也可能出现这种情况，即老虎 T′ 在明知自己年富力强，小虎无法保护自己的情况下也宁愿自己饿死，而将食物给了小虎，一种不舍、怜惜的情感萦绕于老虎 T′ 的心头。而这种情感并不是通过"生存和繁衍"就能进化而来的，它已经超越这种低级意识，进入一种真正的情感中，这就是进化突现的力量。这时，真正的母爱出现了。

因此，自语境化认知是一种进化突现的结果。

第三节 国内外研究动态述评

本书研究的中心问题是认知的语境论，因此，必然会涉及认知与语境论方面的相关知识。但是这两个知识点所涉及的范围都极广，因此，相关文献不可以数记之。以认知为例，认知哲学、认知心理学、认知语言学、认知社会学、认知人类学、脑神经科学、计算机科学、人工智能等诸多领域和学科都在研究认知问题，每一个学科和派系的专著、译著、文献、评述不胜枚举；而语境论作为一种研究方式更是应用于诸多领域，如语言语境、科学语境、实践语境、社会语境、文化语境等，相关文献也是不一而足。

鉴于此，只能从本书的切入点——智能机自语境化认知角度入手来加以分析。智能机自语境化认知是围绕两大话题展开的：自语境化认知和智能机思维，我们可以用智能机验证自语境化认知假设的研究策略将二者关联起来，因此，相关国内外研究动态也将以此为立足点来加以评述。

以自语境化认知为立足点的国内外研究概况为：自语境化认知是一个新概念，因此，在国内外的研究中均找不到对此概念的界定。但是，它并非凭空创建的，而是有其自身的理论渊源。首先，自语境化认知源于自语境化概念。其次，它由"自主行为"和"语境化"两个概念结合而成。而自主行为又涉及两个概念，即自主性和行为选择；语境化涉及语境和语境分析方式。因此，自语境化、自主性、行为选择、语境、语境分析方式及其相互关系皆可作为自语境化认知的理论渊源，相关的国内外动态也是围绕它展开的。

以智能机思维为立足点的国内外研究概况为：首先，智能机思维问题源于计算机思维问题，因此与计算机思维有关的内容都可归列为这一研究范围。其次，智能机不同于计算机，它是以行为主义、功能主义、计算表征主义、生物学自然主义中的智能含义为摹本来界定的一种机器，因此，有关这些流派的知识都属于本书关注的国内外研究动态。

以智能机自语境化认知为立足点的国内外研究概况为：智能机自语境化认知是用智能机来验证自语境化认知的相关假设。由于自语境化认知是一个新概念，所以智能机自语境化认知在国内外同样没有类似表述，但它也是有理论渊源的。第一，它采用的是"假设—检验"模式，这一模式有其方法论渊源；第二，智能机是以计算机模拟为主的科学主义，自语境化认知是以人为研究之本的人本主义，因此，有关认知科学主义和认知人本主义方面的知识、分类及其融合也可作为本书的立论之源；第三，智能机的进化过程验证了"自语境化认知是进化突现的结果"这一观点，因此，进化突现理论的相关知识同样是其理论根源。所以，在这一部分中，假设—检验模式、认知人本主义和认知科学主义、进化突现理论都可以作为国内外研究动态来加以评述。

当然，以上述三个立足点来进行的国内外研究分类只是一种大体的分类方式。因为，各个部分之间存在着相互交叉的情况，一个理论、一本专著、一篇文章既可用于这个方面的解释，也可成为另一个方面的论证依据。因此，需要在评述这些理论的同时阐释一下其对智能机自语境化认知概念的启示性意义。

一、国内研究动态述评

（一）以自语境化认知为立足点的国内研究述评

第一，自语境化认知概念是由自语境化概念引申而来的。魏屹东在《语境论与科学哲学的重建》（2012年出版）一书中论及了自语境化概念，并将其引至人工智能分析中：自语境化是人与机器的分界点，人是自语境化的，机器是被语境化的，机器若要思维就必须从被语境化转向自语境化。其实，只是融入语境还不能算作认知，认知的完整状态应当是一种自语境化认知状态，即主体可以自主地融入或创建一个新语境，而且他还需要从这个语境中获取认知客体的知识并最终指导自己的行为选择。因此，可以将自语境化概念引申为自语境化认知概念，只有当计算机能够从被语境化状态转化为自语境化认知时，才能够思维。

第二，自主性是自语境化认知的核心概念。"自主性"这一概念在认知中的解释是多元的，意识、意向性、思维、智能、目的性、涉身性（embodiment）、自主意志等很多概念都与它相关，而要细究这些相关概念所涉及的篇幅，则会有"浩瀚大海难取万一"之感，因为几乎所有研究认知的学者都会或多或少地涉及这些概念。即使只是单纯地以"自主性"为检索条件来查询，在国家图书馆的统计中也可查询到55 000多篇专著和论文，但是其中大多涉及的是语言、社会、文化、政治等方面的内容；而若以"自主性认知"为检索条件也可查到730条，全部是期刊论文，且其所涉及的内容并非哲学或人工智能方面的知识，而是以语言、医学、教育等方面的研究居多。比如，冯军伟的《述结式的自主性考察及认知分析》（2010 年出版）从认知语言学的角度区分了述结式自主性和动趋式自主性；谢帆的《迟发性运动障碍研究进展》（2000 年出版）对迟发性运动障碍这一非自主性的病症进行了分析；杜淑萍的《基于元认知策略训练培养学习者自主性的实证研究》（2010 年出版）则是从元认知策略和学习者学习的自主性角度来提高学习能力，这些虽然也能给予我们有关自主性认知的启示，但是与本书的研究关联并不是很大。

在中国知网上，查询到有关"自主性"的论文共计 2346 篇，但涉及的也大都是语言、医学、教育方面的内容。在与认知相关的文献中，我们选取了几篇与本书关联性较强的文献来加以评述：①胡寿鹤在《论自由是主体的自主性及其量度》（1993 年出版）一文中，将自主性作为人区别于物的特征来进行论述，它对于将自主性作为人类的一种特殊能动性的观点有启示意义。②徐冰和刘肖健的《基于动机模型的自主性虚拟人行为选择研究》（2012 年出版）则是从人工生命和计算机科学角度对人的心理活动进行的一种模拟，从而发掘出"虚拟人"在多个相互抑制的行为之间的行为选择原理，为构想"老虎思想实验"（低阶意识机器）提供了启示性意义。③阎岩和唐振民的《基于云模型的地面智能机器人自主性评价方法》（2012 年出版）是将自主性应用于人工智能的一个例证，为智能机的自主性提供了科学依据。④还有一些通过对马克思著作中的"自主性"思想的分析来界定自主性的研究，如陈创生的《人的本质与人的主体性和自主性》（1989 年出版），强调和突出了人之为人的自主性，为自语境化认知假设提供了理论依据。

对自主性的研究不能单一化，应当将其同意识、意向性、思维、心灵、涉身性、目的性等概念联系起来，通过对这些概念的了解，我们才能更好地理解自主性。以涉身性（embodiment）①为例，它同自主性的区别在于：前者强调身体在智能活动中的必要性，而自主性则更加重视人类的自觉、主动特性。具体可参见：庞学铨的《身体性理论：新现象学解决心身关系的新尝试》（2001 年出版），刘晓力的《交互隐喻与涉身哲学：认知科学新进路的哲学基础》（2005 年出版），李恒威和黄华新的《"第二代认知科学"的认知观》（2006 年出版），绪献军的《具身认知论：现象学在认知科学研究范式转型中的作用》（2007 年出版），何静的《身体意象与身体图式：具身认知研究》（2009 年出版）等。自主

---

① 针对"embodiment"，庞学铨将其译作"身体性"，刘晓力将其译为"涉身"，陈立胜将其译为"体现"，李恒威、黄华新、徐献军、何静等将其译作"具身性"。

性同各个感性概念的区分，详见结束语。

第三，行为选择是自语境化认知的行为表征。据国家图书馆和中国知网的统计分析，对行为选择的研究大都集中于政治、经济、艺术等领域，只有为数不多的内容是与认知相关的：①王君柏的《不确定性情景下的心理预期与行为选择》（2004 年出版）主要从经济心理学角度对人类的行为选择进行论述，着重强调了预期与行为选择的关系，这点同自语境化认知中目的与行为选择的关系有类似之处。②张小川的《基于人工生命行为选择的智能体决策的研究》（2007年出版）以足球机器人为原型提出智能体概念，但是这种智能体并不等同于本书的智能机，而是属于智能机中的单纯行为机器范畴。③周丰的《人的行为选择与生态伦理》（2007 年出版）主要是从人与自然的关系角度来分析道德问题的，其中对人与自然的关系应当和谐化的界定为人类自语境化认知中"自主性同自然环境的统一"观念提供了借鉴作用。④张国锋的博士论文《情绪驱动的人工生命行为选择机制研究》（2009 年完成）对行为选择的原理进行分析，并将情绪机制引入行为选择，为人工生命的行为选择提供了基本框架，而这一理论也为高阶情感机的出现奠定了理论基础。⑤伍志燕的《自由意志、行为选择与道德责任》（2012 年出版）将自由意志界定为行为选择的前提，这一观点对于区分自主性同行为选择的关系有启示意义。

第四，自主行为响应是自语境化认知的过程描述。自语境化认知并非单纯的自主性或行为响应，而是二者的融合，即思维同行为的融合。这种融合趋势借鉴的是李建会和郭垒的相关文献论证。比如，李建会曾在《分之论和自主论：当代生物学哲学的两大派别》（1991 年出版）和《功能解释与生物学的自主性》（1991 年出版）两篇文章中均论述了极端自主论的错误，认为它可能会使人相信生物学和物理学之间的不可通约性。郭垒和李建会的《生物学自主性与物理科学的理论构建》（1995 年出版）同样阐释了生物自主性作为生命现象和物理科学联系体的作用。这些都对将认知界定为"自主性与行为的融合"具有启发性意义。

第五，语境是自语境化认知的研究基底：①国内语言学界对语境问题的关注肇始于陈望道。他的《修辞学发凡》（1932 年出版）开创了从修辞学角度来研究语境问题的先河。这种方法论倾向成为国内语言学界语境问题研究的主要方面，也影响了从其他角度对语境问题的研究。②王德春在《现代语言学研究》（1983 年出版）和《修辞学探索》（1983 年出版）中指出，语境就是时间、地点、场所、对象等客观因素和使用语言的人的身份、思想、性格、职业、修养、处境、心情等主观因素所构成的使用语言的环境。③何兆熊在《现代语言学》（1999 年出版）中则用规范内涵的图列形式，将语境表述为语言知识和语言外知识的总和。

从上述内容可以看出，早期的语境论研究大都集中于语言学领域。直到 20 世纪末，我国一些学者才逐渐开辟出语境研究的第二条路，即以系统功能语言学等西方当代语言学理论为基础的语境问题研究，并且语境问题研究已经不仅仅是对语言本体各方面进行研究的附属物了，而是逐渐趋向于一种世界观和方法论：①郭贵春将语境论作为当代科学哲学研究的一个最有前途的研究方向。他在《语境与后现代科学哲学的发展》（2002 年出版）一书中将语境看作是一种具有本体论性质的实在，是一切人类行为和思维活动中最具普遍性的存在，"一切都在语境之内"。②魏屹东又将这一理论具体化到社会的各个层面，在《广义的语境论》（2004 年出版）一书中，他提出了社会语境、历史语境、文化语境、语言语境、认知语境等概念及其特征，而且还将语境论作为一种对世界的假设，参见《作为世界假设的语境论》（2006 年出版）。③胡霞的博士论文《认知语境研究》（2005 年完成）对语境及认知语境进行综合分析，融合了认知心理学、逻辑学、人工智能等多学科观点，试图为认知语境建构一个完整的系统理论框架，但其文章更倾向于从语言学角度来探究认知。④高登亮的《语境学概论》（2006 年出版）也对语境理论的各个层面进行分析，其中还特别提到了认知语境。⑤黄胜辉的《科学理论的语境评价》（2009 年出版）主要涉及科学理论评价的语境基底、语境中的科学理论评价原则等内容。⑥康仕慧的《语境论世界观的数学哲学》（2004 年出版）用语境论建构了一种对数学本质及其实在性的研究。这些观点都涉及语境的具体应用，为从自语境化认知角度解释机器思维问题提供了启发性思路。

第六，语境化是自语境化认知的初始研究方案。与语境的基底性相比，语境化更倾向于一种方法论，是语境的动态表述：①朱永生在《语境动态研究》（2005 年出版）一书中通过对各种语境思想和动态语境模型的阐述，讨论了语境语义结构对应关系假设的复杂性。②杜建国和郭贵春的《论意义及其构造的语境化过程》（2006 年出版）则是用语境化的方式来研究意义问题，也属于语言学领域。③而真正将语境化同语境区分开来，将语境化方法论应用于各类研究的学者是魏屹东，他在《语境论的自然进化观》（2010 年出版）一文中详细阐释了语境化同语境的区别，在他看来，语境论者所持的是一种相互连接的立场，也就是说对人和自然关系的解释；而语境化所坚持的是探询式思维，它坚持主张反思性思维或批判性探询的科学方法，因此，语境化继承并发展了生物进化论的发展观，可以称为一种进化的语境论。而且，他将语境化概念深入到多个领域，如《科学社会学方法论：走向社会语境化》（2002 年出版）将语境化的触角伸向了社会学领域，《科学哲学方法论：走向语境化》（2002 年出版）又用语境化的方法来分析科学哲学，最主要的是《认知科学方法论——走向认知语境化》（2003 年出版）将语境化融入到认知研究中，将认知研究的内在主义和外在主义加以融合，提出三种语境化的认知研究方式（联结主义、双透视主义和综合式唯物主义），它是用语境化方法研究人类认知的理论依据。

总之，自语境化认知是自主行为同语境化观念的融合，是综合了上述观点的一种新认知方式。

（二）以智能机思维为立足点的国内研究述评

第一，计算机思维问题是智能机思维问题的原型。有关计算机思维的探讨是国内学界的热点，无论是认知哲学、脑神经科学领域，还是人工智能、计算机科学领域，其身影无处不见，而且它是强人工智能（Strong Artificial Intelligence，SAI）同弱人工智能（Weak Arificial Intelligence，WAI）的分歧所在。国内诸多学者都对"计算机能否思维"问题产生过浓厚的兴趣，如高新民、范冬萍、曾向阳、骊全民、陈晓平、刘晓力、李建会、任晓民、田平等学者都从不同角度对这个问题发表过自己的看法：①高新民在《心灵哲学对心身问题的最新解答》（2002 年出版）一文中曾对心身问题的三种解答方式进行论证，考察了哲学行为主义、同一论、功能主义、取消主义、信息实在论及超自然主义、意向解释战略等基本观点和存在的问题。②刘晓力的《人工智能的逻辑极限》（2001 年出版）从逻辑角度对人工智能的极限问题进行探讨，他认为，"人的智能和人工智能的极限"已列入 21 世纪需要解决的重大数学问题清单，并特别阐明了哥德尔定理与人工智能极限之间的关系，对人工智能的"认知可计算主义"研究纲领提出质疑。③李建会在《走向计算主义——数字时代人工创造生命的哲学》（2004 年出版）一书中指出，人类基因组序列的测定及其进一步工作、DNA 计算机的研究及人工生命和人工智能等学科的新进展表明，我们可以从一个全新的视角，即计算的视角来看世界：自然界这本大书是用算法语言写的。④徐英谨的《对"汉字屋论证"逻辑结构的五种诊断模式》（2008 年出版）对塞尔（J. Searle）的"汉字屋论证"（又称为"中文屋论证"）进行论证，塞尔认为计算机无法思维，但在徐英谨看来，塞尔并未在"汉字屋系统"与"计算机系统"之间建立起一种恰当的同构关系，因此，中文屋论证并不能证明"计算机无法思维"。下述行为主义、功能主义、计算表征主义、生物自然主义的观点也会涉及计算机与思维的关系问题。

第二，行为主义所强调的行为在认知中的重要作用成为单纯行为机器的理论来源：①王黔玲在《驳西尔勒对图灵测试的诘难：兼论行为主义作为图灵测试理论基础的合理性》（2002 年出版）中认为，行为主义是图灵测试的理论基础，而西尔勒（即塞尔）的"中文屋论证"并不能成为否定图灵测试的依据，因此，行为主义是具有合理性的。②曾向阳的《行为主义的哲学困境透视》（1999 年出版）则认为行为主义拒绝正视人类精神的存在，从而导致取消主义的出现，因此行为主义在探索心灵的过程中是处于困境状态的。③叶浩生在《行为主义的演变与新的新行为主义》（1999 年出版）一文中指出，传统的行为主义因为对心灵的消解已经逐渐衰微，但又不愿被纳入认知心理学的范畴，由此导致新的新行为主义出现，它是行为主义与认知心理学的一种折中。④申归云的硕士论文《论赖尔的行为主义对他心问题的消解》（2011 年出版）主要从赖尔行为主义的角度来探究他心问题，在他看来，行为主义的观点并非那么正确，行为主义在消解他心问题上是存疑的。但无论是赞同行为主义的理论还是反对行为主义的观点，他们都必须承认，行为是人类认知过程中的一项重要内容，而单纯行为机器就是以此展开的。

第三，我国学者对功能主义的研究还是比较深入的，但研究范围大都集中于语言学领域，如胡壮麟的《系统功能语法概论》（1989 年出版）、《功能主义纵横谈》（2000 年出版）等就直接将功能主义界定为语言学界与形式主义相对峙的一种学术思潮，卞建华的《传承与超越：功能主义翻译目的论研究》（2008 年出版）则是从语言的翻译角度来研究功能主义。而真正将功能主义同认知结合起来的论著和文献并不多，其实功能主义在解释身心关系问题上是具有独到之处的。功能主义给心理状态所下的定义是一种功能性定义，即为脑状态个例所拥有的，并使脑状态成为心灵状态的东西，乃是有机体的整体行为所具有的一个特定功能：①周农建的《功能主义：人文科学研究中的一种方法论》（1987 年出版）较早地将功能主义介绍到人文科学领域，但他并没有专门提到功能主义在认知方面的应用。②唐热风在《论功能主义》（1997 年出版）中对功能主义的概念及发展历程进行阐释，但他认为，功能主义并不能说明心的本质，无法令人满意地解决身心问题。③戴振宇的《对功能主义心身理论的反思》（2002 年出版）一文则既肯定了功能主义的理论意义，又希望能够避免对感受性问题的忽视，因此提倡身心的随附性理论。④吴彩强在《普特南的功能主义及其困难》（2006 年出版）一文中通过三个论证（布洛克的"小人论证"、洛克的"色谱颠倒论证"和"鸭兔一头图"）对功能主义提出质疑，并指出普特南（H. Putnam）在《表象与实在》一书中已经站在反对机器功能主义的立场上了。⑤陈晓平的《因果关系与心身问题：兼论功能主义的困境与出路》（2007 年出版）则强调了功能主义在反对笛卡儿二元论方面所做的贡献。正如学者们所言，功能主义确实为身心问题提供了一种新研究路径，但是它还是没有解释清楚"心"究竟是什么，因此有时又被称为"黑箱功能主义"。

第四，计算表征主义又被称为强人工智能或计算主义，它所表征的计算观点成为狭义数字计算机的理论来源：①邓少平在《算法与生命：兼论世纪之交的生命观》（1996 年出版）中就曾提出过这样的观点：算法是对生命的挑战，生命就是一个程序、一种算法。②郝宁湘也提倡计算表征主义，在《计算：一个新的哲学范畴》（2000 年出版）一文中，他将计算泛化到人类的整个认识领域，并上升为一个极为普适的哲学范畴。③郦全民在《认知计算主义的威力与软肋》（2004 年出版）一文中强调认知计算主义是一个很有力量和前途的研究纲领，而且他认为虚拟机（virtual machine）是消解计算主义软肋的一种可用工具。④李建会也是一位计算表征主义者，他在《走向计算机主义》（2004 年出版）一书中通过对各种计算主义的阐释，得出"宇宙是一个巨大的计算系统"的观点。

第五，生物自然主义中的意识、心灵、情感等感性因素为意识机器和情感机的出现提供了理论渊源：①刘晓力在《计算主义质疑》（2005 年出版）一文中对计算主义在解释心灵方面的作用提出质疑，在他看来，应当充分借鉴生物学、复杂性科学的研究成果来共同阐释认知，其中蕴含的就是生物自然主义理念。②赵泽林和高新民的《计算主义在心灵哲学中的两大前沿论题评析》（2007 年出版）、《当代心灵哲学境遇下计算主义之解读与批判》（2008 年出版）都对计算主义进行批判，在他们看来，计算主义无法解释心灵与认知的困境和矛盾，还是应该重视人类的自然心理状态。

第六，当计算表征主义、功能主义、行为主义、生物自然主义等理论应用于机器、人工智能时，智能机能否思维或何以思维的思想萌芽就开始出现了：①李祖枢等的《人工生命体行为选择及其进化研究》（2005 年出版）将行为选择原理应用于人工生命研究，使人工生命体不仅能更为逼真地模仿自然生命行为，而且具有了遗传进化效率。②张晓荣的《计算主义——从 Cyborg 走向人工生命》（2007 年出版）以计算为起点，将计算主义同人工生命产生的可能性和必然性联系在一起。③张国锋的博士论文《情绪驱动的人工生命行为选择机制研究》（2009 年完成）同样是以人工生命、人工智能为研究对象的，他将情绪引入人工生命的做法为高阶情感机的构想提供了实践依据。

（三）以智能机自语境化认知为立足点的国内研究述评

第一，"假设—检验"策略是智能机自语境化认知研究的一种重要方法论。作为一种解决问题的重要方式，"假设—检验"策略已经较为广泛地应用于社会的各个层面：①张庆林在《假设检验思维策略的发展研究》（1998 年出版）一文中也强调了这一点，在他看来，无论是科学发现、发明创造，还是理论研究、解疑答难，都可以借助假设—检验思维策略来实现目标。同时，他在《假设检验思维过程中的启发式策略研究》（1997 年出版）一文中还为假设—检验思维设计了一种启发式策略研究，即"形成假设—设计实验—实施检验"模式，并将其应用于计算机领域。张庆林对假设—检验策略的重视和将其在计算机方面的应用为智能机自语境化认知的假设提供了借鉴依据。②邱江又发展了张庆林的这种思想，在《假设检验策略研究进展述评》（2003 年出版）中阐释了假设—检验策略的发展历程，并承认它在揭示人类的思维机制方面的重大意义。③刘青和郭成的《假设检验思维策略的研究评述》（2009 年出版）也阐释了这一策略在认知研究过程中的发展历程和重要意义。其实，许多哲学讨论和科学研究都运用了这种研究方案，如亚里士多德的"四因说"就是一种假设，他运用相关的理论和经验对其进行分析和检验；马克思的"物质决定意识""世界是不断运动变化发展的"等观点也属于哲学假设的范畴，他同样是运用相关理论来检验这些观点的。

第二，智能机自语境化认知是认知人本主义与认知科学主义的融合，这种理论源于人本主义与科学主义的分歧与融合理念：①刘放桐在《新编现代西方哲学》（2000 年出版）一书中阐释人本主义与科学主义分歧与融合的历程，在绪论部分，他将西方哲学的演变过程进行梳理，并依据科学和人在哲学中的地位和意义将哲学进行分类：科学主义思潮、人本主义思潮、宗教和思辨唯心主义思潮；在"后现代主义与当代哲学的走向"一节中论证了哲学的走向，即消解各种不同哲学倾向的对立，促进它们之间的交融和统一。②仰海峰在《人本主义、科学主义与马克思哲学的当代阐释》（1999 年出版）中将马克思主义看作人本主义和科学主义的融合。③笔者在《计算机自主行为模拟：认知研究的未来趋向》（2013 年出版）一文中对认知人本主义和认知科学主义进行界定，并分析了二者的发展趋向，即自主行为式认知是认知人本主义的趋向，计算机模拟是认知科学主义的趋向。计算机模拟的确是一种常用的研究策略，但由于计算机概念界定不清，所以可以用智能机概念来替代；而自主行为并没有强调与环境的融合，可以用自语境化认知加以补充，此二者的融合就是智能机自语境化认知模型。

第三，既然智能机的进化过程验证了"自语境化认知是进化突现的结果"这一观点，那么就说明进化突现理论不仅适用于认知哲学（自语境化认知假设）领域，还适用于认知科学（智能机的发展）领域。其一，进化突现理论在认知哲学中的运用：①李建会在《还原论、突现论与世界的统一性》（1995年完成）中将还原论和突现论作为回答世界统一性问题的两种对立观点，在他看来，我们应当具体问题具体分析，将二者应用于不同的理论分析方面，只有这样才能解决相应的哲学问题。②谢爱华在他的博士论文《"突现论"中的哲学问题》（2000年完成）中详细阐释了突现论在哲学中的应用，并分析了其同后现代主义的关系：后现代主义为突现论提供了一个可理解的哲学框架，突现论为后现代主义提供了理论支撑。③高新民和储昭华在《心灵哲学》（2002年出版）一书中对邦格的突现理论进行介绍，在邦格看来，意识活动是大脑的突现，但是这种突现只是脑的属性，意识活动不能独立起作用。其二，进化突现理论在认知科学中的应用：①曾向阳在《突现思想及其哲学价值》（1996年出版）一文中通过对突现理论发展过程的梳理和总结，得出结论：突现论在哲学、心理学、生物学、脑科学中的复兴，标志着物理主义的衰落。②闫广武在《元胞自动机与人工生命研究进展》（2003年出版）中，通过对元胞自动机这种计算机模型的分析，得出数字生命世界在演化过程中出现复杂系统的涌现（突现）行为。这为智能机自语境化提供了理论和实践依据。③郭垒在《自主论、还原论和计算主义》（2004年出版）中又将"进化突现"的观念引入了自主行为中，试图为生命科学与物理科学寻求一种新路径，这种将自主行为同突现理论加以融合的观点为自语境化认知的出现提供了理论渊源。④范冬萍在《复杂性科学哲学视野中的突现性》（2010年出版）一文中详述了突现在了解认知方面的重要作用，而且她提到了突现同语境的关联：在一个语境中容易理解的突现现象，在另一个语境中可能变得晦涩难懂（霍兰）。这些观点或从理论上或从实践上支撑着智能机自语境化认知的形成。

二、国外研究动态述评

针对国外研究状态，笔者查阅的主要数据库有：中国国家图书馆、中国知网、World eBook Library 电子图书数据库、*Springer Link* 电子期刊、ACM Digital Library、JSTOR 过刊全文数据库、*Nature* 电子刊 等。

（一）以自语境化认知为立足点的国外研究述评

要查询与自语境化认知相关的理论和观点，第一步要做的就是将"自语境化认知"的英文译法界定清楚。自语境化认知包含三重含义，即自主性、语境化、认知行为，而其中又以"自主性"的界定最为棘手。通常，"自主性"的英文译法有 autonomy、independence、self、self-dependence，这里选用 self-dependence。这是因为 autonomy 通常表示自动化，虽然也可用于计算机或神经科学领域，但是它指的是一种物理状态，如自主的神经网络、自动机器人等，而本书的"自主性"强调的是一种内在的自愿、自觉、自主特性，因此 autonomy 不太合适。而 independence 和 self 都可表示自主性，在认知学界也是较为常见的词汇。independence 有独立、自主之意，如认知科学和认知哲学中常见的"observer-dependence"（依赖观察者）和"observer-independence"（不依赖观察者）[①] 概念。而 self 有自我、本性之意，本身就与心灵、意识、自主性等概念关联较大，在含义上也比较接近本书自语境化中的自主性概念，但是它在认知研究中的一般使用形式是 self-，仅以 Springer Link 电子期刊为例，在以 self 为关键词的检索中，近百万条的相关内容大都使用这种形式，将其范围界定在 AI 里的 143 177 条检索内容中，绝大多数也使用这种形式，如 self-organising、self-adaptable、self-regulatory、self-test 等。因此，可将 independence 和 self- 结合起来，选用 self-dependence 这个词作为本书"自主性"的英文译法，意义有三点：一是它表征了 self 的自我之意，更强调一种内在心灵的独立自主状态；二是如果 self-dependence 作为自主性，dependence 就可以相应地表述为被动性，与本书的重要概念"自语境化"和"被语境化"更为契合；三是最重要的，选用 self-dependence 还有融合之意，即将与自我、思维、心灵、意识、意向性、目的性、涉身性等概念的可用之处加以融合，形成一种最符合自语境化认知的自主特性。当 self-dependence 为自主性时，自语境化即为 self-dependent contextualization，被语境化为 dependent contextualization，自语境化认知为 self-dependent contextualized cognition。

[①] Searle J. Twenty-one years in the Chinese room//Preston J，Bishop M. Views into the Chinese Room, New Essays on Searle and Artificial Intelligence. New York：Oxford University Press, 2002：63.

1. 自主行为选择及其相关理论的研究状况评述

笔者曾以 contextualized cognition、independence contextualized cognition、self-contextualized cognition、self- contextualized/contextualization、independent-contextualized/contextualization 等为关键词进行搜索，仅在 Springer Link 电子期刊上检索出一篇名称有些类似的文章，即 Mařík 的论著《制造业中的整子与多代理系统》(*Holonic and Multi-Agent Systems for Manufacturing*，2009 年出版) 的一个章节 "产品设计网络的自语境化：基于企业知识的方法与基于代理的技术框架"("Product Design Network Self-contextualization: Enterprise Knowledge-Based Approach and Agent-Based Technological Framework") 中涉及了 self-contextualization 这个概念。这篇文章所涉及的这种自语境化，更确切地应称为 "自动语境化"，它是一个工业领域的新概念，主要是作为多代理技术的一个新应用领域而存在的，可以识别从产品设计网络到提供服务框架过程中的产品需求。自动语境化概念的出现和应用说明，自语境化概念并不是一个孤证，而是有实用价值的。这也为自语境化认知概念的提出提供了实践基础。

由于以此为标题的论著或者文献实在稀少，因此我们就不能仅将 self-dependence contextualized cognitive、independence contextualized cognitive 等词作为检索词来进行搜索，而应当从自主性的含义出发来进行相关检索。

在自语境化认知中，自主性是作为一个研究基点出现的，它是自语境化中表征思维的一个重要评判标准。就这个角度而言，自主性其实古已有之。柏拉图的 "理念论""认识你自己" 就是在用 "人类的自主性" 进行自我反省的一个过程。亚里士多德在《尼各马可伦理学》(2003 年出版) 中要求人的行为要是 "合乎灵魂的德性活动"，这也是在用自主性进行心灵和行为间的交流。笛卡儿的 "身心二元论"、斯宾诺沙的 "身之思想"、莱布尼茨 (G. W. Leibniz) 的 "心理共鸣"、休谟的 "联想原则"、康德的基于心灵固有结果的概念发展理论等观点都着重阐释了人类心灵的一种主动性。而马克思更是对这种特性做出过很高的评价："一个种的全部特性、种的类特性，就在于生命活动的性质，而人的类特性恰恰就是自由的自觉活动。"①

而到了现代，这种理论更成为认知哲学的理论基底，也是人工智能的研究重点。在认知研究中，"人类的自主性如何表现、如何施作用于行为" 已经成为

① 马克思，恩格斯. 马克思恩格斯全集 (第 42 卷)，中共中央马克思恩格斯列宁斯大林著作编译局译. 北京：人民出版社，1985：96.

当今认知研究的"显理论"。几大认知流派的研究纲领无不是围绕此理论展开的：从自主能动性的生理和物理还原角度来探索认知（还原主义），从自主性之于行为的功能角度来剖析认知（功能主义），还有将自主性看作是一种纯生物学现象的自然生物主义。这些理论都从不同角度揭示了心灵中自主性与行为的关系。而且，心智研究的争论点也大都汇集于此，中文屋论证中"单纯的计算无法产生思维"中的思维指的就是自主意识，解释空白论证所提到的物理解释之空白就是人的自主性，僵尸（zombies）假说中与我们物理构造甚至行为表现都一样的僵尸，与人的区别就在于没有自主性。其实，在大多数研究中，物理属性之所以与意识概念不搭界就是因为它无法表征人类的自主性。而且，很多学者都认可认知是一种内部和外部双重刺激的结果，比如：①奈瑟（U. Neisser）曾在《认知心理学》（*Cognitive Psychology*，1967 年出版）一书中指出，在认知所涉及的一切可能方面，自主性都有参与，而且每一个心理现象就是一个认知现象。②拉兹洛（E. Laszlo）在《系统、结构和经验》（*System, Structure and Experience*，1969 年出版）一书中也从认知的适应自稳性和适应自组性的交替过程中对思维的循环认知机制进行探索。③泰瑞尔（T. Tyrrell）在他的博士论文《行为选择的计算机理》（*Computational mechanisms for action selection*，1993 年完成）中将行为选择看作是主体在一组"可能候选集"中选择的最适合行为。④布朗伯格（B. Blumberg）在《第三届国际"适应性行为模拟"会议录》（*The Third International Conference on Simulation of Adaptive Behavior*，1994 年出版）中的《汉姆斯特丹行为选择的动物行为学探析》（*Action-selection in Hamsterdam: lessons from ethology*）通过一台 3D 模拟机汉姆斯特丹（Hamsterdam）来说明：行为选择是在内部和外部的双重刺激下，从潜在候选集中选择出最恰当的行动行为集的过程。④巴尔斯（B J. Baars）的《意识认知理论》（*Cognitive Theory of Consciousness*，1990 年出版）和《意识剧场：心灵的全局工作空间》（*In the Theater of Consciousness: The Work Space of the Mind*，1996 年出版）两本书都涉及 GW（global workspace）模型，它指的是一个全局工作空间意识模型。它具体是指，大脑中有许多这样的"专家"，它们可能是一个单一的细胞，也可能是整个神经元网络。这些无意识专家处理器在有限的任务域内非常有效，既能独立行动，也能相互协作。当作为一个"联盟"工作时，它们不再受有意识的窄容量限制，能够接受全局信息。如果能够动员其他"专家联盟"，它们就能够控制感知处理器。巴尔斯将大脑中的每一个神经细胞当作认知的主体，这个主体在大脑这个环境中可以通过相互的协作来达成目的，这是大脑自身的一种自主性表征。

2. 语境和语境化理论的研究状况评述

语境理论的发展综述：①语境，这一概念首先是由英国民俗学家马林诺夫斯基（B. Malinowski）提出的。1923 年，马林诺夫斯基在其所著《意义的意义》一书中，进一步规范了语境的相关理论并对其进行分类：context of utterance（最表层的语意环境，是指人们在发出和接受某特定语或语句时伴生的特定的语言环境），context of situation（扩大的语意环境，是指人们进行语言交际时一般习惯意义上的语意环境），context of culture（深层或沉淀的语言环境，是指基于某种文化背景的语意环境）。②英国伦敦语言学派的语言学家弗斯（J R. Firth）继承了马林诺夫斯基的 "context of situation" 理论，并将之运用到语言学研究中，在《语言学论文集》（*Paper in Linguistics*，1957 年出版）一书中，他提出关于意义的语境理论，以致发展成为后来的语境理论。③韩礼德（M A K. Halliday）在语境研究方面可谓集大成者，他继承马里诺夫斯基与弗斯重视语境问题研究的传统和伦敦语言学派的语言功能理论，创造了系统功能语言理论；在《作为社会符合的语言》（*Language as Social Semiotic*，1978 年出版）一书中吸取当代语言哲学家胡塞尔的 "边缘域" 学说和奥斯丁的 "语义场" 理论，从结构主义和符号学的分析出发，认为 "语言是社会符号"，进而将语言划分成语篇 (text)、语境 (situation)、语域（register）、语码 (code)、语言系统和社会结构六大要素。④日本学者西槇光正则将语境看作是语言的一种客观属性，他编著的《语境研究论文集》（1992 年出版）是世界上第一部语境研究论文专集，其中收录了王建平、王德春、何兆熊等我国语境论研究方面知名学者的 44 篇文章。

同时，在探寻人类认知进路时，用语境化来阐释认知的观念早已存在，比如：①皮亚杰（J. Piaget）在《发生认识论原理》（*The Principles of Genetic Epistemology*，1972 年出版）一书中指出，思维认知就是主体与环境不断同化、顺应、建构、再建构、由低级向高级的发展过程，它是一种同化-顺应式认知机制。②戈尔德（T. Gelder) 的《若无计算，认知将变成什么？》（*What Might Cognition Be if Not Computation*？ 1992 年发表）也认为思维认知系统必须将环境考虑在内。③克拉克（A. Clark）在《具身认知科学》（*An Embodied Cognitive Science*，1999 年出版）中主要从处境（情境）性出发阐释人类的心智和思维活动。④还有克瑞斯雷（R. Chrisley）和泽马可（T. Ziemke）在《认知科学的百科全书》（*Encyclopedia of Cognitive Science*，2000 年出版）中也指出，认知主体必须与环境互动，只有这样才能够形成一种完整的认知体系，更好地认识事物的本质。

（二）以智能机思维为立足点的国外研究述评

1. 有关机器思维方面的研究述评

明确提出"思维可计算"思想的是莱布尼茨。在他看来，一切问题都可以计算出来，所有问题通过字符的变换演算，就会直接促进完美答案的发现。进一步推进这一思想的人是巴贝奇（C. Babbage），19 世纪时，他设想出一个通用计算的装置，然而这个装置也只是一种设想，并没有实际建造出来。当数学家冯·诺依曼（J. von Neumann）提出"储存程序"的概念时，计算机就从理想变为现实。而随着计算机科学和人工智能的发展，有关计算机能否思维的争论愈加激烈，并依据其答案的不同形成强人工智能和弱人工智能两大派别。强人工智能者认为"计算机能够做到心灵做到的事"的假定是可以实现的，代表人物有：图灵（A. Turing）、纽厄尔（A. Newell）、西蒙（H. Simon）、冯·诺依曼（J. von Neuman）等学者；而弱人工智能者则认为，人类永远不可能制造出能真正具有推理和解决问题能力的智能机器，如果有类似的机器出现，那么这些机器也只不过看起来像智能的，但是绝不会有自主意识，代表人物有哥德尔、彭罗斯、塞尔等。

2. 行为主义方面的研究述评

20 世纪最早获得影响力的心灵研究理论被称为"行为主义"。行为主义的典型观点是：心灵仅是身体的行为而已，我们可以通过人类的外在行为来进行心理学研究。代表人物及其代表作有：华生（J. B. Watson）的《从一个行为主义者的观点看心理学》（*Psychology as the Behaviorist Views It*，1913 年出版）、斯金纳（B. F. Skinner）的《有机体的行为：一种实验的分析》（*The Behavior of Organisms：An Experimental Analysis*，1938 年版）、莱尔（G. Ryle）的《心的概念》（*The Concept of Mind*，1949 年出版）、亨普尔（C. G. Hempel）的《心理学的逻辑分析》（*The Logical Analysis of Psychology*，1980 年出版）。而行为主义在机器思维方面的最大贡献在于，它引导图灵在《计算机器与智能》中（*Computing Machinery and Intelligence*，1950 年出版）中提出了"图灵测试"，图灵测试的关键要点在于：当计算机能够以与人类无差别的答案应对人类的问题时，计算机就能够思维了。也就是说，当计算机所表现出的行为同人类的行为一致时，它就具有心灵了，这是典型的行为主义观点。这也是文中单纯行为机器提出的一种理论依据。

3. 功能主义方面的研究述评

"功能主义"一词也是由马林诺夫斯基提出的，之后人们使用的"功能主义"一词指的就是由他奠基的那个方法论流派：①真正将功能主义应用于认知研究并将其发扬广大的是普特南，在《心智与机器》（*Minds and Machines*，1960 年出版）中他首次提出：人的意识活动可以还原为大脑的功能状态，而大脑的功能状态可以和计算机的功能状态相类比。然而，后来他又出人意料地反戈一击，成为一位反功能主义者，他曾在《语词与生活》（*Words and Life*，1994 年出版）一书中指出，功能主义同他自己的《"意义"的意义》（*The meaning of "meaning"*）一文所提到的有关意义的说明是不相容的。也就是说，如果普特南的意义语义学理论成立，那么他的功能主义的做法就是行不通的。②杰克森（F. Jackson）也是功能主义的代表人物，他曾在《针对布洛克的挑战》（*Block's challenge*，1993 年发表）一文中指出，计算机之所以不具有智能是因为计算机只具有即时性（synchronic）的因果性而不具有历时性（diachronic）的因果性，而功能主义则是两种因果性都必须具备的，因此对人工智能的批判不能扩展到功能主义。但是他并未对计算机为何只能具有即时性因果性而不具有历时性因果性进行具体阐释，所以这种观点尚具争议性。然而，功能主义也并非全无可取之处，它将计算机的功能同人类心智的功能加以类比的方法使我们认识到，或许可以在重视心智、思维等感性因素的同时使用这种方法论以达到研究心智的目的，也就是说，我们可以通过智能机（计算机科学）的相关技术来验证某些认知假设。

4. 计算表征主义方面的研究述评

计算表征主义可谓 20 世纪心灵哲学最令人激动的进展，当然它不一定完全正确，但它使人们开始从一种全新的视角来研究心灵，即心灵之于大脑就如程序之于硬件，这就是一种强人工智能的观点。类似观点可参见 P. Johnson-Laird 的《计算机与心智》（*The Computer and the Mind*，1988 年出版）和《心理模型》（*Mental Models*，1983 年出版）。举例而言：①卡普兰德（J. Copeland）在《计算是什么？》（*What is Compution？* 1996 年出版）"一文中指出，对一个设备或者器官的计算而言，最重要的就是应当在计算规范同对象结构间建构一种关系，比如心灵同计算的关系、行为同计算的关系等，并且他从这一观点出发为图灵 1936 年的计算分析理论进行了辩护。②纽厄尔和西蒙曾在《作为经验探索的计算机科学：符合与搜索》（*Computer science as empirical enquiry: symbols and search*，1990 年发表）一文中明确提出：计算对智能而言是充分的，心灵的计算与计算机的计算是完全等同的，人类的智能也可以通过信息输入和输出得到解释。这种观点正是狭义数字计算机能被称为智能的原因，也就是说，计算可以被算作智能的一部分，但与计算机表征主义不同的是，它并不能表征智能的全部。

5. 生物自然主义方面的研究述评

在生物自然主义者看来，将人的心灵完全看作计算的计算表征主义观点是不可取的，心灵应当是一种生物学的特征。塞尔就是典型的生物自然主义者，为了诘难图灵测试，他提出中文屋论证。在这一思想实验中，塞尔试图通过"语法无法产生语义得出计算无法产生心灵"。在《心灵导论》(*Mind: A Brief Introduction*，2004 年出版) 一书中，塞尔指出，意识由大脑中低阶的神经生物学进程引起，却在高阶层次上得以实现，同还原主义不同的是，他认为意识确实具有第一人称的本体论特征。生物自然主义观点对意识、情感等感性因素的强调是提出低阶意识机器和高阶情感机的理论基础，我们首先要承认心灵的存在，然后才能研究它。但是，塞尔认为"计算机不可能像人类一样思考"的观点令人质疑，自主性、意识、心灵、情感等感性因素的产生就是进化突现的结果，不能因为现在没有或者一时没有就否定机器产生思维的可能性。

6. 智能的含义的研究述评

从行为主义、功能主义、计算表征主义和生物自然主义的观点出发来看，智能的含义并不单一，而应当是包含着计算、行为、意识、情感等诸多元素的复合概念。正如德雷福斯 (S. E. Dreyfus) 在《造就心灵还是建立大脑模型：人工智能的分歧点》(*Making a mind versus modeling the brain, artificial intelligence back at a branch-point*，1990 年发表) 一文中所言，智能是有关适合某一领域的一组特定联系的知识，而且它是根据一个技能领域中许多高度抽象的特征之间的关系来定义的。那么相应的，智能机器的含义也应当是多重的，而它是否能够思维，我们也应当具体机器具体判断。

(三) 以智能机自语境化认知为立足点的国外研究述评

1. "假设—检验"策略的相关研究述评

"假设—检验"策略是一种常见的研究方式：①波普尔 (K. R. Popper) 在

《猜想与反驳》（*Conjectures and Refutations*，1968 年出版）中提出的"不断革命"模式，库恩（T. S. Kuhn）在《必要的张力》（*The Essential Tension*，1959 年出版）一书中提出的"范式"和拉卡托斯（I. Lakatos）在《科学研究纲领方法论》（*The Methodology of Scientific Research Programmes*，1978 年出版）中提出的"科学发展"模式，都涉及假设—检验策略，只不过他们着重强调这种方法在科学研究中的作用。其实，这种策略在认知研究中同样重要。②德雷福斯在《造就心灵还是建立大脑模型：人工智能的分歧点》一文中采取的认知划界方式就是：要造就心灵还是要建造大脑模型。前一派试图用计算机来例示世界的形式表述；后一派则试图用计算机模拟神经元的相互作用。其实，"造就心灵"并不是真的要"造就"心灵，而是用智能机来检验学者们预先设想的有关理性主义和还原论的问题，而后一派的"建造大脑"也并非真的"造就"人脑，同样是用智能机建造的物理装置来研究人类神经元的活动。而且，德雷福斯自己也认可人工智能对认知和世界的检验作用：人工智能就是试图寻找出主体（人或计算机）中的逻辑关系及其二者的相互关系，从而映射出世界的本原。③玛尔（D. C. Marr）在《人工智能之我见》（*Artificial Intelligence: A Personal View*，1977 年出版）中提出并回答了"人工智能究竟是在模仿还是探究"这一认知问题，在他看来，人工智能如果还将目光仅仅停留在"对心灵的模拟"上，就会导致"一种没有启迪作用的、对人类行为方式的某个小方面的模仿而已……这样最终得到的将是一些不太像样的机制"。很显然，玛尔也不赞同模拟的认知研究策略，计算机模拟应当引导我们走向通往心智奥秘的道路上，而不仅仅是用它来简单地模仿。

2. 人本主义与科学主义在认知方面的分歧与融合的相关研究述评

21 世纪的认知研究面临着来自学科内外的巨大挑战，回溯及反思其发展历程是认知摆脱困境，重获新机的必走之路。近现代以来，哲学的发展始终围绕着人本主义和科学主义两大思潮展开，认知的哲学情结决定了它的发展脉络也必然与此相关，至此，认知人本主义和认知科学主义应运而生。

认知人本主义延续了以人为本的宗旨，倡导用未被理性扭曲之本真人来揭示认知奥秘，形成了形而上学式认知人本主义、面向现实型认知人本主义和自语境化认知人本主义：①叔本华（A. Schopenhauer）的唯意志主义就是形而上学认知人本主义的典型代表，在《作为意志和表象的世界》（*The World as Will and Idea*，1982 年出版）的开篇，他就阐释了"世界是我的表象"的哲学构想，即世界可以通过"我的表象"而被表征出来，并且可以借此构建一个能描绘所有认知奥秘的形而上学体系。②形而上学认知人本主义的代表人物还有尼采（F. W. Nietzsche），在《权利意志：重估一切价值的尝试》（*Der Wille Zur Macht*，1991 年出版）一书中他试图以"人"为标杆来构建其哲学和认知大厦，被称为"最后一个形而上学家"。③海德格尔（M. Heidgger）对"在世的在"的意义和"常人"的生存状态的阐述是一种面向现实型认知人本主义，在《存在与时间》（*Being and Time*，1996 年出版）一书中，他将面向现实的"常人"作为规定日常生活的存在方式。④"经验"在伽达默尔（H. Gadamer）那里是一个重要的概念，他的释义学就是一种"思维所是的那种真正的经验性理论"，他在《真理与方法》（*Truth and Method*，2004 年出版）一书中强调，经验就是通过知识的应用而获得的。自语境化认知人本主义则既强调认知的自主性，也强调其与环境的融合作用，因此是对形而上学式认知人本主义和面向现实型人本主义的综合，代表着人本主义在认知研究上的走向。

认知科学主义继承了以理性为纲的研究主旨，将科学方法当作认知分析的重要事实依据，认知生理学策略和认知心理学策略相继诞生，而计算机模拟以其精确性和实践性成为认知科学主义中最普遍、最常用的一种研究策略：①认知生理学策略是科学主义在认知领域的最基本方案，在《心智哲学与认知》（*Philosophy of Mind and Cognition*，2000 年出版）一书中这样描述它：心理过程可以还原为神经或大脑的生理过程，而且每一个心理性质等同于一个物理性质。②认知心理学策略是认知生理学策略发展到一定阶段的必然产物。这一领域最具代表性的学者非弗洛伊德（S. Freud）莫属，在《精神分析引论》（*A General Introduction to Psychoanalysis*，1984 年出版）一书中，他开创了以心理实验方法研究人类认知和心理的先河。③皮亚杰（J. Piaget）也主张用实验的方式来研究心理，他在《成功与理解》（*Success and Understanding*，1978 年出版）一书中提出一种"基于语言的测试"（the language based test），这种测试就是在以实验的方法来研究心理因素，它具体指的是结合自己在实验室进行的心理测试而创造出的一种临床谈话法。④但是，认知心理学的研究方法对变量的严格控制和严密的实验程序设计较为欠缺，鉴于此，一些学者开始使用计算机模拟的方式来研究认知。纽艾尔和西蒙在《启发式解难：运筹学发展的下一个制高点》（*Heuristic Problem Solving: The Next Advance in Operations Research*，1958 年出版）一书中极力主张这种认知策略，认为可以用计算机模拟的方式来解决认知问题。截至目前，计算机模拟心智策略早已突破单纯的理论分析，而一跃成为计算机模拟认知领域的宠儿。⑤加德纳（M. Gardner）在《零玩家游戏：约翰·康韦氏新生命游戏的构想》(*Mathematical games: the fantastic combinations of John Conway's new solitaire game "life"*, 1970 年发表) 一文中提出的 "康韦氏生命游戏" (Conway's Game of Life) 试图赋予数字以 "争夺空间的生存意志"。⑥布鲁克斯 (R. Brooks) 在《一个自动机器人的强大分层控制系统》(*A robust layered control system for a mobile robot*, 1986年发表) 中提出的 "包容结构 (subsumption architecture)" 想要让机器拥有 "完成任务的目的性"。

然而，单纯地重视人性或者粗暴的理性独断并不能真正地解决认知之困，融合才是趋向：①吉尔 (J. de Kleer) 在《心智模型的物理机制及其习得》(*Mental model of physical mechanisms and their acquisition*, 1981 年发表) 一文中表明，应当从心理学角度研究科学理论的认知结构，这是将心理同科学联系起来的一种认知研究方式。②萨伽德 (P. Thagard) 在《心灵社会：作为分布式计算的科学》(*Societies of minds: science as distributed computing*, 1993 年发表) 一文中明确指出，目前科学哲学发生了认知转向，试图从认知心理学和人工智能角度出发来研究科学的进展。③ DICE (dissociable interactions and conscious experience) 模型是斯凯特 (D. L. Schacter) 在《记忆、健忘与额叶功能障碍》(*Memory, amnesia and frontallobe dysfunction*, 1987 年发表) 一文中提出的一个关于意识的分离交互作用与意识经验模型。它原本是为说明机能正常但受损大脑记忆分离的情况而初步设计出来的，但后来成为独立记忆模块和缺乏意识获得程序之间的通道。这种将意识认知同意识产生环境联系起来的做法对自语境化认知假设具有启示意义。这些观点都在向我们传输这样一种理念：在进行认知研究时，心理学研究策略和计算机科学研究策略应当结合起来。智能机自语境化认知就是对二者的融合，它将人类的自主性、思维等感性因素同计算机模拟这种理性主义策略结合在一起，弥补了以往 "操作模拟心灵" 的缺陷，为解决物理属性与意识概念之间的不搭界问题提供了新思路。

3. 进化突现及其相关理论研究述评

自语境化认知的发展是进化突现的结果，智能机的进步也是进化突现的结果，因此进化突现理论是本书的一个重要研究理念。进化观点自然起源于达尔文的进化论思想，它虽然是关于生物进化的革命性理论，但也适用于其他许多方面，认知领域亦属此列：①塞尔就曾在《心灵导论》(*Mind: A Brief Introduction*, 2004 年出版) 一书中说过，我们可以将认知的发生、发展过程归结为一种 "强大的进化论优势"。进化心理学和进化－涉身认知理论 (Theory of Evolutionary-embodied

Cognition）也都持这种观点。②进化心理学的代表人物冯克（S. Pinker）提出的"瑞士军刀（Swiss army knife）式的达尔文模块（Darwinian modules）"就是基于此观点的一种隐喻，在《语言本能：探索人类语言进化的奥秘》(*The Language Instinct: How the Mind Creates Language*，1994 年出版）一书中，冯克将人的认知行为看作适合解决进化问题的集合。在他看来，人的心理就像一把瑞士军刀，它包含有多种认知工具，其中每一个都能有效地执行一个特定的功能，这样的有效工具就是模块，而且是达尔文模块。③进化 - 涉身认知理论不仅将认知看作是进化的产物，而且将认知与应对和环境紧密联系起来。在安德森（L. Anderson）和罗森伯格（G. Rosenberg）《内容与行为：作为指南的表征理论》(*Content and action: the guidance theory of representation*，2008 年发表）的文章中，他们提出"表征是从非表征的行动突现出来"的观点，将认知进化同突现结合起来。

其实，在认知研究中，将进化同突现结合起来的理念早已有之：①本格（M. A. Bunger）早在《科学的唯物主义》(*Scientific Materialism*，1981 年出版）中就曾说过，"每一个突现都是某一进化过程中的一个阶段"，这是对二者关系较为贴切的界定。在此书中，他还为"突现"下了较为准确的定义，设 x 为一个具有 A 合量的 $CA(x)$ 系统，P 为 x 的属性，则有：当且仅当 x 的每一个"A 分量"都具有 P 时，P 是"A 合量"的一个属性；否则，若 x 的任一 A 分量都不具有 P 属性，则 P 是 A 合量的突现。思维、意识等感性因素是由人类的生理、物理机制进化突现而来的，那么这种进化突现可以还原为生理、物理机制吗？除了还原论者，大多数学者都认为不可能，这是因为突现具有一种自主性和不可还原性。②金在权（J. Kim）曾在《随附性与心智》(*Supervenience and Mind*，1993 年出版）一书中明确指出，下向因果关系（downward causation）是突现论研究的关键所在。这种下向因果关系指的就是突现的不可还原性。③查尔莫斯（D. Chalmers）在《随附性》(*Supervenience*，1996 年发表）一文中也提出过类似的观点，他表明突现的这种特征主要是由于宏观层面具有一种"下向因果关系"，即处于低层次的过程一定会受到高层规律的约束，并遵照这些规律行事。④亚姆（Y. Bar-Yam）在《复杂系统的相关概念》(*Concepts in complex systems*，2000 年发表）一文中也指出，突现的概念是指不能由系统已经存在的部分及其相互作用充分解释的新模式、结构与性质的兴起。

智能机自语境化认知在认知研究领域是一个新概念，因此应当将它的源起及其所涉及的流派、理论、观念、问题等都一一陈列出来，从而为其奠定可靠、详实的理论基础。但是，从上述分析中可以看出，这一研究牵涉到的理论和问题太多，而在对这些内容进行具体分析时又会涉及一些其他的认知观点。受篇幅所限，还有一些重要的专著和论文无法一一列出，对于这部分在正文和参考文献中将会适当地补充。

第四节　思路、方法及框架

除了认知科学和认知哲学通用的文献分类、文献比较、案例分析等研究方法之外，本书还使用了一种研究方案——"假设—工具—检验"。它是本书所采用的最重要的研究方法，贯穿于"智能机自语境化"研究的每一个步骤。这不仅体现在本书的大体框架上，也体现在书中的每一部分、每一小节中。

首先，从全文来看，第一章和第三章是在提出预设和解析预设，而第四、五、六章则是用智能机这一工具（第二章）来检验这些认知假设的合理性。因此，它符合"假设（自语境化认知）—工具（智能机）—检验（用智能机来检验自语境化认知假设）"这一总体研究方案。

其次，从本书的每个章节来看，也都脱离不了"假设—工具—检验"这一研究方式。

第一章预设一个有关认知的总假设：认知是一个自语境化过程，并且通过"闪电"案例来对其进行分析和探析，"闪电"案例就是检验这一假设的一个点状的、经验性的工具。同时，还采取理论工具验证法，将非语境化方式同语境化方式进行对比，验证出语境化方式是一种更加合适、可行的方式；并且将学者们对自主性的观念作为工具，验证出自主能动性是人类思维的最显著特征。

第二章对智能和智能机概念进行界定，智能概念和智能机类型的界定都运用了"认知理论工具"验证法，而这些理论工具包括行为主义、功能主义、计算表征主义和生物自然主义等学派的相关概念。

第三章阐释"用智能机检验自语境化认知"这一研究方案。理由是它标志着认知人本主义和认知科学主义的趋向，其实这个理由也是一种假设，而它的验证工具就是从古至今的认知思想，包括相关认知理论、人工智能观点等。

第四、五、六章分别从自语境化认知的内涵出发，对自语境化的产生、发展和实现进行进一步的假设，并对每一个假设进行理论溯源，而理论溯源中的相关理论就是这些假设的检验工具，这是一种哲学和认知科学论据。比如，对自语境化的判定依据进行假设时我们以近代哲学的发展历程作为工具，以康德、波普尔、德雷福斯等学者的观点为工具来加以检验，检验这些标准的制定是否合理。同时，若要为自语境化的发展过程立据，则需要从历史的脉络中梳理出与其相关的理论概念，如卡拉瑟斯的"意识树"理论、波普尔的"有机体进化"理论、哈瑞的"生物演化四阶段"理论、弗洛伊德的"性本能论"理论等，这些理论都是自语境化发展阶段模型的检验工具。同样，当我们将"进化突现"假设作为自语境化四个阶段的发展和实现手段时，也要为这个假设寻找理论依据，"认知进化论""突现是量变到质变的""突现的不可还原性"等理论既是"进化突现"假设的理论依据，同时也是它的检验工具。

所以，"假设—工具—检验"策略当之无愧地成为本书的研究思路和总方法论。

最后，本书的结构框架如图1-1所示。

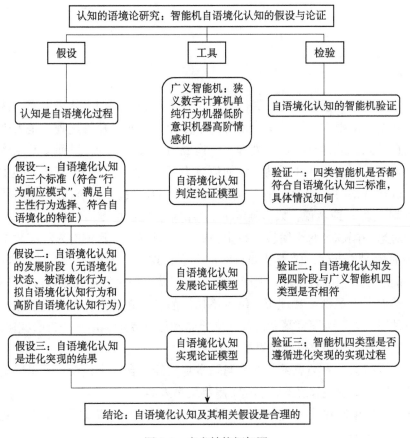

图 1-1 本书结构框架图

第二章

研究假设：认知是自语境化过程

认知问题起源于古老的心灵问题，主要解决的是"如何认识世界、认识自身"的问题。从根本上讲，认知是行为主体探索自然奥秘的过程，是大脑接受外界信息输入，通过头脑加工处理，转换成内在心理活动，进而支配主体行为的过程。但是，这种认知活动究竟如何成为可能呢？这正是本书研究的主要目的——探索认知与心智的奥秘。从这一研究目的出发，我们首先需要明了的就是"何谓认知"，或者说，如何确定一个事物是否能够思维。

针对这一问题，每个阶段、每个民族，甚至每一个具体的人的答案都不一样。特别是到了近代，随着认知科学的兴起，这一问题涉及的领域越来越广，争论如潮水般一浪高过一浪，各个学派都希望获得一个能被大家认可的"思维"定义。然而，结果都不甚理想。笔者不揣浅陋，站在前人研究的肩膀上，试图提出一种以"人"为研究摹本的新认知概念和思维界定标准——自语境化认知，并依据这一方案来探究机器与思维的关系。

其实，探讨"人类思维"这一问题本身已经蕴含三个预设：①思维确实存在；②一定有事物能够思维；③这个事物就是人类。

所以，这里摒除那些认为人类也无法自主思考①的"苛刻的"哲学观点，坚

---

① 比如，李百特思想实验就在向我们传递这样一个信息：人类的意愿行为有可能只是神经元的活动而已。20 世纪 80 年代，美国神经科学家李百特做了一系列有关精神时间的试验，结果现实，对于人的任何一个意愿性行为，总有一个神经元活动在受试者报告的意愿知觉时间前 0.35 秒发生。但在人类的观念里，我们的意愿性行为的最初发起者和执行者是人类自己，而非神经元。所以，这个实验是对有关自由意志和道德责任信念的一种严重挑战。参见：Libet B, Wright E W,Gleason G A. Readiness-potentials preceding unrestricted "spontaneous" vs. pre-planned voluntary acts. Electroencephalography and Clinical Neurophysiology, 1982, 54：322-325.

持我们可以感知到的经验——人类可以自主思维。这是因为如果从这些苛刻的观点或角度出发，人类对心灵的研究就很容易陷入"智能怀疑"或"智能虚无"的陷阱，这种彻底的怀疑论会使我们陷入怀疑一切的无尽深渊之中，这就是笛卡儿所说的"怀疑思考本身"。同时，这样的怀疑也不符合我们日常的经验，于哲学、科学、社会发展都无益。所以，对"人类能够思维"的肯定是揭开思维奥秘的最基本保障。

大多数学者都将能思维看作人类引以为傲的资本，或者将其当成人类最值得称耀的功能，然而思维缘何有此魅力？从本质上讲，这是思维的一种特性所起的作用，它就是自主性，这是一种依据环境进行自主行为选择的能力，而这种自主行为选择能力也是自语境化认知的思想根源。

认知的根本目的是为了赋予世界、人类以意义，认知过程就是人类思维的过程，也是意义出现的过程。在我们所能及的世界范围内，只有人才有思维能力；人是世界体系中的一环，他的一切活动都离不开周围环境，思维过程也不例外。因此，要弄清思维问题，就必须将"人"作为思维认知主体，以"人"为出发点，将人的思维系统与其环境系统结合起来考察，并在二者的相互作用中探索思维奥秘，这是自语境化思维认知方式的本体论根源。

第一节　自语境化认知的案例推演

纵观人类历史可以发现，人们会依据自身经验和所处环境对所观察的对象（自然界、人类社会和人类自身）产生不同的思维认知；即使就同一种现象，不同的人也会依据各自思维的特殊情况而获得对这一现象的不同认知，并会依据这种思维认知产生相应的语言、情态、行为等回应。以"闪电"为例，具体的思维认知过程推理如下。

一、自语境化之认识自然

一些人会将"闪电"看作自然现象，从日常经验出发，他们发现，闪电与打雷下雨密切相关，因为我们总是在看到闪电后才会听到雷声，而在打雷闪电后一般都会下雨。随着科学的发展，闪电的秘密被逐步揭开：它是云与云之间、云与地之间或者云体内各部位之间的强烈放电现象。这是人类依靠自己的能力对自然现象"闪电"的一种认知。具体认知过程如下（图 2-1）。

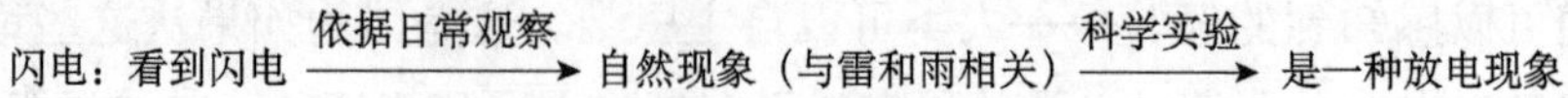

闪电：看到闪电 ——依据日常观察→ 自然现象（与雷和雨相关） ——科学实验→ 是一种放电现象

图 2-1　闪电认知示意图（自然界）

二、自语境化之认识社会

而另一些人却并不满足于上述对闪电的认知，他们在将闪电与雷、雨联系的基础上，对闪电的由来产生了兴趣，这些人好奇为什么天空会出现这样一道"火链"，甚至会将树木燃烧？由于没有合理的解释，他们就将其与人类社会（宗教、神话传说等）联系起来，认为这是"神的活动"。依据不同的环境，这种"神的活动"的称谓也有所差别：中国人认为闪电是由"电母所创"，而在西方一些国家则认为这是"宙斯在笑"，他要惩罚那些对他不敬的人。随着人类知识的增长，人们了解到闪电只是一种放电现象。而后通过一系列实验，一些人又创造了"闪电"——如果在两根电极之间加很高的电压，并将其慢慢靠近，当这两根电极靠近到一定距离时，它们之间就会出现电火花，这就是所谓的"弧光放电"（图 2-2）。

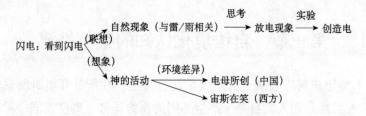

图 2-2　闪电认知示意图（人类社会）

三、自语境化之认识自身

即使了解了闪电的由来，还是有一些人会进行更深入的思考、提出这样的疑问：为什么同样看到闪电，人和人对其的感受会如此不同呢？一些人认为它很平常，另一些人则将其看作神迹。而依据这些经验和感受所进行的反馈活动为何又会有这么大的差异呢？有人仅仅是对其放任自流，有人却通过自己和前辈的共同努力创造闪电。这就是对人类自身思维认知奥秘的一种探索和追寻。

通过图 2-2 可以看出，依据外部语境（观察环境、所处环境和时代背景）的不同，人类对闪电的认知也有差别。然而，在看到闪电到创造闪电的整个过程中，除了这些外在的环境因素，即我们强调的语境以外，还有没有别的因素能够引发认知结果的差异呢？答案是肯定的，它就是人类自身思维能力的差异性。人类自身的思维能力分为两种：先天禀赋和后天努力，前者被基因决定，是不可控的；后者是一种主观能动性，我们可以通过它发现和创造历史。就闪电现象而言，看到闪电、进行思考是绝大多数人都能够进行的活动，然而只有一些人强化了自身的主观能动性，将其与雷、雨联系起来，发现了有利于农耕的知识；又只有少部分人进一步努力，通过无数科学实验探得了闪电的本质——一种放电现象；更只有极少数人基于已有知识，自主地将这些知识融会贯通，最终"创造了闪电"。当然，这并不是结束，还有一些人将这一研究重新运用、反馈于我们的现实生活，又为我们创造了新知识、新经验、新财富。从这里我们可以发现，在同样的条件下，人类对事物的认知是不同的，而之所以造成这种差异的根源就是人类自身的主观能动性，亦可称之为"自主性"，也就是人类"自主融入语境"的思维能力，这是自语境化认知方式提出的认识论根源。

第二节　自语境化认知的内涵界定

通过对"闪电认知"过程的分析，我们会发现，人类这个认知主体在认识过程中通常会依据自身的经验和所处的环境对所认识的对象产生不同的看法，而且这种看法所呈现出的是一个上升的状态：从基本认识到对人类社会的探究再到对自身思维的反思。这种自主地融入语境并从中获得一些相关经验和认识的观点就是自语境化认知，通过对自语境化认知所需遵循规则的挖掘，我们会更详细地了解这一认知模式所呈现给人们的价值和意义。

一、自语境化认知的依循规则

通过上述对自然界、人类社会和人类自身的认知分析，我们会发现，在整个认知过程中，人类总会遵循一定的认知规则，具体如下。

规则一，在一个认知过程中，一定要有认知客体和认知主体。需要注意的是，认知主体必须具备一定的思维能力，如听觉、视觉、嗅觉、触觉等，而且还要有一定的推理、记忆、联想、语言能力，这些能力可以是先天赋予的，也可以是后天挖掘的。要进行思维活动，认知主体还要具备自主融入语境的能力，也就是自主性，它表明了一种人类对环境的反馈情形。

规则二，思维过程是在一定的语境下进行的，认知主体所进行的思维活动一定要契合其所处的语境。依据时间和空间的不同，语境可以分为历史语境和所处语境，所处语境又包括情境语境、社会语境、文化语境等不同形式。这些语境是通过认知主体的思维自主性体现的。

规则三，自主性对环境的反馈不是单一的，而是多元的，这些反馈情形可以组成一个"可能行为候选集"。认知主体依据自己的思维能力、经验和所处的环境选取一个或几个符合自然规律、社会实践的选择项。比如，看到闪电可能将其看作是一种自然现象，也可能将其当作一种"神的活动"，这就是"可能候选集"；而后认知主体将会依据自身经验、时代背景等进行行为选择，最终将选择项融入环境，生成新知识，用实践的方式来检验这种选择是否合理。

规则四，整个认知过程需要语言的参与，无论是环境对人类的影响还是人类自主性地反馈，都是需要言语表征的。"语境概念最先是从语言学开始的，语境是语形、语用、语义的统一；语言是主体见之于客体的媒介，创造语言就是在建构世界，就是在发现和认识未知世界。"[1] 最主要的是，"人作为一种生命体，其存在的本质就是由能说话来规定的"[2]。由此可见语言之于语境、解释世界的重要性，这里的语言包括话语、书面语言和肢体语言等。

规则五，整个思维认知系统不是单一、断裂的，而是多元、循环的，是一种螺旋上升的循环认知体系。具体而言，人类思维认知过程的循环不是无限循环，而是一种以语境为基底的上升式循环。在对每一个认知对象进行研究时，都以其所处的语境为基底，这样便会产生一种新知识，这种新知识就成为新的认知对象，新的认知对象又以新语境为基底，对最初的认知对象形成更加深入的了解。

当然，要更好地认识这个世界，上述规则是远远不够的。这五个规则仅是人类自主认知所必须具备的几个规则，尤其是最后一个，它是保障人类认知得以生生不息的最关键因素。同时，通过这些规则，我们还可以衍生出许许多多自主认知规则，而这些规则又会对我们认识世界产生新的影响和意义。

二、自语境化认知的内在本质

遵循上述规则，我们大体可以推出自语境化认知方式的内涵：在确定认知

---

① 魏屹东，郭贵春. 论科学与语言的关系. 科学技术与辩证法，2002，2：34.
② 海德格尔. 存在与时间. 陈嘉映，王庆节译. 北京：生活·读书·新知三联书店，1987：43.

对象的基础上，认知思维主体依据自身天赋自主地融入语境，并从语境中获取相关信息，得出一组"可能行为候选集"，而后通过自身的思维能力、经验学习、科学研究、实践检验进行自主选择，选择出最适合 / 最喜欢或以其他原则为基准的行为响应活动，最终获得这种认知对象的螺旋上升认识。简言之，人类的认知是一个"自主融入语境或自主创造语境"从而进行行为选择①的过程，是通过自主性将认知主体（人）与认知客体（语境）加以融合的过程，是一个思维和行为融合的过程，这个过程需以语言为媒介，以自寻优、自组织、自学习、自适应和自进化方式存在。

那么，自语境化认知究竟是延续着怎样的一种模式来表征及发展的呢？或者说，自语境化认知的内在本质究竟是什么呢？要回答这个问题，不仅需要从人类自身的经验出发来考察，还要从认知科学的发展模式中探寻答案。

认知学科是一个新兴学科，发展历程较短，因此还没有比较成熟的、完善的发展模式可供借鉴。而认知同科学的联系又是十分紧密的，所以可选取科学发展模式作为自语境化认知本质探讨的基础模式，即波普尔"不断革命"模式、库恩"范式"的影响和拉卡托斯"科学发展"模式，通过对这三个模式的深入挖掘，我们或许能找到认知发展的可行性模式，找到人类自语境化认知所蕴含的内在特质。

（一）自语境化认知的批判精神

波普尔的"不断革命"模式给我们带来有关认知的诸多思考。波普尔的"不断革命"模式是一种基于科学知识增长的研究模式。在他看来，科学知识的增长一般会经历四个阶段：①问题（P_1）阶段，科学始于提问；②假设（TT）阶段，这是一种大胆的猜测，在波普尔的观念里，这种猜测就是科学理论；③辩论（EE）阶段，争论并依据实践的检验从中筛选出逼真度较高的理论；④否证阶段，新问题（P_2）以及新理论出现。这四个阶段不是间断的，而是不断重复、不断前进的。波普尔还将其图示化为：$P_1 \rightarrow TT \rightarrow EE \rightarrow P_2$。从波普尔的观念中我们可以发现，"不断革命"模式较之以往的直线式发展模式有很多合理之处，

---

① 很多学者都对行为选择进行过研究，布朗伯格认为，动物的行为选择是在内部和外部的双重刺激下，从潜在候选集中选择出最恰当的行动行为集的过程。参见：Blumberg B. Action-selection in Hamsterdam: lessons from ethology//Blumberg B. The Third International Conference on Simulation of Adaptive Behavior. Cambridge：The MIT Press, 1994：108-110. 泰瑞尔（T. Tyrrell）的观点也大同小异，在他看来，行为选择是（主体）及时从一组'可能候选集'中选择出最适合的行为。参见：Tyrrell T. Computational Mechanisms for Action Selection (pdf). University of Edinburgh, Centre for Cognitive Science, 1993：95-129.

而且肯定了在科学发展中被长期忽视的否定因素的作用，这是一种具有批判精神的模式。

其实，波普尔的"不断革命"模式不仅适用于科学发展，也同样适用于认知研究，因为认知研究也是科学发展的一部分。结合波普尔的"不断革命"模式，这里总结出一种"认知不断革命"模式：

（1）认知问题阶段：我们在研究某个认知问题时，同样是先提出问题，如"大脑是如何思维的"（P_1）这一问题。

（2）认知假设阶段：而后学者们会针对这个问题进行一些假设和猜测，比如，笛卡儿在将身心二元论联系起来时设想出一个"松果腺（TT）"来连接灵魂与身体[①]，在他看来，世界的物理状态影响到我们的身体，而身体又影响到我们的大脑，这些又都是通过松果腺这个灵魂场所被我们获知的。

（3）认知辩论阶段：针对笛卡儿的"松果腺"论证，各个学者乃至各个学派都会提出自己的观点和看法（EE），它们或是唯科学的论证，或是纯理论的剖析。比如，脑科学的发展证明大脑中根本就没有"松果腺"这样一种物质，而哲学家将笛卡儿的心智观看作一种二元论，在他们中的一些人看来，身心是同一的，二元论将身心分离的观点是错误的[②]。而后，基于自然科学的发展，学者们又提出新的论证，如果我们无法直接获知心灵的奥秘，那么我们可以用一种间接的方式来获得它，如运用计算机模拟的方式，图灵就是这种观点的代表人物，他的"图灵测试"就是通过计算机来获得人类认知的一个新假设。在他看来，思维可以这样定义：看似能够思维就是真的能够思维。这种理论为人工智能的发展提供了裨益。

（4）认知否证阶段：图灵的论证虽然在一定阶段获得了认可，也为人类获得心智知识提供新思路，但是这种逼真度较高的认知理论着重于计算机思维方面，也就是说，它是运用计算机来获得心智知识的，这就形成一个新的认知问题"计算机能够思维吗（P_2）"，这也是认知哲学研究的一个大课题。而这个新问题在认知界和人工智能界又引起新的争论，一些学者认为它无法解释物理属

---

① Descartes R. The Philosophical Writing of Descartes. vol. 2. Collinghgan J, Stoothoff R, Murdoch D, trans. Cambridge: Cambridge University Press, 1985. 具体参阅此书的第二卷，特别是《第一哲学沉思录》（*Meditations of First Philosophy*）的"第二沉思"，即第二卷的第 16-23 页；以及"第六沉思"，即第二卷的第 50-62 页；还有"反驳与质疑"，特别是"作者对于第四组反驳的答辩"，即第二卷的第 154-162 页。

② 比如，吉尔伯特·莱尔就对笛卡儿的这方面观点加以批判，并称此为"机器中的幽灵"，即我们中的每一个都是一个寄居于一台机器（身）中的一个幽灵（心）。参见：Ryle G. The Concept of Mind. London: Hutchinson, 1949: 51-59.

性与意识间的不搭界问题，其中著名的驳斥观点是塞尔的"中文屋论证"①，这个思想实验证明出"单纯的计算无法产生思维"，而计算机只能进行单纯的计算。因此，看上去能够思维并不是真的能够思维，思维是一种生物自然现象。针对这个新问题和新理论，一轮新争论又开始了。

通过对"认知不断革命"模式和波普尔"不断革命"模式的比较，我们会发现，自语境化认知完全继承了波普尔"不断革命"模式的批判性和革命性。

第一，它继承和升华了波普尔"不断革命"模式中"人类思维能动性"的方面。在"不断革命"模式中，通过猜测—反驳—再猜测—再反驳，我们可以看到"人类自主思维"的能动性和创造性。而在"认知不断革命"模式中，人类思维的能动性体现的就更加明显了，因为它本就是对这个概念的一种研究，而这个模式又反过来印证了这一观点。这是一个始于"人类自主思维"、行于"人类自主思维"又终于"人类自主思维"的模式：始于"人类自主思维"是指它本就是对人类思维的一种研究，行于"人类自主思维"是说这个研究模式就是利用"人类思维的能动性"进行发展的一个循环圈，终于"人类自主思维"是指我们还要用我们的思维来研究和论证这个模式及其内部的相关理论和结论。

第二，"不断革命"模式体现了一种革命和批判精神，这一点在"自语境化认知"模式中也得到了很好的继承。认知研究不是一成不变的，而是一种否定之否定而后肯定的观点，用波普尔的话来说，"批判是任何理智发展的主要动力"②。也就是说，要获得心智知识就要敢于否定，不仅要否定别人的观点，自己的观点错了也一样要否定，这是认知研究中通用的一种手段。比如，塞尔的"中文屋论证"是对"图灵测试"的一种诘难，而在具体研究过程中，他发现计算机根本就不存在计算这个属性，于是又提出了"依赖于观察者论证（Observer-

---

① 在这个论证中，塞尔设想，他被关在一间充满中文字条的屋子（称为 Clerk）里，通过在窗口传递中文字条与外界发生联系，并靠一本英文指令书将各种中文字条配对而后输出。由于他可以正确回答屋外中国人的提问，因此屋外人认为他懂中文；但塞尔本人仍然对中文一窍不通。"中文屋论证"的提出是塞尔有感于一个叫作"脚本"（Scripts）的程序，它是香克（R. Schank）于 1977 年设计的，主要是用来模仿人类的"思维"方式和行为，且某些科学家认为它好似已经通过简化的图灵测试；但塞尔认为这个程序并非像人那样"思维"。在他看来，用计算机来代替中文屋中的人，即使计算机通过了图灵检验，可以正确解决或回答人提出的问题，也并不能说明他真的理解了人类所提出的问题，因而也就没有意识。参见：Searle J. Minds, brains, and programs//Boden M A. The Philosophy of Artificial Intelligence. New York: Oxford University Press, 1990: 67-88.
② 波普尔. 猜测与反驳——科学知识的增长. 傅季重等译. 上海：上海译文出版社，2005：316.

dependent Argument）①" 来纠正自己的 "中文屋论证"。在他看来，假如计算机这只 "动物" 并不存在 "固有的计算属性" 这张表皮，那么 "（中文屋论证要证明的）由它而产生的心灵" 之毛又将附于何处呢？从而更加彻底地诘难了强人工智能。而在 "自语境化认知" 中，这种批判性也是随处可见的，自语境化认知是对自语境化的一种继承和发展，自语境化又是对语境化研究方式的一种延续和拓宽，语境化研究方式又是对各种非语境化研究方式的批判和继承，这种逐级递推的批判和继承性就是对 "不断革命" 模式的一种最好诠释。

然而，我们也不得不承认，认知发展模式在继承 "不断革命" 模式优势的同时，同样也继承了其劣势。首先，"不断革命" 模式过分强调否定和证伪的因素，对肯定和证实因素的认识不足。这一点在 "认知不断革命" 模式中的体现也很明显，我们发现，无论是笛卡儿的 "松果腺" 假设，还是图灵的 "图灵测试"，又或者是塞尔的 "中文屋论证" 和 "依赖观察者论证"，都是一种否定和证伪，对这些论证本身的作用和影响的强调却很少。其次，"不断革命" 模式在注意科学发展突变的同时却抹杀了科学发展相对稳定的渐变时期。认知发展模式同样不太关注认知研究的稳定渐变时期，虽然人工智能也属于认知研究的范围，而且计算机科学是人工智能的重要方面，但是学者们很少关注计算机从电子管到晶体管再到集成电路的发展过程。

秉持 "取精弃糟" 的原则，我们要发扬 "认知不断革命" 的优势面，纠正其劣势面。在这个方面，库恩的 "范式" 理论和拉卡托斯的 "科学发展" 理论可为我们所借鉴。二者都为波普尔的 "不断革命" 模式设定了一个有韧性的内核，通过这个内核，我们可以更好地理解认知发展中值得肯定的一面。

（二）自语境化认知的包容精神

库恩认识到波普尔科学模式的不足，因此在科学发展模式中，他着眼于科学的历史和现状，将其理论核心 "范式" 和科学共同体结合起来，融合科学史、科学社会学、科学心理学等方面的因素，形成一种科学内史与外史相结合的、对科学发展规律作综合考察的科学发展模式，它就是 "范式" 理论。"范式" 是

---

① 对于 "observer-dependent" 这一术语，有的学者译作 "相对于观察者"（王巍、刘叶涛、徐英瑾等），有的学者译作 "依赖于观察者"（李步楼）。塞尔在 1992 年和 2004 年都提出过 "依赖于观察者论证"，但是二者是有区别的：前者与中文屋论证关联不大，而后者是一个与中文屋论证有着同样的意蕴——驳斥强人工智能的论证。参见：Searle J. Twenty-one years in the Chinese Room//Preston J, Bishop M. Views into the Chinese Room: New Essays on Searle and Artificial Intelligence. New York：Oxford University Press, 2002：54-60；Searle J. The Mystery of Consciousness. New York：NYREV, 1997：17；Searle J. Mind: A Brief Introduction. Oxford：Oxford University Press, 2004：65.

库恩哲学的核心，在他看来，"'范式'一词无论实际上还是逻辑上，都很接近于'科学共同体'这个词。一种范式是、也仅仅是一个科学共同体成员共有的东西。反过来，也正由于他们掌握了共有的范式才组成了这个科学共同体，尽管这些成员在其他方面并无任何共同之处"①。当然，这种范式也是变化的，但是这种变化并不是随心所欲的，而是一种围绕某一学科或专业所具有的共同信念，而且这种信念是一种基于过去继承下来的知识背景和科学传统限制下的创新。可以看出，相对于"不断革命"的突变性，"范式"具有一种韧性和相对稳定性，即我们不能依据一个事实就推翻一个范式，范式的出现一定是大量事实积累的过程。科学发展就是新范式代替旧范式的过程，新旧范式虽然在结构、层次耦合方式上具有相似性，但是在科学理论和基本观念上已经改变。

库恩这种融合了科学历史的科学研究方法在当时的学界影响很大。这是因为 20 世纪 50 年代的科学中出现了一种整体化趋向，这一时期的科学家在研究问题时，更趋向于一种"结构的方法""系统的方法""模型的方法"，语境论方法也是在这一时期出现的。而库恩的范式理论正好迎合了现代科学中的整体性观点和方法在哲学上的反映，所以曾一度被广泛引用。

基于"范式"概念，库恩也总结了科学发展的模式：①前科学时期，无公认的范式，各派各执己见、争论不休；②常规科学时期，出现了公认的范式，在这种范式的支配下，常规科学开始了；③科学危机时期，即使是公认的范式，也总有这一范式不能同化的反常，当反常越积越多并进入到范式的核心地带时，科学就进入显著不稳定的危机时期；④科学革命时期，随后一个有生命力的、颇具竞争力的新范式出现了，科学进入了革命阶段，这就是新旧范式的交替时期；⑤科学发展的动态时期，当新范式终于战胜旧范式时，科学革命时期结束、新的常规科学革命时期开始。这就是库恩对科学发展的认识。

库恩的"范式"理论弥补了波普尔理论的缺陷，提出了一种有韧性、相对稳定的范式，这一思想对认知研究有启示作用。认知研究也应当有一个相应的认知范式，一种公认的认知观点。但是，截止到目前，认知并不像科学那样在一段时期有一个公认的范式，如牛顿的"经典力学"和爱因斯坦的"相对论"都曾在一段时期被作为一种范式，认知研究却一直都没有这样一个研究范式，这是有其具体渊源的。早期的认知研究是一种融于哲学纯思辨理论的研究，也就是说，人们虽然对心智问题多有探索，但这些探索都被归结为哲学领域，因

---

① 库恩. 必要的张力. 范岱年, 纪树立译. 福州：福建人民出版社，1981：291.

为没有自然科学等的实践支持，这种探索多处于一种纯理论阶段，大家各持己见，并没有形成有关心灵的统一认识；到了认知科学和人工智能有所发展的阶段，人们对心智的了解虽然有所提升，但是"情感、意志"等感性因素的无常性和不可琢磨性，使得认知科学陷入一种理性和感性交织的研究状态中，这样，认知研究仍然处于相对落后情况。也就是说，认知研究应当有一个公认的"范式"，但是它没有，它一直处于研究的"前认知时期"，还没有出现"常规认知时期""认知危机时期""认知革命时期"和"认知发展的动态时期"。然而，这并不意味着库恩范式在认知理论界就不适用，而是说明，认知这种研究较之其他自然科学更加神秘、更加难测，其艰巨性也更甚。在这种情况下，我们需要对它多一些关注，只有当一个较为公认的"认知范式"出现时，认知研究才会有更加长远、更加飞速的发展。

结合波普尔的"不断革命"模式和库恩的"范式"理论，我们可以将认知模式假设如下：认知发展是一个围绕"心灵"问题展开的研究过程，在这个过程中，它所涉及的每一个问题都要经历认知问题阶段、认知假设阶段、认知辩论阶段和认知否证阶段，而这四个阶段的发生和发展及其所涉及的每一个认知理论都是为一个公认的"认知范式"而存在的。

自语境化认知虽然不能说是认知研究的"范式"，但是它具备科学研究的一项重要特质，即包容性。一方面，自语境化认知融合了心灵哲学、计算机科学、人工智能、心理学和语言学等诸多方面的知识；另一方面，这一认知模式本身就是一个包容的过程，它融合了人类自身的经验和周围的环境，而且在这个过程中，它不是一成不变的，而是一个进步的过程，通过这个过程我们能够更好地了解人类的认知奥秘。

（三）自语境化认知的实践精神

拉卡托斯的科学发展思想是在波普尔和库恩的两种思想相互作用下的产物，所以他的科学发展模式既有波普尔思想的痕迹，也有库恩思想的表现。在拉卡托斯看来，波普尔的否证标准并没有真正解决科学与伪科学的划界问题，"因为波普尔的标准忽视了科学理论明显的韧性"[1]。而库恩的范式理论则是一个"暴民心理学问题"[2]，拉卡托斯不赞同库恩的这种感性革命观点，在他看来，科学纲领

---

[1] 拉卡托斯. 科学研究纲领方法论. 兰征译. 上海：上海译文出版社，1986：5.
[2] 拉卡托斯. 科学研究纲领方法论. 兰征译. 上海：上海译文出版社，1986：65.

的最基本"硬核"① 应该是建立在理性基础上的产物。

基于此，拉卡托斯提出科学发展模式，他采用的是一种科学研究纲领的方法论，即一般一个科学研究纲领由四个相互联系的部分组成：①"硬核"，它是一个理论的最基本构成部分；②保护带，其任务是保卫硬核，尽可能不让硬核遭受经验事实的反驳；③反面启示法，保卫硬核的反面启示规则；④证明启示法，改善和发展理论的正面启示规则。在库恩那里是"新旧模式"交替，在拉卡托斯这里是"科学研究纲领的进化和退步"，与库恩"新旧模式交替"思想不同的是，拉卡托斯对"理论交替"持一种慎重和宽容的态度②：首先，他强调不要急于淘汰或否定任何一个处于新的或萌芽状态的研究纲领；其次，他认为，一个退化的纲领也可能由于一个小小的革命而转化为一个进步的纲领。因此，他的这种科学态度决定了他审慎、理性的研究方式，而这种研究方式也体现在他的观点中，"我认为可以摆脱库恩的指责，把科学革命描绘成合理的进步，而不是宗教皈依"③。这种意识决定了他科学模式的理性化特征。

拉卡托斯对科学模式最重要的影响是强调了"理性"的作用，而自语境化认知所采取的研究也是一种慎重、理性的研究态度。自语境化认知并不是一种凭空的猜测，它的每一步猜测都是有理论和实践依据的，理论依据是各位学者们所提出的相关认知观点，实践依据是人工智能的现有技术水平和人类的实践经验。

总之，兼具批判、包容和实践精神的自语境化认知为我们解读心灵奥秘提供了一种新思路。在这一理念中，思维与实践相汇聚、自主与被动共融合，这些都将人们对认知的理解推向一个新层面。

第三节 自语境化认知理论溯源

从上述分析可以看出，"人类认知是一个自语境化过程"这个判定只是一个假设，是依据人类自身的经验及其所获知识而得到的一个猜测。而我们之所以选取"自语境化认知"这样一个概念来阐释人类认知的过程，是因为它恰好兼具了人类认知的两个最重要特征：语境化和自主能动性。

---

① 拉卡托斯特别强调"硬核"在一个理论纲领中的作用，在他看来，"一切科学研究纲领都在其'硬核'上有明显区别"。参见：拉卡托斯. 科学研究纲领方法论. 兰征译. 上海：上海译文出版社，1986：67.
② 刘放桐. 新编现代西方哲学. 北京：人民出版社，2004：527.
③ 拉卡托斯. 科学研究纲领方法论. 兰征译. 上海：上海译文出版社，1986：14.

一、语境化方案的理论溯源

语境化研究方案是自语境化认知研究的理论基底。而这个基底作为一种研究方式已经有一段历史了，但直到近代，才逐渐为认知学者们所认可，成为认知研究中一种不可或缺的重要方案。它的出现并不是一蹴而就的，共经历了三个认知研究阶段：非语境化认知研究方式、语境认知研究方式和语境化认知研究方式，而且这三个阶段所呈现出来的是一种趋向整合的研究趋向。

（一）非语境化认知研究方式

语境化研究方式是一种综合性的研究方式，与此相对，非语境化研究方式是采用单一的角度或学科来进行研究的一种方式。在思维认知研究方面，学者们大体采用的是内在主义思维认知方式和外在主义思维认知方式。

第一，内在主义认知研究方式溯源。这种认知方式主要是指从思维、心智内在因素的关联中研究认知问题，有五种类型：还原主义、功能主义、内省主义、联结主义和自然主义。源自物理学的还原主义，它主张人的思维过程可以还原为脑过程；源自计算机科学的功能主义，它立足于功能角度，将思维和心智看作机体与环境之间的中介，认为心理上的因果关系就是一种功能关系；源自现象学的内省主义，它是以内省方式审视意识的一门学问，认为思维是心智的直觉；源自脑科学的联结主义，它看重类神经元结构间简单联结的重要性，将思维仅仅看作是相互连接的神经元；源自生物学的自然主义，它将认知中的思维、意识、意向性自然化为一种生物学现象，认为它们具有第一人称的本体论特征，是无法被还原的。

但是上述内在主义认知进路均遭到了不同程度的质疑，还原主义观点的缺陷在于：思维、心理等的超物质性在生理或物理上难以找到一一对应的关系；功能主义的不足是过于僵化，忽视心智的感性因素；内省主义则是过分夸大思维的能动作用；联结主义则由于过分强调内在认知机制，而忽视了思维发生的外在因素；而生物自然主义则带有很大的随意性，对人类思维的根源分析模糊，而且它们都未找到任何可证明自己观点的科学实验论证。

第二，外在主义认知研究方式溯源。与内在主义方式相对，外在主义方式是从心智以外的行为、文化因素来解释认知的一种方法论，有三种类型：行为主义、逻辑实证主义和社会文化主义。源自心理学的行为主义，与内省主义相反，它否认任何思维心理活动，重视人的外部可观察行为，强调刺激——反应的支配作用；源自逻辑学的逻辑实证主义，它的最大特点是对命题与理论之间的关系及语言作逻辑分析，力图用语言与逻辑的分析方式来看待人类认知，使认知精确化、逻辑化；源自人类学的社会文化主义，它认为思维认知是一种文化现象，人的智力几千年来几乎未发生变化。

同样，外在主义的批判浪声也不绝于耳：行为主义忽视心灵存在，完全忽略人的主观能动性作用，这肯定是行不通的；而逻辑实证主义强调理论的形式化分析，用绝对化的逻辑方法来分析心智问题也是不可取的；社会文化主义过于夸大文化对认知的决定作用也与事实不符，同样忽视了心智的能动作用。

可以看出，无论是内在主义认知研究方式还是外在主义认知研究方式，它们都是从某一方面、某一学科来看待人类思维，以某一标准来判定人类是如何思维的。这些方法要么将思维完全心灵化，如源自现象学的内省主义，它是以内省方式审视意识的一门学问，将思维看作是一种心智直觉；或者将思维物质化，将其还原为一种大脑或神经元过程，如源自物理主义的还原主义和源自脑科学的联结主义；要么将思维认知行为化，否认任何心理活动，强调刺激—反应的支配作用，如源自心理学的行为主义。不可否认，这些内在主义和外在主义方案都加深了我们对思维的了解；但是它们并不是解决问题的最佳方案，而且还会导致思维问题的求解越来越远离它本质的尴尬局面，将认知单一化、片面化。所以我们将这些观点统一看作非语境化认知研究方式。

（二）语境认知研究方式

回顾认知哲学的发展历程，我们会发现，几千年来它的研究主题从未改变，始终是围绕"身心问题"展开的。只是到了近代，特别是认知科学的兴起，使这个问题更加突出，涉及的领域也愈加繁多，出现了各种各样的学派，如内在主义、外在主义、实在论和反实在论等，每一派都有与之相联系的研究纲领，每一派都使出浑身解数，以期得到承认，"甚至为此掀起了一场旷日持久的科学战争"[①]。但时至今日，我们对于如何解决这个问题，仍然没有一个确切的方案。历史地讲，我们不能仅仅站在心理学、人工智能或单纯哲学的角度来考虑认知问题，而应将相关知识加以融合，用一个统一的基底对这个问题进行深入挖掘，毫无疑问，这个基底非语境莫属。从语境认知角度来研究思维较非语境化研究更具综合性，它也包括两种认知类型：类语境化认知研究方式和语境认知研究

---

① Giere R N. Science without Laws. Chicago: The University of Chicago Press, 1999：1.

方式。

第一，类语境化认知研究方式溯源。顾名思义，类语境化认知研究方式就是一种类似语境化的认知研究方案，它不像非语境化认知方式那样只从一方面来认识世界、认识自身，而是从多方面来进行认知研究，主要包括三种认知方式：双透视主义、认知相容主义和网络联结主义。

双透视主义是拉兹洛提出的一种将心脑统一的认知方法。他认为，"心灵事件和物理事件虽然性质不同，但具有同构性，共同构成一个自然-认知系统。"①这种系统构成不是二元的，也不是还原论的，而是双透视的，即可以从内外两种视角出发来进行观察。

认知相容主义源于决定论和自由意志之争。在哲学界一直存在两种观点：决定论和自由意志。在前者看来，许多非常有力的证据迫使我们接受"在宇宙中没有自由意志地位"的结论；而后者认为，基于自身经验事实，我们无时无刻不在感受着"自由意志"，自由意志是存在的。相容主义就是调解二者矛盾的一种方式，持这种观点的学者认为，世间的一切当然是被决定的，但是这并不能抹杀某些人类行动是自由的事实。也就是说，世界的一切都是被决定的，但是我们还是可以有自己的思维、意识，并能依据此来认识世界、认识自身。

网络联结主义兴起于20世纪80年代，它的灵感来自于大脑或神经系统，在这里，网络是一个动态的系统，它由类似于神经元的基本单元和结点构成，随着信息的输入和输出，整体系统会发生一种动态的变化。与联结主义不同的是，网络联结主义试图用计算机模拟人类神经系统的方式来了解人类思维的真谛。可以看出，网络联结主义是通过综合脑科学、生物学、计算机科学等领域的知识来进行人类认知研究的。

这三种类语境化认知研究方式虽然不是从单一视角来看待认知的，但是同样没有探寻到思维认知的本质。比如，双透视主义认知方式只强调了认知系统和自然系统的统一性，而忽视了思维的本质——探索；而认知相容主义虽然提倡人的自我认知，但是并没有解释为什么"这种自由意识（反省、反思）可以存在于已被决定的世界中"；网络联结主义虽然综合了多门学科知识，但是这种联系只是横向的，缺乏纵向的、历史的融合，对于思维而言是不全面的。

第二，语境认知研究方式溯源。与类语境化认知方式相比，语境的认知研究方式选取角度更加多样化、研究视角更加多元化。它包括两种类型：实践语

---

① Laszlo E. Science and the Akashic Field: An Integral Theory of Everything. Rochester：Vermont: Inner Traditions, 2004：152-186.

境认知研究方式和语境论认知研究方式。

实践语境认知研究方式源于瓦托夫斯基（M. Wartofsky）的科学认识方法论，他强调历史实践活动对思维的重要性[①]。也就是说，人的思维模式是随着社会历史实践的发展而进化的，脱离这种实践语境，思维是无法实现的。相比社会文化主义认知研究方式，这种认知方式增添了历史因素，是一种进步的表现。

语境论认知研究方式与辩护的"回归问题"紧密相连，基础主义认为，阻止辩护的唯一办法是运用"自我确证的基本信念"，但是这种信念本身还需再辩论，所以进入了循环论证；而语境论方法将语境作为了回归的基点，语境无须再确证。这样，任何命题的意义都由与其相关联的语境决定，并随语境的变化而变化，人类的思维方式也不例外，它也应以语境为基底。

事实上，上述两种语境认知方式相比前几类认知方式已经有了质的飞跃，它们将语境作为思维认知的基底，一方面避免了思维认知的循环困境，另一方面为认知研究提供了一种思想源泉。但是，以上两种语境认知研究方式也有不完善之处，实践语境认知研究方式虽然强调实践和历史语境对思维的重要性，但忽视了语言对思维的意义；而语境论思维认知方式只是强调语境的思维基底作用，并未对人类思维进行更深入的探索。因此，语境认知研究方式最根本的缺陷在于，缺乏动态性。语境是一个不断变化的过程，这就需要我们在动态的语境中了解人类的思维奥秘。

由此可知，上述认知研究方式既有可取之处，又有所欠缺，无法涵盖或较为完整地解释思维的内涵、特征、过程及根源。鉴于此，对思维的研究就不能仅仅停留在过去的研究模式和研究方案上，而应该转换思维，寻求新的研究视角；我们也不能仅仅站在心理学、人工智能和哲学等单一角度来思考心灵，而应将相关知识加以融合，用一个统一的基底、选取一种完善的进路对这个问题进行深入挖掘，从而为思维问题的解决带来新契机。因此，在综合各类认知方式的基础上，我们提出一种新的认知研究方案——自语境化认知，力图对人类如何思维进行一种完善、合理的诠释与剖析。

（三）自语境化认知研究方式

合理的认知研究进路应满足两个要求：包罗万象和有形可检。前者是指研究方案所涵盖的范围，即一个完善的认知方案应当能够解释物理、精神等认知

---

① 瓦托夫斯基. 科学思想的概念基础：科学哲学导论. 范岱年译. 北京：求实出版社，1982：2-4.

领域的所有现象，这体现了一种包罗万象的彻底性。虽然说世界是一个无限可能的集合体，这种彻底性永远不会完美无缺，但是只有尽量将所有重要位置填满，尽可能多地解释世界的现象，才能逐渐逼近对世界本真的描述。后者指研究方案所要诠释的目标，其表述的是认知方案的强检验性和强实践性。一种好的方法论就如同一种实用的工具，需要在实践中进行检验，经得起细致地推敲。同样，一种好的认知方案必须符合自然规律和我们的经验，不能是虚妄的人为构想，必须是人类思维与现实世界的有效的沟通纽带，通过它我们可以解释认知奥秘、预测事物走向。自语境化认知研究方式恰好具备这两个方面，它是一种以"人类思维"为摹本，以语境化方式为基础，取各类认知方式之长的新型认知研究方式。

自语境化认知研究方式是语境化认知方式的一种，也可以说是语境化认知方式在思维方面的具体应用。那么，在阐述自语境化认知研究方式之前，我们就有必要对语境化认知方式有一个大致的了解。

语境化认知方式是以语境为基底的一种探析人类认知的方法论，所以要了解语境化认知方式，对语境的阐释成为迈不过去的坎。语境，起源于语言学，这一概念首先是由英国民俗学家马林诺夫斯基提出的[①]。英国语言学家弗斯继承并发展了马林诺夫斯基的语境理论，提出意义语境理论，它是以语言交际的效果、价值和意义为出发点，以语言的"上下联系"为切入点来研究语境的[②]。而后，随着语境概念越来越为人们所熟识，其含义也越来越多样化，如社会语境、文化语境和历史语境等，也就是说语境已经超越语言层面，升华为广义语境。郭贵春就曾指出，语境是一种具有本体论性的实在，是一切人类行为和思维活动中最具普遍性的存在，"一切都在语境之内"，"所有语境都是平等的"[③]。

从这些学者对语境的研究可以看出，语境是一个系统，它包含了语言学、心理学、社会学等各个领域的知识。同时，语境又是一种基底，是进行一切研究的不可还原的保障；也就是说，我们在研究某种事物、现象时，要有底线，否则就会进入到无穷倒退或无限循环中，这种底线、这个不可还原的保障就是语境。所以说，语境是一个静态的过程。

① Malinowski B K. The problem of meaning in primitive languages // Ogden C K, Richards I A. The Meaning of Meaning. London：Routledge, 1923：146-152.
② Firth J R. Papers in Linguistics. London：Oxford University Press, 1957：190-215.
③ 郭贵春. 语境与后现代科学哲学的发展. 北京：科学出版社, 2002：1-5.

相对于语境这个静态过程而言，语境化①更趋近于一种动态的变化，它与语境的关系就如理论与理论化、系统与系统化一样，前者指科学、认知等命题研究的基底，后者则指将研究主题融入各个情境的一种动态方式。语境化认知研究方式是基于罗蒂（R. Rorty）的"再语境化"方法论发展而来的。再语境化是在语境论认知方式的基础上获得的，是对已有语境的重新设置与重新建构。在罗蒂看来，人们的思想、认知是信念、欲望、命题态度之语境，这种语境不断接纳新的信念、欲望、命题态度从而不断产生新的语境，也就是说，语境是不断变化的。②

其实，相对于语境而言，语境化与语境分析方法更为接近，也是了解世界、解释现象的一种手段，是从历史、语言、自然情境等的关联中透视科学、认知的方法论。语境化认知的来源就是语境分析方法。语境分析方法是当代分析哲学运动的基本诉求之一，来源于弗雷格的方法论原则③。福多（J. Fodor）曾说过，"在当代学科融合、渗透的大背景下，无论是逻辑分析还是日常语言分析的走向，都离不开语境化分析方法论，这已是一种历史的必然趋势了。"④语境化是对语境分析方法的一种继承和发展。首先，语境化继承了语境分析方法的方法论意义，二者都是以语境为基底来进行科学研究的一种手段。其次，二者的偏重不同。语境分析方法侧重使用事物研究的方式、思路，而语境化方法论不仅涵盖了语境分析方法的内容，还将事物、现象的研究融入到语境中的意思，所以它更具整合性倾向，是一种研究认知的较为合理的方案。

二、自主性概念的理论溯源

自主性是思维最关键的要素，而思维是人类认知所仰仗的根本，因此自主性就成为认知研究的关键性问题，也是自语境化认知得以形成的研究基点。从古至今，对自主能动性的研究和探讨一直是认知研究的重要项目。人类对心智的反思可以追溯至古希腊甚至更早时期，在古典思想家那里，虽然没有使用

---

① 针对语境化的概念更加具体的应用，参见魏屹东. 广义语境中的科学. 北京：科学出版社，2004：97-208；科学社会学方法论：走向社会语境化. 科学学研究，2002，2：127-132；科学哲学方法论：走向语境. 洛阳师范学院学报，2002，3：5-9；认知科学方法论：走向认知语境化. 洛阳师范学院学报，2003，1：10-13.

② 魏屹东. 广义语境中的科学. 北京：科学出版社，2004：52.

③ Frege G. The Foundations of Arithmetic: A logico-mathematical enquiry into the concept of number. Austin J, trans. New York：Harper & Brothers, 1953：xxii-xxiii.

④ Fodor J, Lepore E. Out of Context. Proceedings and Addresses of American Philosophical Association, 2004：2, 77-94.

"认知"这个词汇，但是人们对心智问题的探讨从未间断，而心智中的最关键因素就是自主能动性。因此，前人对心灵及其与世界相互关系的探讨恰好可以为我们所用，成为我们了解自主能动性的理论基础。

在古典哲学家那里，"认识"一直是一种治学态度，而认识则是人类自主能动性的体现。柏拉图的"理念论""认识你自己"就是用"人类的自主性"进行自我反省的过程，亚里士多德要求人的行为要进行"合乎灵魂的德性活动"[①]，也是用自主性进行心灵和行为间的交流。

在近代哲学那里，人类的自主能动性有了更明确的表征，主要表现在对"身心问题"的探讨上，其中"心"就是一种自主能动性。其理论根源可以追溯至笛卡儿和霍布斯有关思想和心灵问题的讨论上。霍布斯将"思想看作一种推理运算"，这种理论的"思维、心理"不是人类的自主能动性，因为它缺乏一种"自主性"。而笛卡儿的观点与此不同，在笛卡儿看来，外部世界是通过人类的心理客体表征而得的，而且他还为物质与心灵假设了一个沟通介质——松果腺，这种物质就是典型的自主能动性，因为它才具有一种主动性。在笛卡儿以来的300年中，对人类心灵及人类自主性的探索从未间断，斯宾诺沙的"身之思想"、莱布尼茨的"心理共鸣"、休谟的"联想原则"（相似、接近和因果关系）、康德的基于心灵固有结果的概念发展理论等理论中都着重阐释了人类心灵的一种主动性。这种特性还成为内省主义的主要思想依据。

到了现代，这种理论更成为认知哲学的理论基底，也是人工智能的研究重点。对自主能动性的研究不仅是当今心灵研究的焦点，也是认知研究的未来发展趋向。在认知研究中，"人类的自主性如何表现、如何施作用于行为"已经成为当今认知研究的"显理论"。几大认知流派的研究纲领无不是围绕此展开的：还原主义从自主能动性的生理和物理还原角度来探索认知，功能主义则从自主性之于行为的功能角度来剖析认知，还有将自主性看作一种纯生物学现象的自然生物主义。这些理论都从不同角度揭示了心灵中自主能动性与行为的关系。而且，计算机自主性已不仅仅停留在思辨层面上，它已经在被逐步物质化、实践化了。比如，加德纳的"康韦氏生命游戏"[②]，布鲁克斯的"包容结构"[③]，阎岩

---

① 亚里士多德. 尼各马可伦理学. 廖申白译. 北京：商务印书馆，2003：4.
② Gardner M. Mathematical Games: The fantastic combinations of John Conway's new solitaire game 'Life'. Scientific American, 1970, 4：120-123.
③ Brooks R. A robust layered control system for a mobile robot. IEEE Journal of Robotics and Automation, 1986, 2（1）：14-23.

设计的一套基于云模型的地面智能机器人自主性评价方法[①]，张小川以足球机器人为原型提出的智能体概念[②]，张国锋通过对行为选择原理的分析进而引入的情绪机制概念[③]等。

其实，自主能动性归根结底就是人类认识的一种最基本的、最具辨识性的概念，它发端于行为之前，指导其操作方向，并预先设定了可能行动效果轮廓的一种现象，它是人类自主行为的一个前提条件。没有自主能动性，我们就没有努力方向和前进动力，认知也就无从谈起；没有自主能动性，人类就只会被环境支配；没有自主能动性，社会就不会发展，人类也不会进步。

总而言之，在探寻人类认知进路时，用语境化来阐释认知的观念已有很多年的历史。克拉克就从处境（情境）性出发来阐释人类的心智和思维活动，而戈尔德（T. Gelder）也认为"思维认知系统必须将环境考虑在内"[④]，他们都强调语境在思维认知过程中的重要性。而将思维认知作为一个循环系统加以分析的学者也不在少数，比如，拉兹洛的信息流循环式认知机制就认为，"认知是适应性自稳和适应性自组交替过程的结果"[⑤]；而皮亚杰的同化—顺应式认知机制也指出，"思维认知就是主体与环境不断同化、顺应、建构、再建构、由低级向高级的发展过程"[⑥]。也有一些学者认识到自主性对人类思维的作用，比如，马克思提倡意识的反作用力；索普拉提出学习式人之机制，这种"学习"是对固定不变的行为模式的调整和修正[⑦]；克瑞斯雷、泽马可也认为"认知主体必须与环境互动"[⑧]。只是上述学者的思维认知方案都有所欠缺，它们并没有将"自主性"这一关键要素提升到它应有的位置。其实，这里的"自主能动性"更合理的称谓应该是"自主融入语境性"，它是人类思维认知中唯一的可控要素，只有通过它，我们才能融入并影响周围环境，从而获得新的认识。

认知科学成为 21 世纪哲学、科学研究的富矿，这一问题的研究成果对诸多学科的发展、走向都有影响。自语境化思维认知试图用语境分析方法去透视、构建"思维问题"，为科学研究指出一条未来走向。与其他认知方式相比，这种以人为中心的思维认知体系有很多优势。

① 阎岩，唐振民. 基于云模型的地面智能机器人自主性评价方法. 南京理工大学学报，2012，3：420-426.
② 张小川. 基于人工生命行为选择的智能体决策的研究. 计算机科学，2007，5：213-214，251.
③ 张国锋. 情绪驱动的人工生命行为选择机制研究. 重庆：重庆大学，2009：9-19.
④ Gelder T. What might cognition be, if not computation?. Journal of Philosophy, 1995，92：345-381.
⑤ Laszlo E. System, Structure and Experience: Toward a Scientific Theory of Min. New York, Routledge, 1969：3-11.
⑥ Piaget J. The Principles of Genetic Epistemology. Wolfe Mays, trans. London, Routledge&Kegan Paul, 1972：5-53.
⑦ Thorpe W. Learning and instinct in animals. London：Methuen, 1963：35-42.
⑧ Chrisley R, Ziemke T. Embodiment. 2000, http：// www. cogs. susx. ac. uk/users/ronc/papers/embodiment. pdf [2006-06-05].

第一，它体现了认知主体与客体的统一。自语境化思维认知的两大要素是认知主体 - 人类和认知客体 - 环境（自然界、人类社会和人类自身），人既然是世界等级体系中的一环，那么他肯定就离不开其所处的环境，同样，认知思维过程也离不开其环境。所以，人类这种认知主体与环境是相互统一的，自语境化认知中主体与客体是相互统一的。

认知主体与认知客体在自语境化认知中的集中体现是人类的自主性与语境的基底性。这也是它与其他认知方式的区别之处：在外在主义认知中，环境是认知的基础，人类的思维意识性只是环境作用的产物；在内在主义认知中，人类的自主性又成为凌驾于环境的更高层次的事物；而语境分析方式则更加强调语境之于认知的重要性，这三类认知方式都有局限性。只有自语境化认知将人类的自主性提高到与环境相一致的位置上来，使二者达到有机、合理地融合。

第二，它体现了认知过程与意义的统一。人类这种认知主体不仅生活在物质世界中，更生活在意义世界中。人类认知的目的是对意义的探索，包括世界的意义和人类自身的意义，在这个探索过程中，人的思维自主性起到了极其重要的作用。自语境化认知强调的正是人和人的自主性在整个认知过程、意义出现过程中的重要作用，所以它通过"人"将认知过程和意义过程统一起来。

第三，它体现了理性与感性的统一。人类思维不仅具有理性特征，更具有感性特征，如意志、情绪、动机等。忽视感性因素成为物理主义、功能主义、行为主义等外在主义理论的共同点；而将感性特征无限夸大，认为它是私人的、不可传递的、不可认识的又是唯心主义的主要观点，这两种认知方式都是不可取的。自语境化认知研究方式既重视心智的理性特征，如人的外在行为、言语表述等因素，又重视人的自主性、意愿性等感性因素对认知的作用。

第四，它体现了事实陈述与价值判断的统一。自语境化认知将思维与自然视为一体，认识力图真实，力图探寻自然规律，并对自然界进行一种事实陈述；但是，这种事实陈述不是中立的，它体现着一种价值取向。自语境化认知中的思维是受到自然约束的思维，我们不能为满足自身的各种需求而随意去认识自然，也就是说，我们要对认知建立起"善"的行为规范，与自然和谐相处，不应该自私地利用自然。这就是自语境化认知中事实陈述（自然规律）与价值判断（尊崇自然）的统一。正是这些统一性使自语境化认知研究方式成为一种合乎自然规律、人类行为、科学进步的新型认知方式。

　　至此，我们已经对自语境化认知研究方式有了初步地了解，它是一种始于"人类思维摹本"而止于"外界语境"的新型认知方式，是思维判定的一个新标准：一个事物能够进行自语境化认知就说明它能够思维，反之则不能。但是，这仅仅是一种哲学假设，使用何种工具、何种方法来验证这种假设才是我们必须面对的认知难题。

研究工具：广义智能机

作为一种认知新假设，如果缺乏有力的检验工具和可靠的检验路径，学者们就会怀疑其存在的必要性和可能性。因此，自语境化认知若要得到认可，就必须选取一种公认的检验工具和手段。而"计算机模拟策略作为认知科学主义中最常用、最引人注目的科学研究方案"[①]，不仅代表科学研究的最高成就，也为认知问题的解决提供了新思路：从直接研究思维、心灵奥秘转向以机器为媒介的间接研究，这不仅是一种学科研究上的转变，更是一种思想上的转变。这种转变说明科学家和哲学家将认知问题的战场由"人的思维"扩展到"机器思维"的领域。

计算机模拟的方式是多种多样的，鉴于其模拟主体的不同，这一方案也可归属为不同的学科：如模拟人类历史，可以归为人类学和历史学的范畴；模拟人类的社会组织，可以归为社会学；模拟大脑组织可以看作脑科学的部分；模拟神经组织既可以看作神经科学，也可以看作是医学的一部分，这样的例子不胜枚举。而如果用计算机来模拟认知，自然就可以看作认知科学或认知哲学的部分。计算机模拟认知的方式同样是多元的，我们可以从某一个关联点出发来论述认知，如从"图灵测试"来挖掘思维的新方式，通过"中文屋论证"来界定计算与心灵的关系；我们还可以从同一角度来研究认知，譬如，从强人工智能与弱人工智能之争来界定计算机同思维的关系，从自然主义与反自然主义之

---

① 沙格里厄. 计算机科学是研究什么的? 杨富斌译. 世界哲学，2003，2：41.

争中探寻心灵的奥秘；还可以从认知科学的范式更迭中探寻计算机模拟对认知的作用，如联结主义缘何兴起、计算表征主义又因何出现等。

在对自语境化认知进行阐释和验证时，虽然已经确定了计算机模拟的大体方向，但在具体操作中，对于具体研究角度的选取仍颇为费心。在取舍之间，首先可以排除以下两种自语境化认知检验方式：首先，纯技术性的方案被排除，因为本书重点并非讨论计算机专业知识，也不是要通过本书内容来造出一个新型的智能机器；其次，纯理论性的方案也被排除，这一方案对于心智发展的今天而言，已经有些落伍了，如果我们没有涉及人工智能的实践方面的知识，而只是单纯地从思辨、语言、逻辑等方面来探讨"认知"问题，是没有实际意义的，也无法得到认知学者们的认可。因此，只能将认知理论同人工智能实践结合在一起来探讨"人类认知的自语境化"的假设。

在具体工具的选取上，"智能机"成为检验自语境化认知假设的研究工具。原因有四：首先，智能机是计算机模拟认知的一种物质载体，不同于普通的计算机，它的涵盖范围很广；其次，智能机具有一种层次性，它不是在表征人类认知的结果，而是在表征一个认知的完整过程，而人类的自语境化认知过程恰好需要这样的表征；再次，智能机的主体"智能"一直是认知界的研究重点，而人类的自语境化认知恰好是人类智能的一个体现过程，用智能机这种物质载体来检验这种理论假设再恰当不过；最后，智能机所牵涉的领域都是人工智能界和认知界的最新话题，通过它，我们可以将这些内容进行整合和梳理，并进一步验证各种相关假设。

第一节 智能的含义

无论是求解哲学难题，还是进行科学研究，我们的第一要义都是明了主题。智能机的主体是智能，因此要对作为自语境化认知检验工具的智能机有一个更加清晰地认识，首先要了解何谓智能。"智能"概念一直以来都备受学者关注，德谟克利特认为"灵魂原子"就是智能的雏形，笛卡儿的"我思故我在"更将智能问题提到了哲学前沿。如克姆皮所说，认知科学中的概念并不像它们广泛使用时显示的那样清楚，这种模糊性使我们在探寻认知答案时遇到很大的阻碍，所以为概念正名是必要且紧迫的。

从根本上讲，智能与心灵本质地相关。学界大都将"智能看作是心灵的某种力量或活动，包括理解能力和现时的自觉思想活动；正是它的运用使人和动物区分开来，尤其表现在对语言的使用上；它也特指直觉活动，作为一种理解能力，即判断和推理，它是心灵的一部分，与意志、欲望能力、愿望、选择和行为相对应"[①]。

然而，随着人工智能和认知科学的飞速发展，"智能"早已脱离原来单纯的含义，就如热力学第二定律，"智能"的含义也出现增熵现象，大多数的哲学家和科学家已不再将"智能"仅仅看作是人类特有的属性，智能的概念也被不同的学派赋予不同的内涵。就智能如何表征这一问题，不同学派有不同的观点。

一、智能的行为主义分析

行为主义（behaviouralism）是 20 世纪最早获得影响力的唯物主义理论，它的基本假定是心灵不存在，行为决定功能。行为主义影响甚巨，以至于他们曾一度成功地改写心理学的定义。在他们看来，心理学不再是研究"心灵的科学"，而成为"人类行为的科学"。斯金纳就是其中的代表人物，他甚至称自己为"彻底的行为主义者"。

行为主义者试图通过研究行为来描述、解释、预测人类智能，他们将心理、意识、智能等因素排除在严肃的科学研究之外。在他们看来，心灵是不存在的，它只是一种生物行为而已，智能是完全外在化的东西。具有行为主义倾向的哲学家如赖尔、维特根斯坦、克里克等，他们认为"心理主义的术语如思想、意识、信念、心灵、智能等必须被更客观的术语重新定义或取代，而这些客观术语仅能包括那些公开可观察的生物活动或环境中的事件"[②]。所以，在行为主义者眼中，心灵是虚无的，那么作为心灵相通物的智能也就不存在了。也就是说，在行为主义者眼中，智能只是身体行为的一种外在表现。

可以说，行为主义在解释简单的生物行为方面是成功的，但是涉及智能、意识等心灵术语，在解释复杂认知现象（如人的认知）方面就遇到了极大的困难。到 20 世纪中叶，行为主义的不合理性令人们越来越尴尬，一些学者对行为主义范式提出批评。乔姆斯基从语言角度对行为主义进行了强烈的抨击，在他看来，行为主义将人们理解语言的能力简单解释为由规则构成的心理语法，说儿童是通过一种天赋语言机制来获得本族语言的，这些观点不啻为荒谬之论。而米勒（G. Miller）也认为，"人类是具备心理、思维等能力的，心灵、智能现

---

① 尼古拉斯·布宁，余纪元. 西方哲学英汉对照辞典. 北京：人民出版社，2001：509.
② Braddon-Mitchell D，Jackson F. Philosophy of Mind and Cognition. London：Blackwell Publisher Ltd, 2000：29-37.

象是真实存在的"，他从记忆、心理表征、心理程序、信息编译等角度对自己的论点进行深入研究，批判了行为主义否定心灵、智能的论述[①]。而且，从日常经验出发，行为主义对智能、心灵的解释也令我们无法赞同。因为我们确信自己有痛、痒的感觉，疼痛感和疼痛行为是两码事，这是不可回避的。理查兹（I. A. Richards）甚至调侃华生说："你若要成为一个行为主义者的话，那么你就不得不'装作被麻醉'了"[②]。所以，如果单纯地将智能看作一种行为的话，是无法被学者们认同的。

二、智能的功能主义分析

最终，行为主义所遭遇到的种种责难使它被普遍削弱，并招致被拒斥的命运。这时，另一种理论兴起，并逐步取代行为主义在认知理论界的地位，它就是功能主义（Functionalism）。在功能主义者看来，使脑状态成为心灵的东西，其实只是有机体具备的一个特定功能[③]。他们的基本假定是心理状态和物理状态之间的因果联系，它的言语表现方式是"外部刺激—其他心灵状态—外部行为之间的因果联系"[④]。比如，"我相信上帝存在"这一事件，在功能主义者眼中，"我的这种想法"只是一些特定的外部刺激（如我看到了善恶有报）引出的行为（如我尽量做善事），用功能主义模式表述即是：我看到了善恶有报—产生了上帝存在的信念—尽量做善事来回馈上帝。

在功能主义者眼中，智能是由功能决定的，智能状态或事件应当由其功能作用，即它与主体的其他心理状态、感觉输入和作为结果的行为（输出）之间的因果关系来解释。鉴于本书的主题是智能机的语境化表征，那么对机器与智能关系的探索就异常重要。所以，在功能主义的众多认知科学形式表征中，我们选取机器功能主义来进行分析，试图探寻出功能主义者眼中的智能为何物。机器功能主义假定，系统的每一部机器状态是一种可计算描述下的物理状态，它的输出就是这种物理状态的功能体现，如算法程序的功能就是运算，绘画程

---

① Miller G. The magical number seven, plus or minus two: some limits on our capacity for processing information. Psychology Review, 1956, 63：81-97.

② Ogden C K, Richards I A. The Meaning of Meaning: A Study of the Influence of Language upon Thought and of the Science of Symbolism. London：Harcourt B race and Company, 1949：23.

③ 功能主义的早期倡导者有普特南、刘易斯和阿姆斯特丹。参见：Putnam H. The nature of mental states//Block N. Reading in Philosophy of Psychology. London：Routledge, 1980：223-231; Lewis D. Psychophysical and theoretical identification. and mad pain and martian pain // Block N. Reading in Philosophy of Psychology. London：Routledge, 1980：207-222; Armstrong D. A Materialist Theory of the Mind. London: Routledge, 1993.

④ Searle J. Mind: A Brief Introduction. Oxford：Oxford University Press, 2004：43.

序的功能就是绘图等，这里的输入与输出关系仅是功能关系。同机器类似，在人的情形中，人类的神经状态也类似于计算机元件状态，这样对人类心灵、智能的研究也类似于对计算机元件和程序的研究。因为，它们仅仅依靠功能来产生关联，这样认知科学的任务就是用机器表来描述和表征人类行为的过程。

但是，这种将智能看作基于有机体整体行为的某种特定功能的功能主义观点也不能令人满意，因为他们对"大脑内部究竟是如何产生心灵的"这一问题无法给出满意的答复，在他们看来，这不是一个哲学问题，应当留给心理学家或神经生物学家们动脑子：我们的大脑仅仅是一个可以制造出刺激反应行为的"黑箱"，所以此论有时也被称为"黑箱功能主义"。这种黑箱理论是无法让人信服的，我们真正想知道的是，"大脑产生心灵"的系统操作到底是如何运作的，所以智能的功能主义表征也是不完善的。

三、智能的计算表征主义分析

准确地来说，计算表征主义（computational representationalism）也是一种功能主义，它是功能主义的一个重要分支——计算机功能主义，又被称为"强人工智能"。塞尔对强人工智能的定义得到广泛的认可："大脑是一台计算机，而心灵是一个程序或程序列，心灵之于大脑，就如程序之于硬件"[①]。这种心灵与计算的观点又被萨迦德（P. Thagard）称为"心灵的计算表征理解"（computational-representational understanding of mind，CRUM）[②]。持这种观点的学者不在少数，如图灵、彭罗斯、纽厄尔、西蒙、阿姆斯特朗（N. Armstrong）等。在这些学者看来，这不仅仅是一个令人激动的科学、人工智能成果，更是为那些几千年来不断受"心智问题"折磨的哲学家们提供了一个最终的解决办法。而它涉及的相关概念也很多，比如，算法（algorithm）、图灵机（Turing machine）、图灵测试、丘奇论题（Church's thesis）、描述层次（levels of description）、多重可实现性（multiple realization）、递归分解（recursive decomposition）等。计算表征主义是哲学、认知心理学、语言学、计算机科学与人工智能等的交汇点，是整个20世纪心灵哲学史上最令人激动的进展，为智能提供了一种新的、有趣的表征，

[①] Searle J. Minds, Brains, and Science. New York：Harvard University Press, 1984：31. 这一观点也是构成任何一本"计算机功能主义"教科书基础的基本原则，参见：Johnson-laird P. Mental Models, Towards a Cognitive Science of Language, Inference and Consciousness. Cambridge：Harvard University Press, 1983；Johnso-Laird P. The Computer and the Mind. Cambridge：Harvard University Press, 1988.

[②] 萨迦德. 认知科学导论. 朱菁译. 合肥：中国科学技术大学出版社, 1999：8.

所以将其单独列出。

　　计算表征主义学派将心灵看作是计算表征的过程和多重可实现性的结果，那么智能也就只是一个数字化的计算机程序或程序系列，也就是多重可实现的。这种实现性是基于较高阶的心智（即计算表征主义者眼中的程序）和较低阶的硬件的区分而产生的，比如，较高阶上的特征—我相信或 WPS 程序在物理上可能实现于彼此不同的低阶硬件上。智能就是这些较高阶的特征，它可以通过低阶层次上的不同种类来实现。更有甚者，纽厄尔和西蒙曾明确提出："计算对智能而言是充分的，心灵的计算与计算机上的计算是完全等同的，人类的智能也可以通过信息输入和输出得到解释"[①]。这样，在他们看来，计算就是智能。这种智能观点将几千年来神秘的身心问题物质化、还原化、绝对化了。

　　但是，这种将心灵、智能看作是计算、程序的观念被弱人工智能者所拒斥。反对浪潮主要有两类：其一，对于计算表征主义的攻击通常采用这样的形式，即"人类心灵具有计算机并不具有并且不可能取得的一些特殊能力"[②]，如情感、想象等；其二，计算表征主义从根本上就是错误的，它是基于"程序产生心灵"原则阐述的，但是塞尔通过思想实验（中文屋论证）证明：程序是无法产生心灵的，正如语法无法产生语义一样，这一观点给了强人工智能以重创。

四、智能的生物自然主义分析

　　有意思的是，总结出计算表征主义基本原则的萨迦德和提出强人工智能观点的塞尔对他们所提出的观点——计算表征主义和强人工智能——都是持否定态度的。甚至可以说，二者对这两种观点加以总结的目的就是为了更好地驳斥它。在萨迦德看来，心灵的计算表征理解模型是有根本缺陷的，因为它忽视了情绪、意识、意向性、智能等心灵因素，也没有涉及社会环境对人类思维的重要作用。塞尔对强人工智能的驳斥则是通过一则思想实验——中文屋论证达成的，在这则思想实验中，塞尔通过"屋中的塞尔虽然进行了正确操作但实际却并不理解中文"这一论证重创强人工智能"只要看起来能够思维就是能够思维"的观点。相比计算表征主义（强人工智能）观点，他们更赞同另一种智能新观念——生物学自然主义（biological naturalism），在他们看来，这才是解决身心

---

① Newell A, Simon H. Computer Science as Empirical Enquiry: Symbols and Search. Boden M. The Philosophy of Artificial Intelligence. London：Oxford University Press, 1990：106-130.

② Searle J. Mind: A Brief Introduction. Oxford：Oxford University Press, 2004：63.

问题的最好路径。

生物学自然主义学派为传统的身心问题提供了一种自然主义解决方案——"既强调了心灵状态的生物学特征，又避免了唯物主义与二元论"①。普特南是计算表征主义到生物学自然主义的过渡式人物。在很长一段时间内，大多数神经生物学家在研究时都不愿涉及意识问题。甚至一些学者认为，意识问题根本就不是一个科学问题，而是神学家和哲学家的研究问题。然而，这种现象在当下发生了很大的变化，神经生物学界相当数量的学者开始试图搞清大脑进程究竟是如何引起意识状态的。这种研究大体分为三个阶段：一是寻找意识的关联物（neuronal correlate of consciousness，简称 NCC）；二是通过检验确定这种关联是否具有原因性质；三是得到一种理论②，从而揭示心智奥秘。基于这种研究，学者们试图逐级从生物学角度来探索认知。越来越多的学者们发现，智能与大脑机能是分不开的。具体而言，智能是现实世界中的一种实在现象，它由大脑中低阶的神经生物学进程引起，但却在一种高阶层次上得以实现，它是以因果方式来发挥作用的，但与功能主义不同的是：智能具有第一人称的本体论特征，是无法被还原的，它只是一种能被我们的经验所感受到的自然现象，即意向性（intentionality）。这就是生物学自然主义对智能的界定。在这里，智能不是微观神经细胞的一种发生结果，它是一种前提条件，是任何事物能够思维的条件。

但是，这种观点的缺陷在于，他们并未找到任何可证明自己观点的科学实验论证，是一种哲学假说。因为，无论是心灵、意向性还是智能，这些纯心智的东西如果无法用行为、低阶物质来表征的话，它的真实性就难以得到印证。它们只是我们自身的一种经验和感觉，但是我们的经验又是不可靠的，或者说不准确的，这些不确定性导致一些科学家和人工智能者对这一观点相当抵触。

从上述观点可以看出，智能的含义是多元化的，每一派都依据自己的研究纲领对智能进行符合自身论证要求的定义，正如德雷福思所言，智能是"有关适合于一领域的一组特定联系的知识，而且它是根据一个技能领域中许多高度抽象特征之间的关系来被定义的"③。

然而，既然要对智能加以研究，我们能否找到一种较为统一的智能的定义

---

① Searle J. Mind: A Brief Introduction. Oxford：Oxford University Press, 2004：79.

② Searle J. Mind: A Brief Introduction. Oxford：Oxford University Press, 2004：105.

③ Hubert L Dreyfus，Stuart E Dreyfus. Making a mind versus modeling the brain, artificial intelligence back at a branch-point // Boden M A. The Philosophy of Artificial Intelligence. New York：Oxford University Press, 1990：334-337.

呢？

　　据上所述，"计算、程序即智能"是计算表征主义的观点；"智能是计算和行为的共同表征"是行为主义和功能主义的观点；而生物自然主义认为智能是"意识和情感"的表征。那么，我们对智能加以定义，可以采用这种策略：将其按照不同的表征形式进行分类，以期涵盖上述智能内容。即，智能表征的形式由低到高可分为：计算（程序）、行动、意识（思维）和情感，这四种形态都是智能的一个分支，它们与智能是被包含与包含的关系。

第二节　智能机的含义

　　尽管戴维森从语言学角度对"定义的不确定性"进行过论述。但是在现实研究中"试图定义"是不可或缺的，否则我们将会陷入含义模糊的怪圈。比如，在我们通常的观念中，"思维""计算机""符号"等的概念是显而易见的，但实际上，这些概念并未得到充分定义，是含糊不清的。而正是这种概念的模糊性使我们在一些问题上纠结不清，无法获得对认知的确切认识。

　　在对智能概念有了大体了解的基础上，我们需要明了何谓智能机。科扎（J. Koza）曾说过，"机器智能就是让机器能够表现出某种智能行为"[1]。那么相对应于智能的四种表征：计算、行动、意识和情感，人工智能机器也应当有四种形式：狭义数字计算机、单纯行为机器、低阶意识机器和高阶情感机[2]，这四类机器统称为智能机，它们所包含的智能是呈逐级递增状态的。而且，智能机不同于一般的计算机，它是一种与智能挂钩的机器，而智能又与思维有着千丝万缕的联系，通过对智能机的研究，我们可以更好地了解思维，也就是"计算机思维"问题。"计算机能否思维"问题在学界由来已久且影响深远，但并没有形成为学界公认的研究结论，这里将计算机的升级版——智能机作为研究主体，不仅可以深化人们对"机器思维"的认识，更重要的是，它有利于人们突破固有思维，直接将智能概念同机器概念融为一体，形成一种以计算机为基础的具体、实在的智能载体。

---

① Koza J. Genetic Programming. London: The MIT Press, 1992: 10.
② 周昌乐等学者将机器意识研究的进路分为两种：算法构造策略和仿脑构造策略。参见：周昌乐，刘江伟. 机器能否拥有意识. 厦门大学学报：哲学社会科学版, 2011, 1: 1-8. 其实，算法策略其实也是对人脑计算功能的一种模仿，应该可以被涵盖在狭义数字计算机的范围之内。

一、只能计算的狭义数字计算机

在计算机还未诞生之前，"机器能否思维"问题就已经提上讨论日程，甚至可以说，计算机的出现就是"思维可计算"这一思想的结果。而思维同智能有着本质的关联，所以计算机的研发就是对智能的一种探讨。

数字计算机有广义和狭义之分，广义的计算机是指一切以程序为指导的机器，它包括行为机器、意识机器和情感机。在我们的日常观念中，机器人也是计算机的一种，如果我们制造出一台与一个活人的每一个分子都一样的机器，这种变相机器人也可以看作计算机；如果自然规律也可以看作程序的话，那么人就是一台计算机，但是这里的完全类人机器人和人都不是我们这里要探讨的数字计算机。

这里论述的数字计算机是狭义的数字计算机，它是一种严格执行程序的、以计算为唯一宗旨的机器。无论是最初的、最简单的 ENIAC，还是未来才会出现的量子计算机，只要它只是在单纯的执行计算这一操作，它就是数字计算机。而卡明斯、查尔默斯[①]、科普兰等学者的看法颇具理论价值。在卡明斯看来，"计算机是一种执行算法的系统，它们只是对各种算法的一种说明而已"[②]。科普兰也曾指出："计算就是指在执行某种算法。更准确地说，如果说某种装置或身体器官在计算，就是说在它和与此相关的某种算法的形式阐述之间存在着一种模式化的关系……"[③]。这里所说的"计算机"指的就是"狭义数字计算机"。

通过对数字计算机发展历程的分析，我们会更好地理解这一概念。数字计算机的基本雏形是依据冯·诺依曼的"储存程序"概念所制的机器，该机器是1946 年世界上第一台数字电子计算机 ENIAC 问世之后的通用机器，排除了用其他材料所制机器成为计算机的可能性[④]。对数字计算机影响最大的应是图灵设想的"图灵机"，它将计算机的发展带入一个新文库。图灵机并不是一种真实的机器，而是一种思想模型。图灵设想出这样一部机器：它由一个控制装置、一

---

① Chalmers D. The Conscious Mind: in search of a Fundamental Theory. New York：Oxford University Press, 1996：131-136; Does conceivability entail possibility?//Gendler T, Hawthorne J. Conceivability and Possibility. New York：Oxford University Press, 2002：196-200.

② Cummins J. e-lective language learning: design of a computer-assisted text-based ESL/EFL learning system. TESOL Journal, 1998, 7, 3: 18-21.

③ Kaplan R S., Norton D P. The Balanced Scorecard, New York: Harvard Business School, 1996: 335.

④ 塞尔认为：假设我们制造出一台与一个活人的每一个分子都一样的机器，那么你能复制其作为原因的身体，你也就大致能复制其作为结果的心灵了。参见 Searle J. Minds, Brains, and Science. New York：Harvard University Press, 1984：36. 而这样的机器当然是不会被塞尔包括在"计算机能否思维"问题中计算机的范围之内的。

个读写头和一条无限长的记录带组成，在这条记录带上划有许多方格，而控制装置可以带动读写头以每小格的移动量左右移动，它不仅能够依据某些规则使读写头移动到记录带的任何位置，还可以读出方格中的二进制符号"比特"是 0 还是 1。图灵认为，这样的话，这个机器就能够执行所有的可能计算了，甚至可以运行一些属于人类的智能操作，这种机器就是图灵设想的"理想计算机"，后人把它称为"通用图灵机"或"图灵机"。图灵机在当时的科技水平下是完全无法实现的，它的意义也并非在于机器本身，而在于图灵对于计算机逻辑构造的严格描述[①]。而后，诺依曼在借鉴前人思想的基础上，通过"储存程序"将计算机从理想变为了现实。

狭义数字计算机的认知构架有三种形式：其一，生产系统（production system），它是最原始的形态、最简单的刺激—反应。"指计算机执行的一组活动，其基本原理是一个条件产生一个活动，即 C-A（condition-act）"[②]（图3-1）。其二，信息处理理论，又名物理符号理论，它是纽厄尔和西蒙的研究成果。在他们看来，虽然人脑和计算机在结构和组成上全然不同，但可被看作是同一类装置的两个不同特例，而这类装置的共性是通过用规则操作符号来产生智能行为。如纽厄尔所述："计算机的工作决定了计算机是操作数字的机器。支持这一观点的人认为，重要的是每样东西都可以经编码而成为数字，指令也不例外。相应的，人工智能学者把计算机看作操作符号的机器，他们认为，每样东西都可以经编码成为符号，数字也不例外"[③]。其三，人类知识结构的真实表征，这种形式包含的内容比较多，如框架（frame）[④]、程式（schemata）[⑤]和脚本（script）。它们的共同特征有两点：一是它们能嵌入更复杂的系统中；二是它们能表征多层次的世界。

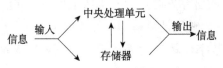

图 3-1　狭义数字计算机的基本认知构架

① Turing A M. Computing machinery and intelligence // Boden M A. The Philosophy of Artificial Intelligence. New York：Oxford University Press, 1990：40-66.
② Broad bent D. Perception and Communication. London：Pergamon Press, 1958：297.
③ Newell A. Intellectual Issues in the History of Artificial Intelligence. New York：Wiley, 1983：196.
④ Minsky M. A Framework for representing knowledge // Winsten P. The Psychology of Computer Vision. New York：Mc Graw-hill, 1975：211-227.
⑤ Rumelhart D. Schemata: the building blocks of cognition // Spiro R, Bruce B, Brewer W. Theoretical Issue in Reading Comprehension. Hillsdale：Erlbaum, 1980：33-58.

从上述分析可以看出，狭义数字计算机"仅限于是一种人造物，而它的目的只是为了节约劳动力，在人类的操作下这个目的或多或少有所实现，但它最终的目的只是用来检验人类的成功和失败……因为机器没有任何心理现实且不依赖观察者的利益而存在。……在一些学者的那里，这台机器只是一种电流程的快速转换程序。"[①]这种计算机之于智能机具有基础性意义：首先，它是其他智能机的物质基础，是单纯行为机器、低级意识机器、高阶情感机的最基本形态。如果这种计算机没有产生的话，就不会出现"机器能否思维"问题。众所周知，机器的种类很多，一台豆浆机、一个钟表、一辆汽车都是机器，但是人们大都不会认为它们能像人一样思考。而机器人、高级智能计算机却被许多人工智能者看好，将它们看作有可能思维的事物，这些被看好可思维机器的原初形态就是狭义数字计算机。其次，它是其他智能机的理论基础。它是以计算为宗旨的机器，也就是说，它的唯一目的就是执行计算操作。无论是行为机器、意识机器还是情感机，都是从最基本的计算开始的，但是它们又不局限于计算，只有夹杂了其他内容的计算才是行为、意识和情感。我们的目的就是希望探讨这些"内容"究竟为何物？为何会使单纯的计算成为意识，或者说，有没有可能使单纯的计算成为意识。

二、拥有外在表征的单纯行为机器

顾名思义，行为机器就是能够模仿人类行为的一种机器，它能够依据程序、执行类人行为，它比数字计算机更加高级。这种机器是以计算为基础，能够表现出一种可视的类人行为。明斯基在达特茅斯会议上对智能机器的看法影响了之后30年智能机器人的研究方向：智能机器是指"能够创建周围环境的抽象模型，在遇到问题时，它能够从抽象模型中寻找解决方法"[②]。从这里我们可以看出，行为机器不同于数字计算机之处在于，它不再以单纯的计算为唯一宗旨，而是要解决具体问题、融入具体语境。

在智能机的四种类型中，单纯行为机器意义非凡。这是因为，它不仅是最初级的狭义数字计算机和拥有意识的低阶意识机器的分界点和连体中介，而且是计算表征主义、行为主义和生物自然主义争论的焦点。因此，对于它需要着

---

① Searle J. Twenty-one years in the Chinese room // John Preston, Mark Bishop. Views into the Chinese Room: New Essays on Searle and Artificial Intelligence. New York：Oxford University Press, 2002：51.

② Minsky M L, Papert S. Perceptrons: An Introduction to Computational Geometry. Cambridge：The MIT Press, 1969：3-7.

重阐释：第一，需要对它同狭义数字计算机进行明确地区分；第二，要讲明这种区分的意义所在；第三，需要明确单纯行为机器所包含的内容和类型。

（一）单纯行为机器同狭义数字计算机的区分

在上述对数字计算机的分析中，我们推断狭义数字计算机所从事的操作只是一种数字与数字的交换，并不能算作行为，这是由其自身的狭义性决定的。比如，1+1=2，甚至比较复杂的云计算，都是数字计算机的工作范畴。简单的数字操作并不是行为，行为是需要与行动相联系的。一些学者将行为看作是人类独有的活动，因为只有人类才有支配行为的意向性。比如，哈瑞就认为采用行为—行动区别（act-action distinction）作为现实认知过程结果的方法是自然的，在他的观念中，"行动和行为都是人类的活动，必须是有意向参与的"[①]。行为确实需要意向的参与，但它们真的只能是"人类独有"的活动吗？从现实情形来看，人类确实能够进行行为活动，但是动物和机器也能够表现出行为操作，跳舞机器人的舞蹈、走路机器人的行走，都是一种行为，但它们肯定不是人类。

行为需要意向的参与，机器能够行为，那么是否就可以推出机器具有意向呢？其实不然，因为机器行为操作的意向并不是机器本身固有的，而是人类赋予它的。也就是说，机器行为的真正意向操作者是人类，这些意向是人类的意向。具体而言，跳舞机器人舞蹈行为的意向支撑是"人类让机器跳舞的思想和程序"。这就是说，思想或意向是可以传递的，而机器就是这样一个传递物、一个媒介，我们可以通过它来研究意向和思维，这不也是人工智能者和认知学家们一直以来都在做的事情吗？但由于对行为、计算和意向等概念的界定不明，使行为主义、功能主义、生物自然主义争锋日盛。

对图灵测试的探究有利于我们更加合理地区分狭义数字计算机和单纯行为机器，而对狭义数字计算机和行为机器的区分又有利于我们解决图灵测试所遭遇的困境。1950年，计算机学家图灵曾提出一个震惊人工智能和认知界的思想实验——图灵测试，它的具体内容是：如果一个人（代号C）向A和B提问，其中A和B一个是人，一个是机器，在经过若干询问后，如果C无法分辨出哪个是人哪个是机器，那么就说明此机器通过图灵测试。在图灵看来，"如果机器能够通过图灵测试，那么就说明它在某种程度上具备了人类智能"[②]。图灵测试隐含的"计算机可以思维"的论断对20世纪40年代后期刚刚兴起的人工智能无

① 罗姆·哈瑞. 认知科学哲学导论. 魏屹东译. 上海：上海科技教育出版社，2006：140.
② Turing A. Computing machinery and intelligence. Mind, 1950, 59：433-460.

疑是一剂强有力的声援。

图灵测试在当时的科技水平下是无法成功的。然而，随着人工智能的不断发展，现在这一思想实验已经初步实现。在文章《图灵显灵：聊天机器人Cleverbot成功欺骗人类通过测试》中，人工智能者向我们展示了这样一幅场景："聪明机器人Cleverbot成功地让一大半人相信它是人类（一共1334人投票，有59.3%的人都认为Cleverbot是一个大活人）。"①那么，Cleverbot机器的成功是否能证明图灵的预测呢：通过了图灵测试的机器就能够同人类一样思维？

答案是否定的。人们并不认为Cleverbot能够思维，就连其开发者卡普特（R. Carpenter）也认为，"通过图灵测试并不能说明Cleverbot真的有自己的思想了，智能和思维是两回事"②。为什么开发人卡普特会认为Cleverbot无法思维呢？因为聪明机器人Cleverbot的程序是他设计开发的，他知道这个程序只是由一些单纯的数字和符号组成的，他也清楚回答问题的并不是Cleverbot，而是程序设计员预先设计好的答案。所以，卡普特认为Cleverbot并不会思维。从这里可以看出，图灵测试陷入了其自身难以摆脱的困境当中：图灵测试（Cleverbot机器）的成功恰好说明了图灵测试的失败（图灵的预测）。在这个拗口的陈述中，我们可以看到图灵测试的没落，那么图灵究竟错在哪里？图灵测试又说明了什么呢？

图灵测试之败：图灵是以"对于提问者提出的问题，一台计算机能否给出与人类相似的答案"的标准来定义"思维"的。所以，在他看来，只要通过了图灵测试的机器（如Cleverbot）就能思考。而Cleverbot确实达到了图灵所定义的"思维"，但却并不能思考，因此从Cleverbot的成功中可以看到，图灵对"思维"的界定是有偏差的。

图灵测试之成：但是，图灵对思维界定的误差是否能完全否定图灵测试的意义呢？图灵测试和我们通常说的"1+1=2"算法或者说计算机中的"1+1=0"的程序运算完全一样吗？图灵测试所表达的思想和卡普特对计算机输入的程序（数字）是一个意思吗？这就是图灵测试的意义，它向我们展示了对思维的另一种界定方式，也让我们开始思考单纯的"计算"或者"数字"与思维的区别。

从图灵测试的"成"与"败"中可以看出：单纯的计算和由这些计算所表现出来的行为并不是一回事。我们不能因为Cleverbot的成功就认为，卡普

①② 灰触. 图灵显灵：聊天机器人Cleverbot成功欺骗人类通过测试. http://paper.taizhou.com.cn/tzsb/html/2011-10/16/content_370862.htm［2013-10-03］.

特等设计员输入电脑中的程序和 Cleverbot 所表现出的"智能回答"是一回事。Cleverbot 对于提问者的回答是有意义的，或许这种意义不是 Cleverbot 本身的思想，而是卡普特等设计员的思想，但是它也是有思维内涵的，它不是"1+1=2"也不是"#include<stdio.h>"，而是向我们展示如下对话。

提问者：你的头发真漂亮。

Cleverbot：你怎么看得到？

从上述分析可以看出，卡普特等人在进行 Cleverbot 设计时采用的是一种思想转化方式，即"程序员的思想—计算机的程序代码—计算机所表现出来的行为"。从这个转化式中可以发现，计算机所表现出来的行为其实是程序员的思想；但是，这种行为同程序员向计算机输入的"程序代码"也是有区别的，它已经不仅仅是一种数字或算法，而是一种思想的载体。计算机程序代码或者数字计算就是"数字计算机"的内容，"计算机依据这些程序或代码表现出来的行为"就是"行为机器"的内容，这就是狭义数字计算机和行为机器的区别。

从这里我们也可以很好地解释图灵测试的困境，"对于提问者提出的问题，一台计算机能否给出与人类相似的答案"并不是对"思维"的界定，而是对"行为机器"所执行的"行为"的界定。图灵测试只是让计算机超越了狭义数字计算机的范畴而到达了机器的行为阶段，还不能算作有思维。通过对数字计算机和行为机器的分类，我们就可以了解为什么通过了图灵测试，但是机器却仍然无法具备人类的思维和智能这一问题。

（二）单纯行为机器能够独立成为一种智能机的缘由

在对单纯行为机器同狭义数字计算机进行区分的基础上，还需要明了一个问题：为什么要对这两种机器加以区分？二者都不能算作思维，将它们合为一体来研究岂不更好？事实上，计算机所表现出来的行为已经超越了计算的领域，是比计算属性更加高级的一个层次，这种较高层次（行为）是无法还原回原来的较低层次（计算）的。如果硬要将两个概念合为一体，就会犯同一性理论的错误。

同一性理论（Mind-Brain Identity Theory）断言："心灵状态和脑状态是同一的，也就是说，我们的思想和行为完全能够还原为大脑中的神经元运作。"[①] 但是，这种理论是站不住脚的，因为它在逻辑、常识和技术上都是错误的。首

---

① Place T. Is consciousness a brain process? British Journal of Psychology, 1956, 47：44-50.

先，它违背了"莱布尼茨律"的逻辑规律。这条规律是说，若任何两个东西彼此等同，那么它们就会有彼此完全一样的属性。而在斯玛特（J. Smart）看来，脑状态和心状态并不是一一对应的，他举例说明："我的脚趾疼"是一种心灵状态，而这个"疼"对应的是我的脚趾，但事实上，这个疼并不在我的脚趾里，而在我的脑子里，因此同一性理论违背了逻辑规律①。其次，从常识角度来看，若这种同一性在经验上真的能够同一，那么就"必定有两种类型的属性被固定于同一性陈述的两边了"②，如"水等同于 H_2O"这句话必定是按照"水属性"与"H_2O 属性"一样的方式来识别同一个事物的，"疼是一种特殊的脑状态"的陈述也必定是按照"疼属性"和"特殊脑状态属性"一样的方式来识别同一个事物的。事实上，"疼属性"是一种"心灵属性"，而"特殊脑状态属性"是一种物理属性，这是完全不同的两种属性。如果我们还要将这两种属性归为同一性的话，就不得不退回到属性二元论的立场上去了。最后，对"神经元沙文主义"（Neuronal Chauvinism）③的质疑促使同一性理论者对自身的理论做出修正。"神经元沙文主义"是指"任何一种疼痛都是等同于一个特定种类的神经侧记的，任何一种信念都是等同于一个特点状态的脑状态的"，他们喜欢用的例子是"疼痛等同于 C- 纤维（C-fiber）的刺激"。如果这一理论成立，那么就会出现这样的问题：为什么那些自身的脑结构不同于我们的动物也会有某种心灵状态呢？比如，疼痛这种心灵状态在动物和人身上会体现在不同的脑结构中。这种质疑引起同一性理论内部的重要转向，即从所谓的"类型 - 类型同一性理论（Type-Type Identity Theory）"转向所谓的"个例 - 个例同一性理论（Token-Token Identity Theory）"，但是这种转向也无法弥补同一性理论的错误，因为它无法解答这样的问题，"对于所有这些（同一性的）记号而言，究竟是什么共同之处才使得它们立于同一性陈述的两边呢？或者说，如果你我都相信丹佛是科罗拉多州的首府的话，那么在仅仅只有脑状态存在而我们的脑子状态又彼此不同的情况下，我们俩到底共享了什么东西呢？"④

从上述对同一性理论的驳斥中我们发现，不能将心灵状态和脑状态等同视之，即使这种心灵状态是由某一个脑状态所引起的，但是语境的差异会导致其

---

① Smart J. Sensations and brain // Rosenthal D. The Nature of Mind. New York：Oxford University Press, 1991：169-171.

② Stevenson J. Sensations and brain: a replay to J. J. Smart // Borst C. The Mind-brain Identity Theory. New York：St. Martin's Press, 1970：87-92.

③ Block N. Troubles with Functionalism // Savage C. Minnesota Studies in the Philosophy of Science. vol. 9. Minneapolis：University of Minnesota Press，1978：261-325.

④ Searle J. Mind: A Brief Introduction. London：Oxford University Press, 2004：43.

心灵感触的差异。我们不能将心灵完全还原为脑状态，这是不可逆的，也就是说，脑状态或许可以产生对应的心灵状态，但是我们不能将所有心灵状态都还原回脑状态，因为在心灵状态产生的过程中，不仅脑状态会起作用，外界的语境状态也会起作用。

同理，我们也不能将"计算机实际表现出来的行为和思想"完全还原为"计算机的源初程序设计和数字"，这是因为，计算机所表现出来的行为和思想已经不仅仅是数字那么简单了，它是程序员思想的一种体现。所以，我们必须将以计算为宗的狭义数字计算机和能进行行为表征的行为机器分开对待。

（三）两种单纯行为机器的区分

在确定了行为机器必要性的前提下，我们发现行为机器可以包含两种类型：一种是以数字仿真（计算机模拟）为基础的行为机器，一种是以类人物理仿真（相似物理模拟）为基础的行为机器人。前者只是计算机中的一种数字模拟，而后者则是一种真实的物质模拟。

还以"图灵测试"为例来区分这两种行为机器。如果提问者 C 的面前是两台电脑，他面对电脑中的类人图像 A 来提出问题的话（就如目前的图灵测试那样），那么 A 就是数字仿真型行为机器；而如果我们能够制造一台和人类外形完全相似的仿真机器人 A' 来面对提问者 C 的回答（未来的技术），并且这台机器能够以与人类无差别的回答来回应提问者的话，那么这台机器 A' 就是以类人仿真为基础的行为机器人。

之所以对行为机器进行这种区分，理由有三：其一，这种区分可以使我们重新认识和理解查尔莫斯的"僵尸理论"[1]；其二，这种区分为单纯行为机器人在认知哲学领域提供了一席之地；其三，它是人工智能或计算机研究的一个进步标志。

首先，对"僵尸理论"的重新解读。僵尸理论是指，设想可能存在这样的"僵尸"（一种活死人），它们像我们一样被组织起来，而且恰恰具有我们的行为模式，但却完全没有意识。查尔莫斯的"僵尸理论"是一个思想实验，为了证明即使出现和人类外在形态一模一样的东西，也有可能没有心灵。但是这种思想实验只停留在想象阶段，还没有实验来证明。我们如果将行为机器从狭义数字计算机中剥离出来，并且提出数字仿真行为机器和类人仿真行为机器，就很

---

[1] Charmers D. The Conscious Mind: In Search of a Fundamental Theory. London：Oxford University Press, 1996：245-252.

容易看到，这个僵尸只是一台类人仿真行为机器，虽然它比数字计算机更高级，但是还没有达到能够思维的程度，这就更便于理解僵尸理论。

其次，重树其在认知哲学中的地位。这里提出的行为机器人同计算机领域所界定的行为机器人是有差别的，不是外形上的差别，而是意义上的差别。机器人的英文描述是 robot，这个概念最早是卡佩克于 1920 年提出的，"robot"意味着"奴隶"，即完全听命于主人（人类）的机器，计算机科学家对行为机器人进行了这样的界定。加藤一郎被誉为"仿人机器人之父"，他提出的机器人"三条件"被后来的学者广泛应用，即：①具有脑、手、脚等三要素的个体；②具有非接触传感器（用眼、耳接受远方信息）和接触传感器；③具有平衡觉和固有觉的传感器。1979 年，美国机器人协会给"机器人"下的定义为："可重复编程的多功能操纵器，设计成通过不同的编程动作为执行多种任务移动原料、部件、工具或专门的设备"①。总体而言，计算机科学中的行为机器人是对仿人机器的一种技术性描述，它是指靠"手"作业、靠"脚"移动，并由"脑"来完成统一指挥的类人机器；其中，它的"大脑"执行的是人类的程序操作，具体操作是："大脑"通过接触传感器或非接触传感器等"五官"来识别外界环境，并经由"大脑"（程序）来选取相应的程序以应对。

这里之所以提及行为机器人，是为了让人们能够由浅入深地了解行为和心灵的差异。这里的行为机器人并不总是那些"能够以无差别的回答来应付人类提问的图灵测试的仿人版"，也并不总是如同科幻电影中描述的那些能够控制人的机器。它有可能是很简单的，甚至只是一个陪儿童玩耍的"爬行机器"、"走路机器"，它并不复杂，但是却具备行为机器的一切特征：既有人类程序的界定，也能进行仿人行为的物理操作。正因为它们简单，所以容易更加清楚地看到它的行为是没有心灵支撑的，或者说是没有自身的心灵支撑的，它是设计员的一种思想体现。从这种简单的行为机器人能够了解到，即使一个外形与人类完全相似的机器，也可能没有心灵，要具有心灵，还需要物质以外的其他因素支撑。

最后，物理仿真的进步之处。在绪论中早已强调过，计算机模拟在当今任何一个重大的科学和认知研究中都有着重要作用。如果计算机模拟成功了，学者们大都会将其应用于"相似物理模拟"上，这种研究程序使我们意识到，物理仿真是比数字仿真更高级、更复杂的一种认知研究方式。因此，从数字仿真

---

① 欧阳红晋. 基于人工生命理论的机器人群体智能行为研究. 哈尔滨：哈尔滨工程大学，2004：2.

到类人物理仿真是计算机科学和认知科学的一个前进方向。

从上述分析来看，行为机器是比数字计算机更高阶的智能机器，除了具有数字计算机的计算特征外，还是一种（程序员）思想的体现；而且它可以模拟人类行为，在行动操作上更像人类。通过对行为机器的界定，可以更加清晰地了解"计算"和"行为"的差异，也能够更好地理解人类"心灵状态"和"脑状态"的不同。

三、以生存为目标的低阶意识机器

如果不能对意识有一个深入的了解，那么就不会明白何为智能，也更加无法了解认知的奥秘。意识需要一个载体，这个载体可以是人，也可以是机器。因此，作为智能与机器融合的意识机器就成为了解意识和智能的一个渠道，同时对这个概念的深入解析能使我们在探寻认知的道路上走得更远。

从目前人工智能的发展态势来看，数字计算机和行为机器已经出现了，也就是说，智能的前两种表征（计算、行动）已经实现了。但是，意识机器的概念不像前两者（数字计算机或行为机器）那样容易解释。这是因为前两者更注重机器的行为和功能分析，但是意识机器牵涉到"思维""意向性"等感性因素。所以，不能从已有的实践情形来探究和定义意识机器，也不能简单地从行为或功能上来剖析意识机器：从行为上"看似是有意识的"，它就是一台意识机器；或就功能而言，机器只要能够表现出同人类心灵相似的功能，就可以看作是一台意识机器，对其进行更细致、更周密的研究。

从表面上看，意识机器的含义很简单，它就是一种有意识、能够思维的机器。但是，这个看似简单的概念却在认知科学界和哲学界引发了一场激烈的争论：意识机器是否存在？对这个问题的探索有利于我们更加深入地了解意识机器的含义。

针对意识机器是否存在的问题，学界存有三种不同的看法：第一，意识机器已然存在；第二，意识机器可能会出现；第三，意识机器永远不可能出现。

第一，意识机器已然存在。持这种观点的学者不在少数，拉美特利的著名论断"人是机器"就隐含着这种思想，虽然他的主要目的是为了驳斥以心灵为独立精神实体的唯心主义观点，但是将人比作机器这一创见性想法本身就是对意识机器的一个肯定。如果一些学者认为，拉美特利的观点不能作为支持"意识机器存在"的证据的话，那么莱布尼茨的"思维可计算"思想应该能够成为意识机器存在的理论基础。在莱布尼茨看来，思维、意识等心灵因素是可以通过计算获得的，17世纪晚期，他设想通过一种代替自然语言的人造语言，通过字母和符号进行逻辑分析和综合，把旧逻辑的推理规则改变为演算规则，以便于更精确更敏捷地进行推理。在他看来，一切问题都可以计算出来，所有问题通过字符的变换演算，就会直接促进完美答案的发现。如果按照这种观念推论，计算机就是能够思想的机器、有意识的机器。这是因为计算机是以计算为基本原理来进行操作的，通过这种机器（计算机）的计算，计算机就存在思维、意识了。所以，莱布尼茨是意识机器已然存在的理论倡导者。

真正提出"意识机器存在"观点的是纽厄尔和西蒙，"在那些与图灵一样坚信强AI可行的人中，纽厄尔和西蒙可谓是中翘楚了。……甚至对他们进行了这样的评价：他们在计算机同心灵哲学的关系上，无论是抽象的任务分析，还是细致的实验观察，没有人比他们持更不妥协的态度了。"[①]在他们看来，虽然人脑和计算机在结构和组成上全然不同，但可被看作是同一类装置的两个不同特例，而这类装置的共性是通过用规则操作符号来产生智能行为。他们明确宣称：心灵是一个计算机系统，大脑事实上是在执行计算的智能（计算对智能而言是充分的），它与可能出现在计算机中的计算是完全等同的。更明白地说，由于计算机具备正确的因果能力，它们也可以成为智能的：一台计算机就像一个大脑一样，是一个物理符合系统，这就是纽厄尔和西蒙的有名的"物理符号系统假说"（Physical Symbol System Hypothesis，PSSH）[②]。他们还指出：一个人看起来是"智能"的，并不能真正说明这个人就真的是智能的；"人类认为自己是有智能的，计算机没有智能"也只不过是一种主观认定问题而已，这是多么"狂妄"的理论啊，将人也认为是一种可以思维的机器了。因此，从二者的言论中我们不难发现，他们承认意识机器的存在，认为它就是计算机：因为人类是有意识的，而计算机同人类一样，说明计算机也是有意识的。沃维克（K. Warwick）就曾明确指出："意识的存在意味着一个人的能力、相关感觉和交往都是受一定控制的，很简单，一些机器现在已经有意识了。"[③]

第二，意识机器可能会出现。物理符号系统理论被批评为过分物理主义，甚至那些在人工智能可行性方面与纽厄尔和西蒙有共同信念的人，也有这种看

① Boden M A. The Philosophy of Artificial Intelligence. New York：Oxford University Press, 1990：8.

② Newell A，Simon H A. Computer science as empirical enquiry: Symbols and search // Boden M A. The Philosophy of Artificial Intelligence. New York：Oxford University Press, 1990：130-131.

③ Warwick K，Encounters A，Preston J，Bishop M. Views into the Chinese Room: New Essays on Searle and Artificial Intelligence. New York：Oxford University Press, 2002：314.

法。在他们看来，人工智能并非不可能实现，意识机器也并非不可能出现，只是比起他们两位定义中提出的那种文字形式要复杂得多。这些人工智能学者从各个方面加以论证，试图证明意识机器最终是可能出现的。

从上述我们对图灵机的阐释中不难看出，图灵对意识机器的出现抱有极大的信心。早在 1936 年，图灵就在思考"机器能否思维"的问题了。在《计算机器与智能》一文中图灵专门提出："机器存在意识吗？"针对这一问题，他也给出了自己的回答，即上面提到的"图灵测试"，它是以"对于提问者提出的问题，一台计算机能否给出与人类相似的答案"的标准来定义"意识"的。在这个测试中，图灵明确指出："在未来，计算机可以具有智能属性"[①]。而且，据最新科研成果（新型机器人 Cleverbot）显示，图灵测试已不仅仅是一个思想实验，而是在逐步转为现实，虽然它仍然不像真正的人那样"有人味"，但是这一人工智能结果的出现足以坚定人工智能者的信心——意识机器一定会出现。

丹尼特对意识机器出现的可能性抱持更坚决的态度。在他看来，意识本就是"拟子（meme）[②]的庞大汇集，最好把它理解为一台'冯·诺依曼型'虚拟计算机的运作，而这种运作是在并非为任何这种活动而设计的大脑的并联建构中执行的"[③]。丹尼特认为，只要我们了解了"微观层次的大脑过程究竟是怎样引起定性的意识状态，而这些状态又是怎样成为神经生物系统特征的"，我们就能在计算机上模拟这些活动，并在计算机上达到一种意识状态。所以，他深信神经生物学和人工智能的发展会为意识机器的出现带来新契机。

第三，意识机器永远不可能出现。反对意识机器出现的学者主要集中在生物自然主义领域，如埃德尔曼和塞尔。埃德尔曼反对意识机器存在的可能性，在他看来，人类的大脑是一个特殊的物质体：首先，它是一张地图，是大脑神经元与感受器细胞相联系的一种地图性关联；其次，人类的行为是一种神经元群选择的过程；最后，它具有再入思想，再入是一种过程，通过它类似的信号可以在地图间来回往返。他将意识定义为"递归比较记忆（recursively comparative memory）的结果，当外部输入变成记忆的组成部分之前，之前的

---

① Turing A M. Computing machinery and intelligence. Mind, 1950, 59: 433-460.

② meme 是理查德·道金斯（R. Dawkins）在《自私的基因》（*The Selfish Gene*）一书中创造的新词，它的基本含义是指人的观念、思想、理论体系，比如说，笛卡儿、康德已经去世多年，作为生物学意义而言，他们是不存在的，但是他们的思想至今还影响着我们，这种影响是无远弗届的，不会随着时间的流逝而消逝或淡化，反而会历久弥香。"我思故我在"、"存在即是合理"等思想就是笛卡尔和康德的 meme，他们通过这种 meme 来延续着自己的生命。丹尼特引用了道金斯的定义，将 meme 看作一种文化传承的单位，一种模仿的单位，它是通过大脑与大脑之间的跳跃而繁殖其自身的。参见：Dennett D. Consciousness Explained. New York: Little, Brown and Company, 1991: 202.

③ Dennett D. Consciousness Explained. New York: Little, Brown and Company, 1991: 210.

自我—异物型分类与当下的感知分类及它们的短期连续性在进行着不间断地关联"①。所以，人脑的意识具有机器所不具备的特质，如记忆、学习系统和区分自我和异物的能力等，意识机器是不存在的。

而在对意识机器存在可能性的反驳声中，最响亮的要算塞尔了。在塞尔看来，将任何东西都看作是一台数字计算机本来就是错误的，像纽厄尔和西蒙那样将人也看作计算机的观点尤其错误。他认为这些类似的观点是"一种无用、空泛的观点，比如，桌上的钢笔也再执行一个程序：待在那里，那么它也可以看作是一台数字计算机了，这是荒谬的"②。显然，塞尔对计算机的定义的范围是比较狭小的，他的计算机不包含任何隐喻成分，普通的人造物不是计算机，类人机器也不是计算机，人脑更不是计算机，其定义的计算机仅仅指某种"实现具有合适输入和输出的适当的计算机程序"③。而当塞尔将计算机作如此定义时，很明显，目前的计算机还无法达到人类思维的程度，这就驳斥了纽厄尔和西蒙的观点。而且，塞尔提出了一个思想实验——中文屋论证，充分诘难了"图灵测试"的有效性。在他看来，在判定某种机器是否正在以人的方式执行认知任务时，图灵测试或"脚本"等其他比较方法都是无用的。因为"计算机是永远无法代替人类心灵的，原因很简单：计算机程序只是语法的，而心不仅是语法的，更是语义的，即人心不仅仅是一种形式，它是有内涵的"④。这样，通过中文屋论证，塞尔给"意识机器有可能存在"的观点一记重击。塞尔始终强调，只有人类能够思维、有意识，其他事物、尤其是机器表现出的意识、思维只是对人类心灵、智能的一种模拟。

由此可以看出，意识机器是否存在的关键是"意识为何"，它的含义将直接导致最后的判定结果。上述三种有关意识机器可能性问题的回答之所以截然不同，原因就在于它们对意识的看法有所偏差，所以需要用继承和发展的眼光来看待这三种观点，取其长、弃其短：

塞尔将意识看作"是包含语义的，而不仅仅是处理一些无意义的符号问题"⑤。意识是人类大脑特有的活动，并不是仅通过程序或计算就能获得的。这个观点有一定的可取性，无论是强人工智能者还是弱人工智能者，都不否认人类能够产生意识，意识是人脑的产物；而且简单的程序操作在短时期内确实不会

---

① Edelman G. The Remembered Present: A Biological Theory of Consciousness, New York：BasicBooks, 1989：155.
② Searle J. Minds, Brains, and Science. New York：Harvard University Press, 1984：35.
③ Searle J. Minds, Brains, and Science. New York：Harvard University Press, 1984：35-36.
④ Searle J. Minds, Brains, and Science. New York：Harvard University Press, 1984：31.
⑤ Searle J. Minds, Brains, and Science. New York：Harvard University Press, 1984：36.

产生意识，这是人工智能界也不得不承认的事实。但是我们不能否认机器有产生意识的可能性，因为人类的（自主）意识也不是一蹴而就的，它是进化的结果，机器为什么不能也通过这种方式产生意识呢？

纽厄尔和西蒙等学者将意识看作是大脑皮层的一种加工编码，作用是进行信息处理，在这种认知下，意识就是能通过计算获得的东西，大脑的智能也等同于计算机的计算，所以他们认为，意识机器早已存在，计算机就是范例。计算表征主义学者看到计算对大脑的重要作用是可取的，但是这种将意识过度物质化、单纯化、绝对化的思想是不可取的，它过于僵化，完全忽视了意识的感性因素。

图灵的观点不像前两者那样极端：要么意识机器永远不可能产生，要么已经存在了。他将意识看作是一种行为过程，在他的图灵测试中，他有一种检验事物是否有意识的独特方法——"看"——看被检验的事物是否能通过他提出的测试，只要通过模拟测试的物体就是有意识的。同时，他将意识机器的产生归功于人工智能的发展，认为只要机器通过了图灵测试就是有意识的。图灵思想的进步之处在于他将意识实践化、可检验化，这种思想是有一定道理的，但却为生物自然学派所反对，在他们看来，思维如果只通过外在表征就能判断的话，那么身心问题就不会那么难解了。

基于上述观点，我们对意识和意识机器有了一个初步地了解。但是，问题也随之而来，即从各学派的纲领宗旨入手来分析，上述三种观点都有可取之处，但是若以别派的教义来解析此派的观点，此派的观点就是站不住脚的。因此，若要对意识和意识机器有一个更深入的了解，就不能停留在这种解构的状态中，而要探寻一种可为大家接受的、统一的意识机器观点。

参考智能机的界定方式，若要明了意识机器的含义，也可以将其分类处理。意识可分为低阶意识和高阶意识，低阶意识就是以"维护自身生存、繁衍"[①]为目的的意识，高阶意识就是以"精神诉求、实现价值"为目标的意识。只拥有低阶意识的机器才是这里所说的意识机器，而具有高阶意识的机器则是下文即将阐释的情感机。

对意识的分类有利于通过动物或机器来研究思维。因为在一些学者看来，动物也有意识，但是它们的意识又不同于人类的意识，那么如何界定呢？就是

---

① 这里参考的是弗洛伊德有关"人类本能"的观点，在他看来，人类本能包括"自我保存"本能和"种族繁衍"本能，可统称为生存本能。参见弗洛伊德. 超越快乐原则 // 弗洛伊德. 弗洛伊德后期著作. 林尘，张唤民译. 上海：上海译文出版社，1986：1-5.

通过对意识加以分类来区分。比如，病毒可以看作一种意识机器，它是为了自身的"生存、扩大"而对其他程序进行摧毁、吞噬，当然这种目的性不是自主的，而是人类赋予的。当人工智能发展到一定程度，一定可以出现比病毒高级的多的智能机器，但是如果它们所进行的一切行为都只是从"维护自身生存和繁衍"的目的出发的，那么这种机器就只能算作低阶意识机器。

同对数字计算机的界定一样，对意识机器也可以采用广义意识机器和狭义意识机器的区别来辨识意识机器。从广义上讲，意识机器就是有意识的机器，而人也是有意识的，那么人也是一种意识机器，意识机器就是包括人在内的所有可思维的、具有心灵的机器。从狭义上讲，要限制这里的意识指向，也就是说，这里的意识仅指意识的低阶阶段，也就是以"维护自身生存、繁衍"为目的的机器。将意识机器狭义化解释，就可以更好地规避"机器是否可思维"等问题：如果"思维"仅仅是为了维护自身的生存和繁衍，那么低阶意识机器就已经能够思维了；如果"思维"是为了更加高阶的理想和目的而进行思想活动，那么低阶意识机器就还不能思维。

四、完全类人化的高阶情感机

同狭义意识机器相对应的是广义意识机器，也就是说，它既可以以"维护自身生存、繁衍"为己任，也可以进行"精神诉求、实现自身价值"。在这个过程中，人类会产生一种动物很少具备的、人类独有的东西——情感。将情感作为智能机的研究对象，有利于人们更好、更完整地理解人类的心理状态。那么，我们该如何界定情感？

在一些学者看来，即使是从狭义的意识机器角度出发，人也是一种意识机器。因为，人类的许多行为都是以"生存和繁衍"为目的进行的。那么，人类与这种意识机器有何区别？答案就是情感。

但是，人类以"生存和繁衍"为目的的行为也会产生情感，这时的人类也会因为失去生存权利而悲痛，也会因为繁衍出新生命而狂喜，这难道不也是情感吗？为了回答这个问题，还需从人们对情感的界定入手来加以分析。从机能观点的角度来看，情感是人类的一种情绪体现，它是在有个人意义的事件中行使适应机能的多成分、多过程、有组织的活动的总和。组织观点提出了一个明确的结构-发展框架，认为情感是以结构转化为特点的。社会文化观点强调"社会或文化对情感的发展和机能的共享，认为情感是社会或文化建构的综合特性"①。从这些观点可以发现，人们对情感的认识并不是如动物般，以生存和繁衍为目的的单一行为，而是人对感受对象的主观体验，是人的需要得到满足与否的反映。在这里，情感是被作为一种认知结果来建构的，它一定是在特定的语境中才能有的行为，这个语境不仅包括生物语境、心理语境，还包括社会语境和历史语境，这不仅由情感的生物自然本性决定，更由其产生环境和方式决定。因此，情感就不应该仅仅被当作一种简单的意识，而应当是一种比意识更高级的人类认知的表现方式，是人类区别于其他事物的最根本的特征，也是区分低阶意识和高阶意识的一个标杆。也就是说，如果只是以"生存和繁衍"为目的来进行的行为，那么就是没有情感的行为，如病毒的侵蚀行为、动物的捕猎行为、某些人类惨无人道的屠杀行为。所以，这里的情感是一种高级的、私人的思维形态。这些情感是一种精神诉求，一种为理想奋斗和献身的高尚情操，是在这些追求和奋斗过程中的喜、怒、哀、乐。与此相对的，作为情感载体的情感机也就是成为一种凌驾于意识机器之上的新载体，是智能机的最高形式。

然而，如上所述，情感是一种私人化的、纯心灵的行为，如"我太幸福了""生活太艰难了"等感叹是人类内心情绪的真实表达，这种幸福或痛苦的情感是无法用数量、质量等量度来量化的。比如，我们不能说"张三的幸福感是1~5升""李四的痛苦值是8千克"。而机器是一种可以量化的物质，甚至可以说，它的任何一个方面都是通过量化取得的，如这台机器有多重、它的运算速率是多少等。那么，情感如此心灵化的东西又是如何同机器这样一个完全物质的东西联系在一起的呢？也就是说，情感机是如何生成的呢？

这是研究情感机无法回避的一个问题。但是，截至目前，意识机器是否存在的探讨还在如火如荼地进行着，在这个问题尚未定论的时候，却要来解析情感机器，会不会太贪心，不仅没有得到有关情感和机器的有效信息，反而连最基本的意识和机器的问题也混淆了呢？

这一问题在魏屹东和李晋涛的"情感守恒假设"中得到了解释：情感不仅是守恒的，还是可以量化的。既然情感是可以量化的，那么它就同算法产生了天然的关联。在他们看来，情感守恒分为横向守恒和纵向守恒，横向守恒是指在人的一生中，所感受到的正向情感和负向情感在量上是等价的。纵向守恒是指，"人与周围的亲人，上至父母、下至子女，所感受的情感是守恒的"②。

---

① Barnes A. Thagard P．Empathy and analogy. Dialogue: Canadian Philosophical Review, 1997，36：705-720；Dolan R. Feeling the neurobiological self. Nature，1999，401：847-848.
② 魏屹东．认知科学哲学问题研究．北京：科学出版社，2008：314.

既然我们用"守恒"二字来形容情感，那么就说明，情感的正值和负值是等价的，也就是说情感是可以量化的。在魏屹东看来，情感不仅可以量化，而且是有量度的。他从塞利曼、莱肯、伊文茨等学者的观点中挖掘出情感的量度，并将这一观点加以实践运用，对"宿命论"观点加以阐释。[①]具体如下：宾夕法尼亚大学的塞利曼试图寻找一种带领大家逃离情感困扰的方法，他将这些消极的负值比喻为"从 -5 到 0"，在他看来，我们不仅要学会从"-5 到 0"，即从消极、悲伤的情绪中解脱出来，还要学习如何从"0 到 5"，也就是从平静到兴奋、快乐的积极情绪中去。他的这一观点为情感守恒假设提供了理论基点，也就是说，我们的情感是具备正极和负极的，并对这两个概念加以具体阐释。而明尼苏达州大学的莱肯在研究情感的过程中发现，基因、收入、教育等因素都能影响人们的情绪，这个观点为情感守恒假设提供了可能语境，也就是说，情感守恒是在生物、心理、社会等多重作用下才得以实现的。布里斯托尔的伊文茨提出"红萝卜和警棍"理论，在他看来，假如进化让快乐成为一根内在的红萝卜，它就让悲伤作为一根激励我们去做那些能保护我们的基因持久永存的警棍。从"红萝卜和警棍"理论可以看出，有正极情感就必定会伴随有负极情感，二者是相辅相成、无法分离的，这就印证了情感是守恒的这一观点。

从这里可以看出，既然情感守恒且有量度，那么我们就有可能用算式的方式将其表现出来，也就有可能通过计算机获得情感，这就是情感机的由来。具体方法如下：目前对于类似情感测量的方法最基本且被广泛使用的工具之一就是对生活等级的满意度。若以百分制来算，你对生活的满意度为 -90，那么说明你的负面情绪比较大；你对生活的满意度为 80，那么说明你很积极。而在整个人生中，你的正值和负值是大体等值的。这也就解释了这一现象：为何命运有时看似掌握在自己手中，却又会有各种预料不到的事屡屡发生。这是因为人的成功与否（成功—积极—正向情感 vs. 失败—消极—负向情感）不仅要受自己努力时所承受的苦痛量大小的横向情感左右，同时又要受自己所处的环境的整体纵向情感的牵制，横向情感即"掌握在自己手中的命运"，这是通过自己的努力有可能掌握的一部分东西，它可以是正向也可以是负向的；纵向情感是"所处的环境"，这种纵向情感也会有正负。比如，当人们说出"我今天的运气真好"时，虽然这是外界作用的结果，但还是给这个说话者带来正面情感；而当一个人发出"我的命真苦"的感叹时，就将外界的因素作为了自己负面情感的

---

① 魏屹东. 认知科学哲学问题研究. 北京：科学出版社，2008：315-317.

源泉。可以说，将横向情感和纵向情感量化并统一用计算机表征出来就是一种机器情感。

同时，针对计算机拥有"情感"的研究在认知界有一个专门的研究领域，被称为情感计算（Affective Computing）。它主要是通过计算机的分析，将情感的研究从感性上升为可计算模型，试图创建一种能识别人的情感，并依此做出反应的计算系统，而它的研究成果可以算作计算机程序与思维联系最紧密的例子了。

事实证明，情感计算的概念尽管诞生不久，但相关领域的研究和应用方兴未艾。认知学术界的主要发源地——麻省理工学院媒体实验室，目前的研究更侧重于有关感情信号的识别。自1996年起，麻省理工学院的研究人员就开始从事通过监测人体动作"读取"个体心情的研究。这个被命名为"感情计算课题组"的学术研究小组负责人匹卡教授认为："虽然研究成果还是初步的，但已显示出令人兴奋的应用前景；教授和她的同事们正在试图利用其他可以反应感情生理的指标，如呼吸、心跳率、体温、血压、毛细血管的扩张等数据的变化来推断人感情的变化"[1]。

英国电信（Bigger Thinking）也成立了专门的感情计算研究小组。情感计算的重点在于通过各种传感器获取由人的情感所引起的生理及行为特征信号，并将其与计算机相联系建立起某种"情感模型"。同时，许多日本学者近几年来热衷的"感性信息处理"（Kansei Information Processing）[2]与感情计算似乎也只是本同末异。

上述就是有关智能机的四种类型，将智能机按照其蕴含内容来分类，不仅有助于辨析智能内涵中的各个层次，也可以使我们不至于陷入行为主义、功能主义、生物自然主义等学派的纷争之中。当然，这里的智能机暂时还不能直接论证出"认知是一个自语境化认知过程"，它只是验证这一假设的媒介。真正需要证明的是：智能机的发展是否符合自语境化认知的发展规律？只有当这个问题的答案是肯定的时，我们才能说智能机能够验证自语境化认知假设，自语境化认知假设是合理的。

---

[1] Picard R W. Frustrating the user on purpose: a step toward building an affective computer. Interacting with Computers, 2002, 14: 93-118.

[2] Akamatsu S. Science and technology in human information processing 3/4 computational studies on KANSEI information conveyed by human face. ATR Technical Publications, 1997, 2: 239-242.

研究策略: 自语境化认知的智能机验证

认知的语境论研究就是要从语境论角度来发掘认知奥秘。在研究角度的选取上,用智能机这一理性工具来验证自语境化认知假设成为了具体研究策略。任何一种理论的建构或者策略的选取都有其深刻的意义根源,即为何要建构这样一个模型。范·弗拉森(B. C. van Fraassen)曾说过,"缺乏对目的和意义的深入挖掘,就会令人怀疑其存在的必要性"①。自语境化认知的智能机验证策略也不例外,它是否恰当? 是否能够代表当前认知研究的前沿趋向? 又是否具有实践可操作性? 对这些问题的分析关系到为智能机自语境化认知的合法性辩护的问题。

第一节 人本主义与科学主义的融合策略

对认知的研究可以追溯至古希腊甚至更早时期,柏拉图的"回忆说"和亚里士多德的"四因说"就是对人类认知性质和起源的探讨。然而,中世纪神学将心灵皈依于上帝的做法使认知研究陷入僵境,直至"文艺复兴"才出现认知的新黎明:思想家们开始重新探索古代先哲们虽已提出,然而只笼统开局的有关人类本质、人与世界关系等的认知问题。在这一时期,对人文精神的倡导成

---

① van Fraassen BC. The pragmatics of explanation// Klemke D. Introductory Readings in the Philosophy of Science. New York:Prometheus Books, 1998:264-277.

为当时学界的主旋律，同时以理性为基础的数学和实验科学的光辉成就也使人们赋予理性无上的权威。而"人文精神"和"理性主义"这两大思想恰是后期几乎所有认知思想的萌芽："人文精神"演化为后来的"人本主义"，"理性主义"则发展成为日后的"科学主义"。

人本主义的突出特点是对人性的重视，也正是这种特性使人的地位空前提高，出现以人为本的各种理论和流派。另一类学者在对以休谟为典型代表的经验派哲学扬弃的基础上，试图建立一套追求实证知识的、可靠性和确切性的理论，由此开创了科学主义。不可否认，当代认知的各类思想都或多或少地与这两大思潮本质地相关。因此，对这两大思潮的透彻分析有利于我们应对来自学科内外的巨大挑战。一方面，"21世纪的认知研究在主流路径、学派脉络、基本旨趣上，不再像20世纪那样明朗、集中，呈现为多元、不稳定的状态"[①]；另一方面，以揭示人的感性存在意义为主的人本主义面临缺乏实践的危机，而以理性为主的科学主义由于过分强调科学知识的建构而走向极端科学论。在这种背景下，系统地反思与探索认知研究以往的基本逻辑和演变特征，不仅有利于明了认知发展趋势、明确认知发生路径，而且为我们构建新型认知研究进路提供了理论和现实依据。

一、自语境化认知的人本主义趋向

通常而言，可以被冠之以人本主义的研究流派众多，如叔本华和尼采等的意志哲学、克尔凯郭尔哲学、德法生命哲学、存在主义、哲学释义学、实用主义等。在这些学者看来，认知研究不应该被局限于主客、心物等对立范畴，而应着眼于未被科学和理性扭曲的本真之人。人本主义在认知方面的主要贡献是确定了"人"的主体性地位，它将人看作一切的出发点和归宿，力求揭示人的情感、意志等感性或超理性的存在意义。它有自身独特的发展脉络：形而上学式认知人本主义、面向现实型认知人本主义和自语境化认知人本主义。

第一，形而上学式认知是人本主义在认知研究上的最初表现形式。认知研究是有哲学情结的，而哲学又是以思辨和理论分析为先的。作为"科学的科学"，哲学向来是以构造整个世界的图景、推演全部知识甚至存在体系为己任的，而由这种理念建构的认知理论也必然会带有强烈的形而上学色彩。

---

① 郭贵春. "语境"研究的意义. 科学技术与辩证法，2005，4：4.

在这类哲学家中，叔本华的唯意志主义最具代表性。他十分强调感性活动对存在和认识问题的决定性作用。他在《作为意志和表象的世界》开篇就指出："'世界是我的表象'：这是一个真理，是对于任何一个生活着和认识着的生物都有效的真理"①。可见，在他的哲学构想中，世界可以通过"我的表象"表征出来，并且可以借此构建一个能描绘所有认知奥秘的形而上学体系。同样是意志哲学代表人物的尼采，他也试图以"人"为标杆来构建其哲学和认知的大厦。尼采在"重估一切价值"的口号下，提出要以人的本能和内在生命力作为评价一切的尺度。但他的形而上学式人本主义与叔本华的差异在于：他反对叔本华那样将意志当作自在之物的做法，而认为"有各色各样的眼睛——所以有各色各样的'真理'，所以根本没有真理"②。可以看出，尼采进一步发展了叔本华的感性主义，但是他在企图排除叔本华意志形而上学的同时却将权利意志绝对化，因而被海德格尔称为"最后一个形而上学家"。唯意志主义将人的情感、意志或人的精神活动中的其他感性因素置于人的理性之上，并由之出发来解释人的全部认识乃至全部精神和物质活动。因此，唯意志主义可看作形而上学式认知人本主义的典型代表。

其实，带有形而上学倾向的学者大都如此，他们无不企图构建一个内容广泛、甚至无所不包的思辨体系。而从特定时期的人类认知水平来看，建立这样的体系而无独断性，实际上是不可能的。因为我们有关世界的认识仍然是片段的、局部的、残缺不全的，还远远不能提供关于整个世界的完整图景。

第二，面向现实型认知标志着人本主义在认知上的转向。当学者们发现，大量认知问题并不能通过形而上学方式解决时，他们的研究方向就发生转移，逐渐开始面向现实，这样就形成了面向现实型认知人本主义。这种人本主义同样符合人本主义思潮的基本含义，即将"人"作为认知研究的根本，同时它还兼具一种贴近现实的倾向。

首先呈现出这种转向的认知人本主义流派是生命哲学，而这一领域的集大成者则是存在主义和哲学释义学。狄尔泰将心理学当作生命研究的具体方案，"这里的心理学并不是一种对象化、抽象化的形式科学，而是一种与生活经验有关的历程"③。存在主义在揭示认知方面独具匠心，他们用"存在"来诠释人类本真的、感性的活动，这与强调所谓普通人性的传统人本主义有本质的区别：他

---

① 叔本华. 作为意志和表象的世界. 石冲白译. 北京：商务印书馆，1982：25.
② 尼采. 权利意志：重估一切价值的尝试. 张念东，凌素心译. 北京：商务印书馆，1991：292.
③ 狄尔泰. 精神科学引论. 童奇志，王海鸥译. 北京：中国城市出版社，2002：1-4.

们将"转向现实"当作其理论的出发点和归宿。海德格尔对"在世的在"的意义和"常人"的生存状态的表述也为这种转向作了很好的诠释，在他看来，"此在不能独立地存在，它总是处于一世界中，其中，正是'常人'规定着日常生活的存在方式"①。其学生伽达默尔延续并发展了海德格尔的这一思想，他的哲学释义学本身就是一种实践哲学的释义学。他认为"释义学有三个不可分割的因素：理解、解释和应用，而应用就是面向现实，而且，通过这种应用，我们可以获取到有关人的本质以及人与世界关系的经验"②。

　　虽然人本主义学者已经意识到了面向现实的重要性，但后来却又回归于学院派哲学。这是因为，要更加透彻地了解人和世界的本质，就需要暂时偏离具体和现实，然而，当这种偏离超越了一定限度时，却又必然造成认知脱离客观实际的结局。

　　第三，自语境化认知为认知人本主义指明了一条未来发展路向。一定时期的学术发展总是与它所处的现实环境相一致。随着自然科学的不断进步，特别是人工智能的出现，学者们逐渐意识到，单纯思辨的认知策略早已无法满足人们对心灵的探索要求，简单地面向现实也不能使人们真正地了解认知。合理的认知策略应该是一种满足"包罗万象"和"有形可检"要求的理论，只有具备内涵丰富、检验性强的策略才能使我们逐渐逼近对世界为真的描述。而自语境化认知策略就可以满足这两个要求，概而言之，它是指一种以"人类思维"为摹本，以语境化方式为支撑，取各类认知方式之长的新型认知人本主义。

　　作为认知人本主义的趋向，它的优势体现在两个方面：其一，自语境化认知以自主性为研究主体不仅强调了以人（自主性）为本，而且代表了认知研究的前沿趋向；其二，自语境化认知以语境化方式为研究基底，不仅体现了一种包容性，而且代表了认知研究的未来走向。

　　第一，马克思曾对自主性之于人的意义作出过高度的评价："一个种的全部特性，种的类特性，就在于生命活动的性质，而人的类特性，恰恰就是自由的自觉活动。"③这也就是说，人之所以为人，正是因为它具备一种自觉、自愿、自主的特性，这也正是人本主义提倡的以人为本之根本。而且，人类自主性一直

---

① Heidegger M. Being and Time. Stambaugh J，tran. Albany：State University of New York Press, 1996：338-340.
② "经验"在伽达默尔那里是一个重要的概念，他的释义学就是一种"思维所是的那种真正的经验性理论"。参见：Gadamer H. Truth and Method. Weinsheimer J，Marshall D，trans. London：Continuum International Publishing Group Ltd，2004：267.
③ 马克思，恩格斯. 马克思格斯恩全集（第42卷）. 中共中央马克思恩格斯列宁斯大林著作编译局编译. 北京：人民出版社，1985：96.

是研究认知的学者们探讨的前沿性问题。比如，索普拉的"学习式人之机制"①中，学习中的人就是认知的主体，而人也正因为具有自主性，才能够对认识对象形成一种螺旋上升氏的深入认识，这既是学习的目的，也是人类可以学习的保障。斯蒂林斯在探讨认识论中最深刻、也最诱人的问题时，着重强调人类的自主性这一感性因素。在他看来，"认知研究有四个问题最引人瞩目：①有关身心问题的解答；②如何解释人类智力的信息处理理论；③具有某种内容的心理状态如信念、期望、恐惧的性质是什么；④认知的内在经验感受性质能够提供怎样的说明"②。在这四个问题中，有三个问题都与人类的自主特性本质相关：身心问题、心理状态、感受性质，而另外一个问题也是通过计算机科学来研究人类的这一独有特质。因此，对自语境化中自主性的研究代表了学术研究的主流和前沿方向。

第二，以语境化为研究基底决定了自语境化认知具有一种包容性和动态性。语境化认知策略是在语境研究纲领的基础上发展而来的，语境这一研究方法本身就具有一种包容性，它能够将认知所涉及的生物学、人类学、心理学、人工智能学等知识统一到一个基底上，并运用语境分析方法对这些观点进行梳理和整合，以便为不同立场的认知观念提供一个自由交流的平台。语境化认知策略相比语境研究方法更具动态性：一方面，它为认知研究提供了思想源泉，而且为认知研究提供了不可还原的保障，使其脱离了认知的循环研究困境；另一方面，语境化的研究倾向将人融入语境，这个"融入"的过程摆脱了语境的静态基底性，呈现出一种运动的状态，而且这种运动状态会随着"融入语境—形成认识—融入新语境—形成新认识"这一过程形成对客体螺旋上升的认识。克拉克（A.Clark）从处境性出发来分析人类心智和思维活动，在他看来，"人类是一个处于处境（语境）中的活动个体，因此不能将其单独提出，而应当在环境中研究人类的心智活动"③。

从上述分析中可以清楚地看到，自语境化认知策略仍旧延续以人为本的研究模式，它是一个"自主融入语境（自语境化）"从而进行行为选择的过程，是通过自主性将认知主体人与认知客体语境加以融合的过程。所以，它既符合合理认知策略包罗万象的特征，将人类的一切知识都整合到认知语境这个范畴中来；又符合合理认知策略有形可检的特征，用"行为选择是否符合实践"的方

---

① Thorpe W. Learning and Instinct in Animals. London：Methuen, 1963：113-120.
② Stillings N A, et al. Cognitive Science: An Introduction. Cambridge：The MIT Press：1995：346.
③ Clark A. An embodied cognitive science？Trends in Cognitive Science, 1999, 3：345-351.

法对人类通过自语境化方式所作出的选择进行检验。

二、计算机模拟策略的科学主义趋向

西方哲学的另一大思潮是科学主义，这一思潮的主要特征是强调理性的作用，倡导人们用科学理性的观点来解释人，在认知领域则表现为将科学方法当作认知分析的重要事实根据。因此，"无需遵循前人以流派的归属来确定科学主义的分类方式"[①]，而应以认知研究所运用的具体科学方法来锁定科学主义。在科学主义中，与认知研究联系较为密切的学科很多，但大都围绕生理和心理两个因素展开。因此，对认知生理学策略和认知心理学策略的透析有利于人们明确认知科学主义的发展走向。

首先，认知生理学策略是科学主义在认知领域的最基本方案。19世纪中期，认知生理学策略已然流行。比如，一些对自然科学比较熟悉又不屑于追随思辨唯心主义的知识分子就将心物等复杂的认知问题简单地归为生理学问题，这种庸俗唯物主义观点并未脱离近代机械唯物主义的范畴，其理论阐释甚至还远远落后于后者。因此，这种观点往往昙花一现，随生随灭。

随着解剖学和生物学的逐步成熟，这类学者又将目光瞄准"还原主义"，即"心理过程可以还原为神经或大脑的生理过程，而且每一个心理性质等同于一个物理性质"[②]。其主要证据是神经科学和脑科学的发展。二者都是以还原主义为指导思想的理论，之所以将其分开看待，是因为，从严格意义上讲，"大脑并不是神经网络，因此脑科学也不能算作是神经科学的一部分"[③]。神经科学通过在发育过程中的神经回路如何感受周围世界、实施行为来了解心物关系。脑科学则是通过大脑内部结构的认识获取心灵知识的。比如，彭菲尔德（W. Penfield）就曾提出这样一种方法："当某人有意识时，对其脑的不同部位进行电刺激，而后将这些发现与那个人后来的行为体验关联起来，通过这种直接刺激大脑的方式我们可以获取到心灵的相关知识。"[④]但是这种过分重视物理特性而忽视心灵等感性因素的做法为许多学者所鄙弃，而且心理的超物质性在生理或物理上也难以找到一一对应的关系。

---

① 刘放桐. 新编现代西方哲学. 北京：人民出版社，2004：29.

② Braddon-Mitchell D, Jackson F. Philosophy of Mind and Cognition. London：Blackwell Publisher Ltd, 2000：96-100.

③ Harré R. Cognitive Science: a Philosophical Introduction. London：SAGE Publications Ltd, 2002：201.

④ Penfield W. The Mystery of the Mind: a Critical Study of Consciousness and the Human Brain. Princeton：Princeton University Press：1975：35-41.

其次，认知心理学策略是认知生理学策略发展到一定阶段的必然产物。通过对认知生理学缺陷的总结和反思，一些学者提出认知心理学。在这些学者的观念中，心理因素应当受到足够的重视，但是他们并不满足于传统的思辨和理论分析，而是希望通过心理实验的方式获取认知新知识。这一领域最具代表性的学者非弗洛伊德莫属，他开创了以心理实验方法研究人类认知和心理的先河。弗洛伊德最主要的观点是"精神分析"，在他看来，有些精神病的原因不是生理性的，而是由精神性的紊乱和失调引起的，对于这些病人，必须从发掘病人内心的隐秘着手进行研究。他对认知最重要的贡献之一就是提出并区分了"意识、前意识和无意识"：意识是人类心理状态的最高形式，是各个心理因素的统帅者；前意识是处于意识边缘的东西；无意识则是人的生物本能和欲望的储藏库[①]。而且，弗洛伊德运用了很多临床实验来验证自己的结论，这表明，弗洛伊德的理论是一种具有科学实践意义的心理研究策略。用实验方式研究心理研究策略。用实验方式研究心理的学者还有很多，皮亚杰可谓其中的杰出代表。他的"基于语言的测试"就是结合自己在实验室进行的心理测试而创造出的一种临床谈话法，即研究者在半自然交往中向儿童提出一些特定问题，进而收集资料的方法。这种方法将他对心灵的认知由"从行到知"发展为"从知到行"，并得出富有意义的结论：关于思维和动作的关系，"在达到一定水平之后，存在着一种动作概念化的逆向运动"[②]。

但是，从严格意义上讲，认知心理学的研究方法缺乏一种对变量的严格控制和严密的实验程序设计，这是心理学研究的通病。就如我们无法量化我们的"痛苦"和"快乐"一样，目前的心理实验仅依靠自身的能力还无法为这一病症寻到对症之药。

最后，计算机模拟策略是认知科学主义中最普遍、最常用的一种科学研究方案。无论是在生理学还是心理学领域，但凡重大的认知科学研究，大都会采用这样一种研究方法："思想实验模拟—计算机模拟（数字仿真）—相似物理模拟。"[③]因此，在一部分既想验证新思想，又希望能够避免因所提方法的不成熟而造成实物损失的研究者那里，计算机模拟就颇为流行了。而且，随着人工智能的飞速发展，计算机模拟的应用领域也越加广泛，人们不仅要用它来模拟事物的物质形态，还希望用它来模拟人类的心理状态，以此来探寻认知的本质。

---

① 弗洛伊德. 精神分析引论. 高觉敷译. 北京：商务印书馆，1984：217-226.

② 皮亚杰. 成功与理解. 陆有铨译. 济南：山东教育出版社，1989：286.

③ Newell A, Simon H. Heuristic problem solving: The next advance in operations research. Operations Research, 1958, 6：6.

其一，计算机模拟在认知生理学上应用广泛。用计算机模拟来了解心智的途径之一是对人类生理活动的模拟，其中包括对神经元活动和对脑活动的模拟。通过对神经元活动的模拟可以形成一种人造神经网的认知构架，即由互相连接的人造神经元构成的一个神经网。其主要特点是："内在并行性（非线性系统）、分布式信息存储、容错性、自适应性。"[①]对脑活动的模拟则是指，使用计算机来获取脑活动并扫描到计算机中，通过计算机的模拟和计算形成一些有关心智的认识。比如，多兰（R. Dolan）通过使用正电子成像术（PET）扫描识别在此过程期间呈现活跃状态的脑区域，从而获得这样的认知："当人们看到某人的脸表现出恐惧感时，他们也会变得恐惧。"[②]而后，网络联结主义的出现将神经元模拟和脑模拟联系起来，形成一种更具综合性、动态性的计算机模拟系统。

其二，计算机模拟也可以应用于认知心理学领域。在用计算机模拟神经元和人类大脑取得初步成就的同时，一些学者开始思索它在心理学上的作用。比如，普特南就将计算机同人类的心理状态联系在一起，在他看来，"人类心理状态就是大脑的计算状态，要理解它们就必须对神经学的具体内容进行抽象，就像我们编程序或使用计算机要对'硬件'进行抽象一样"[③]。这就是将人类的心理同计算机模拟（编程）联系起来的典型案例，而且它将人类的心理加以抽象。福多也认为，"既然心理加工是一种认知加工，我就不加证明地假设它还是一种计算加工，而且认知机制的典型功能就是对心理表征进行转换"[④]。福多这种从计算机科学角度来解释心智的说法，不仅从认知系统功能作用的差异角度说明了心理机制，也从不同的心理机制角度看到了认知研究的前景，即计算机模拟在认知心理学上的应用。

可以看出，上述认知方式都是以科学理性为中心来研究人、解释心智的，所以，可以归属于认知科学主义的范畴。而计算机模拟又以其"高精确性"和"强实践性"成为最受认知学者们欢迎的一种研究策略，它体现的是一种以小搏大的心智研究模式：小是说计算机模拟是一种特别专业、特别精细的技术；大是说它可以应用到任何领域，包括生物学、人类学、社会学、心理学、神经科学，甚至哲学。这一发展趋向既体现了科学方式在认知领域的融合，又是对认知哲学与科学技术相互关系的一种反思。

① 熊哲宏. 认知科学导论. 武汉：华中师范大学出版社，2002：186-190.
② Dolan R. Feeling the neurobiological self. Nature, 1999：401, 847-848.
③ 普特南. 美国半个世纪的哲学. 姚申海译. 现代外国哲学社会科学文摘，1998，2：28.
④ Fordor J A. The Modularity fo Mind. Cambridge：The MIT Press, 1983：12.

三、智能机自语境化认知的融合趋向

随着认知研究的逐步多元化和深入化，有关认知问题的争论比以往任何时期都更为激烈。认知究竟是以人为本还是以技术为先，即在探索心智奥秘时，我们是更看重自身的感觉还是要以科学理性为准？这正是人本主义和科学主义在认知领域的分歧所在，二者的对立地位在西方学界曾一度得到相当普遍的认可。一些学者甚至认为二者之间已难以找到共同语言，生物自然主义和行为主义、功能主义的对立就是明证。但是，还是有越来越多的学者在努力结合和超越二者，如提出"再语境论"的罗蒂，"他的虚无主义态度虽亦遭非议，但就关于超越两种思潮的主张来说，却在一定程度上表现出了认知研究的一种重要趋向"[①]。认知融合何以完成，对现有的认知模式应当进行怎样的变更，应当以何种认知模式来取代它？这是认知学者们一直在探讨和思考，而又一时难以达成共识的问题。

既然自语境化认知可以作为认知人本主义的研究趋向，而计算机模拟也可作为认知科学主义的研究趋向，那么是否可以将二者融合起来，构想出一种兼具二者优点的新认知模式呢？在这种理念的指引下，计算机自语境化认知模式产生了，它是以人的自语境化过程为模板，用计算机来模拟人的这种演化过程的一种认知策略。其实，除了行为主义者，主张"计算机行为模拟人类行为"论题的学者并不算多。学者们要么从一个单一的计算机模拟人类行为角度来探讨心智，如"图灵测试"是从语言角度来对计算机模拟人类行为进行思考的，福多的"心理模块"理论则是从计算机对人类行为过程的模拟角度来探索认知的；要么是一些纯理性的分析，如人工智能对心智的研究。那么，我们能否构建一个"计算机模拟人类行为"的模型呢？计算机自语境化策略就是对"计算机模拟人类行为"的一种哲学思考。

然而，用计算机模拟策略来研究认知的进路很多，比如，可以用纯计算方式来模拟人类大脑、进而获得认知知识，也可以选择用机器人模拟人类行为，从外在行为表征方面了解心智，还可以选择用计算机模拟人类的情绪，这是一种人类情感的直观研究方式。的确，这些进路都有助于我们获取心智知识，但是并不完善，因为它们都只能使我们了解心智的一个方面，或者是大脑计算属性，或者是人类行为表征，或者是人类情绪描述，那么有没有一个研究方案能

---

① 刘放桐. 新编现代西方哲学. 北京：人民出版社，2004：641.

涵盖计算机模拟认知的大部分内容，通过它我们可以对计算机模拟认知的大体步骤和演化历程有一个大体了解，并从中获取我们想要的认知知识呢？而智能机由于其内涵丰富且层次分明，成为取代计算机的一种较好的研究工具。

作为一种新型的认知研究策略，智能机自语境化的建构有着深刻的理论根源，它是纯粹心智与绝对物质的完美融合。它的意义主要体现在以下三个方面。

首先，智能机自语境化认知表征了一种新型的心物关系。以笛卡儿为代表的近代哲学家大都将心物视作两个相互独立的实体，这是二元论的典型特征。虽然部分现代哲学家已经在尽力排除这种二元分立的倾向，但他们的锋芒仅指向机械论、独断论和怀疑论，这又不可避免地走向另一个极端——贬低理性因素、夸大感性活动。而智能机自语境化认知方案既可避二元论之短又可扬二者联系之长。这是因为，我们在承认心物分离的同时也为二者建构了理性联系，而且在具体理性方式的选取上，智能机验证策略以一种强势的、趋向性的方式闯入我们的视野。与以往的"计算机模拟"策略不同的是，这验证方式规避了人工智能者常用的纯物质表征纯心灵策略，为理性表征心灵提供了一种新路向。

其次，智能机自语境化认知研究是人工智能研究的一种新突破。在人类文化发展的进程中，智能机文化日益凸现其重要地位。近年来，以人工智能为代表的新兴科学正以迅猛发展的态势强烈地改变着这个世界的面貌和历史进程，深刻地影响着我们的生活和思维方式；它在其他学科中汲取营养，反过来其研究成果又大大促进了这些学科的进一步发展。由此，人工智能的意义可见一斑，而"智能机能否思维"又是其中争论最激烈的论题。事实上，人工智能研究与智能机文化是有区别的，它只能算作智能机科学的一个分支，其目的不仅在于探索智能的实质，更是希望借此生产一种与人类智能有相似反应的机器；这种机器产生的可能性及产生后是否具有智能，这就是"智能机能否思维"的论题，它可以说是强人工智能和弱人工智能（人工智能研究的两大派别）的分水岭。"智能机能否产生思维"之类的人工智能问题的争论已在心灵哲学家中呈现出白热化的状态，以语境为基底将其重新统一、挖掘，对人工智能研究具有启迪性意义。

最后，在对人工智能产生意义的同时，"智能机思维语境化认知研究"不可避免地完善了语境思维解释模型的构建。语境论的滥觞是科学哲学研究的后现代走向，它吸收了语形、语义和语用分析各自的优点，借鉴了解释学和修辞学的方法论特征，具有超越特殊证据的横断性，是理性与境遇的统一。从这个角度来看，语境绝非一个单纯的、孤立的实体，而是一个具有复杂内在结构性的系统整体。语境从时间和空间的统一上整合了一切主体与对象、理论与经验。"智能机思维语境化研究"也不例外，它的语境并非是孤立的，是将人工智能、认知哲学、语言学、心理学、社会学等学科统一整合而成的一个共同基底。所以，对它的研究是全方位的。

第二节　认知研究中的假设—检验策略

发现始于问题，问题源于假设，这几乎已是一种公认的研究方式。无论是哲学思辨还是科学研究，大抵是依据这个模式发展而来的，即"假设—检验"模式。但是，假设并不是凭空捏造，而是一种基于事实的理论推想。智能机自语境化认知采用的是"假设（自语境化认知）—工具（智能机）—检验（用智能机检验自语境化认知）"的研究策略，而这种策略正是基于"假设—检验"这一颇具可行性的方式演变而来的，是它在认知领域的具体应用。

一、行检验之实的认知策略

从验证方式上来讲，要证明一个理论或观点合理与否通常有两种策略：理论验证和实践验证。具体到自语境化认知方案的验证上，也选取这两种验证方式：理论验证方式是融合相关的认知哲学方面的知识和理论来加以验证；实践验证方式是运用计算机模拟等人工智能方式加以验证，受本书属性所限，这里的人工智能知识也并非纯粹的计算机或人工智能方面的技术性知识，而是一种被升华到认知哲学层面的理论与实践相结合的知识。

其实，"假设—检验"方式在人工智能和认知哲学研究中很是常见，只是学者们很少将其提出，而仅一味地探讨"计算机模拟心灵""计算机造就心灵"，这就给自然主义者以攻击的口实：纯粹物理理性如何模拟甚至制造意识等感性？譬如，德雷福斯在为人工智能学派划界时，采取这样的分类方式，即"是要造就心灵还是要建造大脑模型"[①]，前一派试图用计算机来例示世界的形式表述，找出一个形式解构，以使计算机具备解决某一类问题或区分某些类型的模式的能力，它是哲学中的理性主义、还原论传统的继承者；后一派则试图用计算机模拟神经元的相互作用，主要是建造一个物理装置，或者在数字计算机上

---

① Dreyfus H L, Dreyfus S E. Making a mind versus modeling the brain, artificial intelligence back at a branchpoint // Boden M A. The Philosophy of Artificial Intelligence. New York: Oxford University Press, 1990: 309-333.

模拟这一装置，然后由该装置生成自己的能力，它将自己看作理想化的、整体论的神经科学。这里的计算机已经不同于单纯计算的机器，它已经在试图表征人类的智能了，因此，德雷福斯这里说的计算机都可以归于智能机的范畴[①]。从德雷福斯的分类中我们发现，前一派的"造就心灵"并非"造就"心灵，而是在用智能机来检验学者们预先设想的有关理性主义和还原论的问题，而后一派的"建造大脑"也并非真的在"造就"人脑，同样是在用智能机建造的物理装置来研究人类神经元的活动，而这种研究方式也是通过用智能机来验证人类有关神经元的设想。其实，德雷福斯自己也认可人工智能对认知和世界的检验作用，他曾说过，"人工智能就是试图寻找出主体（人或机器）中的逻辑关系及其二者的相互关系，从而映射出世界的本原"[②]，这也就是说，人工智能只是在计算机（智能机）和人、世界之间寻找共同之处，只要二者具备了这些相通点，就说明人类有关世界和人自身的预想是合理的，从而得出比较确证的、有关认知的知识。类似的例子不胜枚举，计算机（智能机）的生理学模拟其实是学者在利用计算机（智能机）来检验有关生理学的假设，计算机（智能机）的心理学模拟也是学者们运用计算机（智能机）方式来验证其心理学理论。

二、言模拟之名的认知策略

如果上述论证成立的话，那么强人工智能与弱人工智能之争岂不是已经消解了吗？因为并不存在"计算机能否造就心灵"的问题，计算机只是在验证人类有关心灵或意识方面的假设，而就这个观点来说，计算机是完全可以做到的，强、弱人工智能者也就不会为了"计算机能否思维"的问题而苦恼了。

但是，现在的认知界，尤其是认知科学界，大都采用一种模拟的认知策略，即用计算机来模拟人类心智。比如，人造神经网认知构架就是用相互连接的人造神经元来模拟人类的一个神经网。这个人造神经网构建由一组处理单元或节点、激活状态、联结模型、节点的激活规则、节点的输出功能和学习规则构成，

[①] 在认知学界，目前并无"智能机模拟"这样的提法，因此，这一部分还是采用"计算机模拟""计算机能否思维"等说法，这样便于理解。而且，既然学者们要探讨的是"计算机能否思维"问题，那么这种计算机就不可能是本书的"狭义数字计算机"，因为它根本无法思考。因此，学者们在提出"计算机能否思维"问题时就将计算机定义在一个较为广泛的范畴中了，类似于狭义数字计算机、行为机器和低阶意识机器的结合体。而且，从广义智能机的定义来看，智能机是一种较现有计算机更加多元的机器，所以，这里的计算机都可以被归结为智能机行列，以下皆同。

[②] Dreyfus H L, Dreyfus S E. Making a mind versus modeling the brain, artificial intelligence back at a branch-point // Boden M A. The Philosophy of Artificial Intelligence. New York：Oxford University Press, 1990：313.

其主要特点是："内在并行性（非线性系统）、分别式信息存储、容错性、自适应性"①。而且这种模拟策略是有理论渊源的。早在近代哲学那里，学者们就设想用计算机来模拟人类的认知和心灵状态。"直到 1943 年，姆克罗克和皮茨才较为系统地开创了计算机联想模拟的基础工作"②，他们揭示了大量神经元的巨大计算能力与相应的计算机模拟系统的思路。而霍普菲尔德在计算机模拟方面提供重要的证据支持，"他在有关神经网络及集成计算的研究中提供了一种解释联想计算的新方法，并带来了从事联系网络研究的工具"③。这些理论和证据说明，计算机模拟策略在认知研究中确实存在。但是，这种用理性行为来模拟感性的做法容易出现物质属性与意识概念不搭界的问题。

玛尔对计算机模拟心智的看法值得借鉴。通过对人工智能发展历程的回顾，玛尔提出"人工智能是在模仿还是探究"的认知问题④，在他看来，人工智能如果还将目光集中在"对心灵的模式"上，只会导致"一种没有启迪作用的、对人类行为方式的某个小方面的模仿而已……这样最终得到的将是一些不太像样的机制，我们唯一可以得知的就是：我们做不到的它们也做不到"⑤。也就是说，人工智能或认知研究的目光不能仅仅局限在模拟领域，而应当朝更加深入的方向发展，这就是探索，它应该是一个方向，而不是一个目标，也就是说，人工智能或计算机模拟应当引导我们走向通往心智奥秘的道路，而不仅仅是用它来简单地模拟。玛尔的这个观念使认知的研究策略更加明朗，不能直接用计算机来模拟心灵，应当模拟的是心灵方面的相关假设。这一研究策略有利于人们运用一种侧面迂回的方式来厘清"究竟什么是心灵""计算机到底能不能获得心灵"等问题。

三、机器思维中的检验策略

有关计算机能否产生心灵或计算机能否思维的问题，认知界一直以来都存在两种截然不同的观点：强人工智能和弱人工智能。它们争论的分歧点在于：计算机能否产生心灵。强人工智能者的纲领是：人类和计算机都是物理符号系

---

① 熊哲宏. 认知科学导论. 武汉：华中师范大学出版社，2002：186-190.
② McCulloch W S, Pitts W. A logical calculus of the ideas immanent in nervous activity. Bulletin of Mathematical Biophysics，1943，5：115-133.
③ Hopfield J J. Neural networks and physical systems with emergent collective computational ability. proceedings of the National Academy of Sciences，1982，79：2554-2558.
④ Marr D C. Artificial intelligence: a personal view. Artificial Intelligence，1977，9：37-48.
⑤ Ibid, 145.

统，计算机同样可以造就心灵。在强人工智能科学家看来，通过计算机可以模拟诸如意识、自我、思维①等感性因素，因此计算机可以思维。而弱人工智能者认为，计算机对心灵进行的只是模拟而非复制，人类永远不可能制造出能真正具有推理和解决问题的能力的智能机器，如果有类似的机器出现，那么这些机器也只不过是看起来像智能，但是绝不会有自主意识。这样，计算机能否产生心灵的问题就由此而生了。

其实，强人工智能和弱人工智能各有其合理之处。随着科学实验和人工智能的发展，人们越来越发现，计算机（智能机）会的越来越多了，它不仅会计算，还会进行与人类类似的行为，因此强人工智能者才如此坚持自己的观点；而弱人工智能者也没错，计算机进行的计算甚至说话、唱歌行为都只是被人类赋予的一种行为，也就是说，是人类为其设定了程序，它能做的仅是在人类指导下进行模拟行为。那么，既然二者说的都是事实，为何结论会有如此大的差异呢？究其原因，是由于二者都过于急躁，都基于将"计算机模拟"同"心灵"联系在一起，强人工智能如此，弱人工智能也如此。

强人工智能与弱人工智能之争在很大程度上是由于他们混淆了"计算机产生心灵"的问题。原因在于，"计算机能否产生心灵"并不是一个问题，而是由两个问题混合而成的：计算机模拟人类心灵（步骤1），计算机获得心灵（步骤2）。在强人工智能看来，计算机能够模拟心灵就说明它已经获得或将来能够获得心灵，但是弱人工智能者认为，计算机只是在模拟心灵，而心灵是一种独特的存在，计算机即使能够模拟的很像，但模拟不是复制。事实上，如果我们将这两个步骤分开讨论，我们就会发现，人类目前进行的只是前者，计算机能否获得心灵是在"计算机模拟到心灵"后才讨论的问题，强人工智能者过早地将二者融为一体，难怪会被弱人工智能者质疑。而弱人工智能者也过于绝对地否定了"模拟和获得"的关系，当计算机能够完全模拟人类心灵时，如何能够判定它无法获得心灵呢？如果依照塞尔或查尔莫斯的观点，即使计算机和人类的外在行为完全相似，我们也不能说它具有心灵，那么心灵不就成为一种高于行为、高于身体的特殊存在了么，那么这种观点是否有向二元论靠拢的嫌疑呢？

在步骤1中，计算机也未能模拟人类心灵。因为人类心灵是由情感、意志等感性因素构成的，这些因素摸不着、看不到，只能通过更加感性的"感觉"感知到，而计算机作为一种纯理性的存在如何能模拟它呢？所以，计算机对心

---

① 这里的思维包括无意识的思维（unconscious mind）。

灵的模拟其实是对由心灵指导的行为的模拟。我们在看计算机模拟心灵时，也是通过"计算机模拟—人类行为—心灵"这样一个过程来实现的。所以，我们可以摒弃"言（计算机）模拟之名，行（智能机）检验之实"的认知方法论，而采用名实相符的"假设—（智能机）验证"的认知方法论，这不仅于理相合，也便于实践分析和验证。

从这里可以看出，自语境化认知的智能机验证是一种较为合理可行的研究策略。首先，智能机自语境化认知是必要的，因为它代表了认知人本主义和认知科学主义共同的发展趋势和方向；其次，智能机自语境化认知选择的"假设—检验"策略也是认知科学和认知哲学中常用的研究策略，它规避了"理性模拟心灵"的缺陷，颇具可行性。

第五章

认知判定：自语境化认知的判定论证

自语境化认知假设是对主体认知的一种研究和判定，它从"人类思维"出发，对认知和思维进行了这样的界定：自主地融入语境并进行行为选择，而后将选择再反馈于人体，产生新的思维认知并指导自身的行为。那么，我们如何判定一种思维或行为是自语境化认知呢？或者说，自语境化认知需要遵循哪些判定依据呢？通过智能机又如何检验这些判定依据和假设是否合理呢？

第一节 自语境化认知的判定依据假设

要建立一种合乎认知研究规范的新方案，单单对其内涵有所了解是不够的。需要知其然，还要知其所以然。也就是说，在对自语境化认知概念有所了解的基础上，还需要知道为什么会说这种认知或思维就是"自语境化认知"。它是有什么可以被依循的标准，还是可以鉴别的特征呢？

一、自语境化认知的三个判定依据

这一节的主要内容就是为自语境化判定标准立据。同对自语境化内涵的阐释一样，对自语境化标准的解构也是假设性的。这是因为这种标准的界定只能依据现有的经验做出推测，但经验是不可能穷尽的，所以依据经验而得到的理论只能是一种假设。结合自语境化内涵的案例阐释，还是选择"闪电"为例来推测自语境化的判定标准。

自语境化认知是一种以"自主性"为根本，以"语境化"为基底的"思维—行为—思维"过程。要确定自语境化的判定标准，还需要从其内涵出发来加以研究：行为主体能够自主地融入语境，在感知\接收到新信息时，依据自身内部状态和外部刺激及时地从一组"可能行为候选集"中选择出最适合 / 最喜欢或依据其他原则进行的行为响应过程。进一步分析，自语境化认知是由以下步骤组成的。

步骤一，接收刺激。行为主体感知 / 接收到新信息或刺激。人们"看到闪电、听到打雷"是在接收新信息，而获得有关闪电的知识也是在接收新信息，如认为这些是"雷公电母所致"，或者是"宙斯发怒"，又或者是一种"自然现象"等。

步骤二，自主搜寻。依据自身状态（内在语境）和外部情况（外在语境），行为主体开始自主地寻找与感知信息相对应的解决方案。在一些宗教崇拜者的眼中，闪电就是由天上的"神仙"引起的，在道教中，它是电母"要施云部雨或者惩罚坏人"而进行的活动，在基督教中，这个神仙就换成了"宙斯"，它是宙斯抛出的神剑；而在进行科学研究的学者眼中，闪电就只是一种自然现象，它是正负电荷彼此吸引且克服空气障碍而连接上的一种放电现象。这两种差异是人类内在语境和外在语境共同作用的结果，即使大部分人都相信"闪电是电母创造的"，也还是会有例外，这些例外就是"人的自主性"起作用的缘故；即使在基督教盛行的年代，也还是有人不相信这些传说，如被宗教烈火烧死的布鲁诺。这些"异类"都是运用自己的"自主能动性"对现有的信息进行寻找并产生响应行为的。

步骤三，组成集合。这些解决方案组成行为主体的一组"行动可能候选集"。在宗教崇拜的国家中，这些人会组成一些"可能行为候选集"，如等待下雨，期望恶人被惩罚，或者将被闪电烧焦的地方当作圣地，用篱笆围起来，甚至派兵驻守以确保过往行人对此表示敬意。而在一些有探索精神的人那里，他们就会从现实出发来揭示闪电的奥秘，他们会做许多工作来完成这个过程，这就是"可能行为候选集"。

步骤四，自主选择。行为主体从这一组"可能行为候选集"中进行自主选择，这个选择有可能是最恰当的，也可能是行为主体最喜欢的，还有一些别的可能。比如，在宗教崇拜的国家中，不同的人也会依据自身的情况进行不同的选择，在中国只是一种"期望老天保佑或惩戒"的信念，而在西方则可能将"闪电烧焦的地方保护起来"，这也是一种"自主选择"，只是这种"自主选择"是一种集体意识的自主选择，若论个人则无这种自主选择。而在布鲁诺那里，他的"探索""求真"的心理促使他不惜舍身而取真，他自然就不会相信"闪电是宙斯在笑"，这是他的自身选择。

步骤五，做出行为。行为主体依据自己的选择做出响应的行为，用以回应最初的感知和刺激。可以看出，无论是宗教崇拜的人们，还是求真探索的布鲁诺，都已经用自身的行为回应了最初的感知和信息。

从这些步骤出发，可以更加清楚地看到，自语境化其实由两个层面的内容构成，也就是说，一个事物如果要自语境化，那它必须满足两个条件：其一，这个行为主体要能够完成"从获取信息到做出行为响应"的一系列过程，这是一种物理表征；其二，这个过程必须是自主的，这是心理表征。据此，可以得出自语境化的两个标准：符合"行为响应模式"和完成自主行为。

首先，自语境化认知的第一个判定标准是它必须能够执行"行为响应模式"。"行为响应模式"是指，行为主体在接收到新信息／刺激时，能够从自身条件出发，找到符合这一信息／刺激的响应对策，并做出最恰当／最喜欢或其他的行为回应。具体解析如下：

步骤一，接收刺激。行为主体接收到新信息／刺激（对应于自语境化的"步骤一"）；

步骤二，找到方案。行为主体找到对应的解决方案（对应于自语境化的"步骤三"）；

步骤三，做出行为。行为主体依据方案做出行为（对应于自语境化的"步骤五"）。

其次，自语境化认知的第二个判定标准是，行为主义的行为响应模式必须是自主的。也就是说，它要能够进行"自主行为选择"。从自语境化认知的过程步骤来看，它需要满足两个条件。一方面，行为主体是依据内在语境和外在语境来寻找"可能行为候选集"的，在对这些依据（内在语境和外在语境）的选择上，行为主体必须是有自主性的（对应于自语境化的"步骤二"）。另一方面，行为主体在从"行动可能候选集"中进行选择时，这个选择必须是有自主意识的（对应于自语境化的"步骤四"）。

最后，当一个事物满足了上述两个标准时，还不能认为它就具有了自语境化思维，还必须具备自语境化思维的一系列特征，这是判定一个事物是否能够自语境化的又一个标准。

从自语境化的定义出发，可以发现，自语境化认知观反映的是人类认识世界和自身的一种方式，这种不同于其他认知方案的新进路有其独有的特质，而对于这些特征的研究也便于人们更深入地认识和理解这种认知新进路。

自语境化认知观是基于语境化认知观发展而来的，所以，它延续了语境化认知的五种特征："本体论性、认识论性、方法论性、终极性"[1]和综合性。具体表现在，无论是自语境化思维认知还是语境化认知，其认知主体（人类）与认知客体（自然界、人类社会、人类自身）都是客观实在的，而且认知主体与客体间的认知关系也是客体存在的，这是本体论性的体现；其次，二者所表现的都是人类认识世界与自身的一种方式，这是二者的认识论性特征；同时，二者采用的都是内在主义与外在主义相结合的双透视认知进路，具体运用经验—理性的认知方式，这是方法论性的体现；而这两种认知方式区别于其他认知方法的最根本特征是其终极性，它们是源于语境又止于语境的两种认知进路，人类的任何认知都不会超过其所认知的环境，这一特征可避免认知陷入无限循环的困境；而且，这两种认知方式涵盖了日常认知现象的整个范围，既适用于哲学认知领域，又适用于人工智能、心理学、语言学等认知领域，具有综合性、包罗万象的特征。

在此基础上，自语境化认知进路又具有一些不同于语境化认知方式的新特征。

第一，自主性。当看到闪电时，人们无法解释这种现象，就会萌生一些自我意识，一些人害怕，选择了逃避；另一些人则进行了假设，尤其是当它引起大火时，他们就会想这是不是天神震怒要惩处世人，于是产生了宗教崇拜，这是由一些人的自主意识而引起的一种集体自主意识。而在布鲁诺那里，这种自主性就很明显地表现出来了，他宁可被烧死也不屈服于自己不相信的理念的态度是自主能动性的最佳表征。

第二，目的性。但是，自语境化认知中的"自主性"并不是盲目的，它是依据一定的目标而产生的"自主融入语境性"。比如，"闪电崇拜"是为了避免触怒天神，"将闪电看作自然现象"是为了更好地接近科学和真理，而"制造闪电"的某种目的则是为了造福人类。再比如，"在我们需要与其他人沟通时，语言产生了"，在这里，语言是基于某种目的——与人沟通而产生的。有目的的思

---

[1] 魏屹东在《广义语境中的科学》一书中阐述了语境化认知特征：本体论性、认识论性、方法论性、终极性等，详见：魏屹东. 广义语境中的科学. 北京：科学出版社，2004：172-174.

考其实就是对事物意义的探索，所以，目的性是自语境化思维认知的前提和保障，是它的根本特征之一。

第三，选择性。布鲁诺在"宗教崇拜"和"追求真理"之间肯定作出了选择，这就是自语境化认知中选择性的最突出表现。而在具体过程中，选择性也时时存在，"制造闪电"就是制造电，在这个过程中，研究者需要对不同的材料进行选择和试错，直至发现最可靠、最可行的方案。如前所述，自语境化思维认知是理性思维和实际行为共同形成的结果，没有选择就没有行动，自主性和目的性也就无法体现。

第四，言语性。有了选择，就需要通过某种方式将这种选择释放出去、表现出来，这种表现媒介就是行动和语言。语言是人类最鲜明的一种方式，它包括口头语言和行为语言，而自语境化认知是目前认知的最高形式，二者的融合是必然的。宣传"闪电是天神的震怒"需要语言，坚持"科学为真"也离不开语言，记录"制造闪电的过程"更加需要语言。只有拥有语言，一个事物才具备自语境化的最基本要求。

第五，不确定性。既然人类能够选择，能够自主地选择，那么这种选择就带有很大的不确定性或灵活性，不确定性成为人类能够自我选择的一个表征、一个结果。换句话说，不确定性是选择这种心理状态的外在表征，它不是教条式的、也不是唯一的。行为主体在进行选择时并不会遵循某一个确定的规则，这就是自语境化认知在提到"行为主体会选择出最适合／最喜欢或别的行为响应"时所涉及的内容，因为这种可选择的响应性行为太多了，而每一种都可能对人的认识造成影响，也可能使人更加深入地认识这个世界，所以不确定的情况就出现了。比如，同样看到闪电，一些人会逃避，一些人会崇拜，还有一些人会深入研究。

第六，历史性。自语境化思维认知方式的形成如同自主性能力的增长一样都是需要时间的，如制造工具防御野兽、种粮食抵抗饥饿，这些能力都不是大自然直接赐予我们的，而是在自然给予我们"自主性"能力的基础上发展而来的。同样，我们并不是一开始就认为"闪电是上帝在笑"，也不是一开始就会为了追求自己的信仰而抛头颅洒热血，更不是一开始就妄图创造只有"上帝"才能制造的闪电，这是一个过程，是历史积淀的结果。

第七，渐进性。渐进性同历史性是分不开的，历史是时间的长河，渐进就是"小溪流向大海"的方向，是向前的、上升的。就如人们对闪电的认识一样，它也是一个阶段一个阶段发展而来的。正因为闪电起火烧死动物和人，人类才会产生对闪电的恐惧并进而躲避它，也正是这种害怕的情绪才导致人类崇拜它，而后，随着自然科学的兴起和人类思想的觉醒，这种崇拜变成探索和研究，从而使人们真正发掘闪电的奥秘并致富于人类。这是一个进步的阶梯式的过程。

第八，实践性。这是自语境化思维认知最重要、最实用的特性，也是合理思维方式——有形可检的重要体现。人们对闪电的认识决定了人们的行为方式，当人们对闪电是宗教崇拜时，就会敬畏、害怕闪电，而当人们将闪电当作一种自然现象时，就会用更加科学、更加理性的方式来对待它。这就是理念之于行为的重要性，也是认知实践性的具体表征。

当然，上述特征并没有涵盖自语境化的所有特征，但这都是自语境化的一般特征，也是自语境化最基本、最重要的特征，如果一种认知形式连这种特征都不具备的话，那么它肯定不能算作一种自语境化认知。如上所述，自语境化的特征有十三个，同语境化认知相一致的有五个：本体论性、认识论性、方法论性、终极性和综合性；还有自语境化思维独有的八个特性：自主性、目的性、选择性、言语性、不确定性、历史性、渐进性和实践性。由于我们要探讨的是一个事物能否自语境化，所以我们只需要看它是否符合自语境化独有的特征就可以了。而在自语境化独有的八个特征中，"自主性"特征是自语境化第二个标准中单独讨论的，所以，这里只要一个事物符合自语境化的其余七个特征：目的性、选择性、言语性、不确定性、历史性、渐进性和实践性，我们就可以说它具备了自语境化的可能性。

二、自语境化认知判定依据的理论溯源

任何假设都是有理论渊源的，自语境化认知判定也不例外。同样，为自语境化认知的判定依据寻找理论依据，是决定自语境化认知何以判定的思想基础。

自语境化过程总体包括两个方面：首先要能够进行"行为响应"，其次，这种行为响应要是一种自主性的活动。通过对历代哲学和认知思想的剖析，我们发现，认知行为千差万别，认知过程千姿百态，但是任何高级认知行为都是由这两个过程组成的。

"我思故我在"不仅是笛卡儿二元论哲学的基石，也是人的认知发展的起点。在这一观点中，人类的认知可以解析为"行为"和"自主性"两个部分。由于这是一个典型的二元论观点，所以从这个观点出发我们就可以对物质和精神、形体和心灵进行明确的区分。外在的物质、形体所形成的过程无疑是一种

"行为响应"过程，而内在的精神和心灵所引导的就是人类指导行为的一种"自主性"。然而，笛卡儿将物质和精神、形体和心灵完全对立的观点也使他的认知观念局限于一种分离的状态中，无法获得"身心合一"的认识。笛卡儿的这种思想影响着近代哲学和认知思想的发展，莱布尼茨认知理论是一种基于"天赋原则"的逐步发生的过程，而这种过程除了先天的心灵（自主性）因素外，还有后天的行为过程。休谟将人类的感觉和知觉等感性因素归结为经验，在他看来，认知仅仅源于经验，而经验就是人类的行为过程，这也就是说，心灵源于行为。

康德是近代哲学的集大成者，他对认知也有自己独到的见解。在康德之前，唯理论与经验论大都是围绕"人的认识是怎样产生的"的问题展开争论。而康德看到了二者的片面性：经验论虽然肯定人的感觉经验，但却否认理性思维的重要性；唯理论则相反，二者都割裂了认识主体与客体的关系，因而都不能解开认识产生之谜。在这里，认知的主体就是人类的心灵，也就是人类自主认识自然界、人类社会、人类自身的能动性，即自主能动性；而认知客体就是认识主体的认识对象，即认识主体作用于认识对象的一种行为反馈。他的"人为自然立法"就是在强调"自我"在认识自然过程中的重要意义；而"人在为自然立法的过程就是受自然影响而后反馈于自然的过程"[1]。

孔狄亚克则明确区分了三者与感觉相关的事实："a 我们所感受的知觉；b 我们将知觉和我们身外的某个事物所建立的联系；c 我们所联系到事物上去的，实际上是属于事物本身的判断"[2]。感觉就是人类的纯心灵、感性的因素，是一种自主性。而上述三种事实是人类在进行行为活动时产生的同认识对象的一种联系，这种联系并不是感觉，就如我们在看到雷电引起火灾时躲避的知觉一样，它只是一种自然反应，而在孔狄亚克那里，这种"躲避知觉"只是"雷电起火"本身的一种判断。

波普尔是语境论的倡导者之一，他的"三个世界"理论更是将"人类自主性"同"外在世界"联系起来的一个典型例证。他认为世界是多元的，至少包含三个子世界：物理世界（世界1），即宇宙中的一切物理事件、过程及状态；精神世界（世界2），即各种心理、感性、认识活动；知识世界（世界3），即一切见诸客观物质的精神产品，如书籍、雕像等。这三个世界虽然泾渭分明，但并非没有联系，这个联系就是认知。世界1为人类认知提供了对象，世界2是

① 康德. 纯粹理性批判. 邓晓芒译. 北京：商务印书馆，2002：34.
② 孔狄亚克. 人类知识起源论. 洪丕柱译. 北京：商务印书馆，1997：20-21.

认知的主体和中介，而世界 3 是世界 2 对世界 1 的认知结果。从波普尔的"三个世界"理论中，我们能够发现，这三个世界是一个相互关联的系统，其中既突出了人作为主体意识的认知作用，又可见认知的作用过程和结果，"正如我们的意义世界和意识相关一样，意识和正在采取行动的单个有机体的行为相关。而单个有机体的行为同样和它的身体相关。我们的意识状态同样和我们的行为相关。意识状态预期我们的行为，通过试错估计行为可能产生的后果，因此，意识状态可以通过深思熟虑的试验来控制有机体的行为"[①]。而"有机体行为"就是在进行"行为响应"，意识就是"自主能动性"，这正是自语境化过程所包含的两个阶段，而波普尔有意将二者结合起来，形成自己独特的认知观念。

对于前人的这些观点，需要重视和深入研究。既不能不加辩驳地继承，也不能一味地反对，需要始终保持一种批判地继承的态度来看待这些观点。为此，通过对前人观点地深入挖掘，并结合当今的现实提出一些新的见解，即自语境化认知。

自语境化认知过程有八个自身独有的特征，这些是自语境化认知与生俱来的标志，而这些特征的选择也是有理论根据的。

第一，自语境化认知自主性特征的理论溯源。康德认为，"应该蕴涵能够"（Ought Implies Can）——理性的个人，想要成为一个有道德的人，就必须具有一种有意识的选择自由，这是所谓的康德法则。在他看来，"自主性能力是大自然赐予的，大自然只是如后母般地为我们准备了达到我们的目的所必需的能力"[②]。在自语境化认知中，环境被设想为不断变化并积极影响人类思维的一种基底，而人类的"自主性"又成为人与环境的相互关系中唯一的可控要素，所以自主性成为自语境化思维认知的最根本特征。塞尔始终坚信自主意愿在认知活动中的重要性，"正是对于意愿性行为的体验，才给予了我们对于自己自主认知的坚定信念"[③]。这种意愿性就是人类的自主性。通过它，我们可以把认知客体的状态告知认知主体，从而对认知主体和客体都产生一定程度的影响；通过它，我们的认知思维能力才能由低级向高级发展，最终认识世界、认识自身。

第二，自语境化认知目的性特征的理论溯源。从发生学角度来看，目的性是指发端于行为之前，指导其操作方向，并预先设定了可能行动效果轮廓的一种现象，它是人类自主行为的一个前提条件。没有目标，就没有努力方向和前

---

① 卡尔·波普尔. 客观知识. 舒炜光等译. 上海，上海译文出版社，1987：243.
② 康德. 实践理性批判. 邓晓芒译. 北京：人民出版社，2003：200.
③ Searle J. Mind: A Brief Introduction：Oxford：Oxford University Press，2004：99.

进动力，认知也就无从谈起；没有目标，人类就只能被环境支配，没有主观能动性；没有目标，社会就不会发展，人类也不会进步。德雷福思认为"人类智能（认知）必须受到有机体中目的和有机体从当前文化中获得的目标的驱动和导向"[①]，而本格则将目的性作为认知发生模式的最高级别。胡塞尔也认为，"一个有可能界定事物意识的规则本质上是一种预先刻画了类型的规则"[②]，他十分重视目标导向（目的性）在人类思维和认知中的重要作用。从这些学者的观点中可以看出，在一个认知过程中，目的性是认知的出发点和归属处。

第三，自语境化认知选择特征的理论溯源。这种特征是由思维造就的、人类独有的特征。人因为有了思维，所以才能选择，也正因为有了选择，才会有欢喜、烦恼、幸福、痛苦等情感状态。正是因为人类有自主性，我们才有了自主进行选择的权利，正是因为有了目的性，我们才有了朝向目的导向的选择，才有了选择成功后的喜悦和失败后求之不得的痛苦。正如塞尔所言，"最佳抉择总是事实推理在冲突愿望中做出的"[③]。所以说，选择性是自主性和目的性的行动体现，是自语境化思维认知的表现特征。

第四，自语境化认知言语性特征的理论溯源。海德格尔曾指出，"人作为一种生命体，它的存在就本质而言是由能说话来规定的"[④]。这是对语言的最高评价，它决定了人的生存本质，是人之为人的条件。语言在很多方面具有重要的作用，伽达默尔曾诠释过语言在交流中的重要作用，"语言是理解本身得以实现的普遍媒介……一切理解都是解释，一切解释都通过语言媒介发生作用，同时这种语言又会成为解释自己的平台"[⑤]。自语境化是人类思维同行为相互统一的过程，其中必须有一个中介，语言就可以起到这种中介作用，"在这个人类世界中，言语的能力占据了中心的位置"[⑥]。由此，语言的重要性可见一斑，它是思维存在于世界的一种表现方式，是世界构成的无所不在的形式，是自主选择和认识世界的必备工具，是自语境化得以表征的一个重要特征。

第五，自语境化认知不确定性特征的理论溯源。这种特征最诗意的表述是，"一只南美洲亚马逊河流域热带雨林中的蝴蝶，偶尔扇动几下翅膀，就可以在

① Dreyfus H L，Dreyfus S E. Making a mind versus modeling the brain, artificial intelligence back at a branch-point // Boden M A. The Philosophy of Artificial Intelligence. New York：Oxford University Press，1990：322-326.

② Husserl E. Cartesian Meditations. Cairns D，trans. The Hague，Nijhoff，1960：45.

③ Searle J. Minds, Brains and Science. New York：Harvard University Press，1984：65.

④ 海德格尔. 存在与时间. 陈嘉映，王庆节译. 北京：生活·读书·新知三联书店，1987：43.

⑤ Gadamer H. Truth and Method. Weinsheimer J，Donald G M，trans. London：Continuum，2003：441.

⑥ 恩卡西尔. 人论. 甘阳译. 上海：上海译文出版社，1985：143.

两周以后引起美国得克萨斯州的一场龙卷风"，这就是蝴蝶效应，它从气象学的角度对选择和结果进行了最好的诠释。自语境化的这种特性是选择的必然结果，是我们每天都会面临的情况。同一个人在面对不同的事、不同的语境时，会采取不同的行动；不同的人在面对同一件事、同一个语境时，也会有不同的反应和行为。或许就是看到了世间万物的多元性、人性的复杂性、选择的不确定性，才有了维特根斯坦前后期巨大的思想转变，才由前期的重视逻辑规则转向了后期对日常生活的看重①。

第六，自语境化认知历史性特征的理论溯源。如康德所述，大自然只是如后母般地为我们准备了达到我们目的所必需的能力，然而，就是这种必需的能力也不是一蹴而就的，而是通过时间和实践的洗礼一步步发展而来的。自语境化认知的形成是一个漫长的时期，它本身也是需要时间的：首先要确定认知客体，而后通过自身经验作出反应，回馈于认知对象，最后通过实践检验自身认知的合理性，这个过程有可能用时很少，但有可能用时很长，时间是其中不可或缺的支撑力量。海德格尔认为思维认知具有时间性或历史性，提出"前有"、"前见"和"前设"；而伽达默尔则将"'历史性'看作构成我们全部体验力的最初直接性"②。所以自语境化思维认知是历史性的。

第七，自语境化认知渐进性特征的理论溯源。自语境化思维认知的渐进性有两种含义：一种是向前、上升的发展性，另一种是发展过程中的阶段性。拉兹洛曾说过，"这样一个结构赋予经验的逻辑的一致性，使人们用演绎的说服力来思考经验，使经验的观念不再表明偶然的相关关系"③。这就表明，渐进性是一个必然的过程，正如人类思维从无到有、从低级到高级的进化一样，而每一个进化都伴随着阶段的更替，这是认知发展的必经过程。

第八，自语境化认知实践性特征的理论溯源。怀特海将真看作一种实践，而这种过程是一个"从状态到状态生长的过程，是一个整合和再整合的过程"④。在这里，实践成为确定人类判定事物的一项依据。马克思虽然充分强调了实践的意义，将实践当作检验真理的唯一标准，但这也表明了实践在人类发展中的重要意义。认知亦然，它的最根本目的就是要应用于现实生活，进而指导人类的思想和行为。自语境化作为一种新型认知方式，它的目的就是要指导人们的

---

① 维特根斯坦. 逻辑哲学论. 郭英译. 北京：商务印书馆，1996；维特根斯坦. 哲学研究. 汤潮译. 北京：生活·读书·新知三联书店；1992.
② Gadamer H. Truth and Method. Weinsheimer J, Donald G M, trans. London：Continuum，2003；299.
③ 欧文·拉兹洛. 系统、结构和经验. 李创同译. 上海：上海译文出版社，1987；83.
④ 怀特海. 过程与实在. 杨富斌译. 北京：中国城市出版社，2003；512.

日常生活、科学研究等。比如，通过自语境化认知，我们能够更深入地了解人类与环境的关系，了解思维在这一关系中的作用，即人类的思维是环境和人类自主性双重作用的结果。

任何理论都是基于先人理论而获得的些微认识，所以为一个假设或猜测寻找理论根源是一个理论发现和成熟的必经之路。通过这些分析，所有的这些认识又可以汇聚成一股力量影响后来人，使后来人获得其所需要的新认识。

第二节 自语境化认知判定的智能机验证

自语境化认知判定依据假设是：当一种思维方式或一种行为符合"自主性""行为响应"和一些独有特质时，我们就可以说这种思维或者行为是一种自语境化认知。假设要成为一种具有可行性的理论，就需要检验，而检验工具就是智能机。智能机包括四种类型：狭义数字计算机、单纯行为机器、低阶意识机器和高阶情感机。那么，自语境化认知的判定也应当以这四种类型为主体，即看看狭义数字计算机、单纯行为机器、低阶意识机器和高阶情感机哪些机器符合自语境化认知标准。举例而言，如果被定义为只能单纯计算的狭义数字计算机，却具备自语境化认知的三个标准，那么就说明自语境化认知是不合理的；因为自语境化认知是界定能否思维的一个标准，但是狭义数字计算机根本无法思维却符合自语境化认知的判定依据，如果不是狭义计算机的定义有误，就只能是自语境化认知的判定有误了。再比如，如果被定义为具有高阶情感意识的高阶情感机，却不符合自语境化认知的三个标准，那么也说明自语境化认知是不合理的；因为能够表现出情感的机器一定是能够思维的，但是高阶情感机却没有达到一个（自语境化认知）思维的标准，也只能说是自语境化认知有误了。如果狭义数字计算机、单纯行为机器、低阶意识机器和高阶情感机的自语境化认知状况同它自身的内涵是一致的，那么就可以初步认定，自语境化认知的判定依据是有道理的。

一、狭义数字计算机的自语境化认知判定

狭义数字计算机自语境化就是指，数字计算机要能够依据自身条件自主地融入语境，并从语境中获取相应信息，得出一组"可能行为候选集"，而后选择出最适合的行为响应。

看狭义数字计算机能否自语境化，就要看它是否符合自语境化的三个标准：是否能够进行"行为响应模式"，这个行为是不是自主发生的，是否符合自语境化的七个特征（目的性、选择性、灵活性、语言性、历史性、渐进性和实践性）。只要狭义数字计算机能够满足这些条件，就可以认为它具有自语境化认知，反之则不能。

首先，狭义数字计算机能否完成"行为响应模式"。

如前所述，这里的数字计算机是狭义的数字计算机，即只能进行数字计算、以计算为宗的机器。它的制造原理是冯·诺依曼的"冯氏计算机"："有一个单一中央处理单元，它被"记忆"存储器所包围；每条数据和每条程序指令在每个存储器中有一个具体表征和一个唯一的位置或地址；每条数据和每条指令必须在这个机器的某部分的某些物理状态中被具体地和单个地表征"①。

从数字计算机的工作原理出发，一些学者可能会认为，狭义数字计算机可以完成"行为响应模式"。在他们看来，狭义数字计算机接收到外部新信息，而后进入被存储器包围的中央处理器，中央处理器依据自身的数据和程序对这些信息进行选择，之后发出相应的信息，这本身就是一个"行为响应模式"。因为它符合行为响应模式的所有规则和步骤。举例来说，我们向一台狭义数字计算机输入"1+1=？"的信息，这台机器的中央处理器会选择这台计算机中合适的程序（阿拉伯数字加法程序）来对这个信息进行加工，而后得出"2"这样一个答案。在这个操作过程中，狭义数字计算机的操作模式如下。

步骤一：外界向计算机输入了问题"1+1=？"。这个问题就相当于外界向计算机输入的新资料和信息。

步骤二：狭义数字计算机接收了"1+1=？"问题（计算机的"接收刺激"环节）。

步骤三："1+1=？"问题进入狭义数字计算机的存储器和中央处理器单元中，数字计算机将这一问题转化为可为计算机识别的代码（计算机的"转化成编码"环节）。

步骤四：依据"1+1=？"问题的计算机可识别代码，中央处理器会选择合适的程序编码来加以解决（计算机的"搜索程序、输出编码"环节）。

步骤五：依据程序编码，计算机将其转化为可为人类接收的符号（计算机的"转化成符号"环节）。

---

① 魏屹东. 认知科学哲学导论. 上海：科技教育出版社，2006：110.

步骤六：在显示屏上显示结果 2（计算机"输出结果"环节）。

在这里，狭义数字计算机从接收信息到输出结果，确实是依据自身的情况（程序）做出了最恰当的行为响应"1+1=2"。那么，我们是否就能够说数字计算机完成了"行为响应模式"呢？

诚然，狭义数字计算机确实能够进行相应的数字化输入和输出，这是谁都无法否认的，因为数字计算机的制作原理就是如此，依据不同的数字输入计算相应的结果。但是，我们要注意的是，这里的数字计算机只是狭义的数字计算机，也就是说，它除了单纯的计算之外再无其他。就如同人类大脑的神经元活动，它们只是在进行单纯的神经元操作，并没有表达任何思想。在对数字计算机和行为机器的分类中，已经将计算和行为这两种活动进行明确的分类而且详述缘由。也就是说，计算机对"1+1=？"的问题的解答是需要分开处理的，单纯的计算只是"计算机内部接收信息、转化编码、搜索程序和输出编码"的过程，是计算机内部的一种不包含任何含义的"运算"而已。

行为响应模式最基本的内容是"行为"，也就是说，这台机器或一个行为主体要能够进行"具体的行为操作"。从广义上来讲，数字程序的输入和输出也可以算作行为，但从狭义上来讲，我们通常说的"行为"是指主体进行的可视的、有实际含义的操作。而我们在定义数字计算机时就已经说过，这里的数字计算机是狭义的数字计算机，那么相对地，行为也不应该是广义的行为，而应该是狭义上的行为操作。所以，数字计算机并不能进行如上述学者所说的"行为响应模式"。

如果我们按照广义的计算机来说，那么人也算是计算机的一种；如果我们按照广义的行为来说，大脑中的"空想""幻想"也可以算是行为，这样一来，我们就无法讨论机器和人的差异、程序操作和思维的差异、数字输入输出和行为动作的差异，因为一切已经混为一谈。

其次，狭义数字计算机能否完成"自主"行为。

答案也是否定的。这是因为狭义的数字计算机无法完成"行为响应模式"，也就是说，它的操作只是一种形式化或者数字化的操作，并不是行为，那么它就更不可能完成"自主"行为了。即使狭义数字计算机的操作可以算作是行为，那么这种行为能是"自主"的吗？答案还是不能。原因有以下两点。

一方面，从自语境化的"步骤二"来看，狭义数字计算机无法实现"自主搜寻"。当人类接收到刺激时，可以依据自身的状况和外部情况来自主选择与此相关的数据。比如，当我们接收到"写一本书"的信息刺激时，我们首先要选题,那么就会着重分析自身的情况和外部的环境,我们会对这些内容进行自主筛选,如我是学什么专业的、我擅长写什么内容、我对哪些内容感兴趣、社会现在需要什么方面的知识等,都可以作为著作题目选取的标准,这是灵活多变的。而计算机则不同,它选择哪方面的内容是早已被规定好了的,或者说不能叫作"选择",应该叫作"执行",它只是在执行程序员(人类)的命令,是无法自我搜寻任何相关知识的。

另一方面,从自语境化认知的"步骤四"来看,狭义数字计算机无法实现"自主选择"。当人类有了一个"行动候选集"后,人类能够自主地从中选择某一行为,但是数字计算机不行。还以"写一本书"为例,当人类有一系列的行动候选集(擅长什么、需要什么、喜欢什么)后,人类可以进行自主选择,也许这个选择在别人看来是不恰当的、不符合实际的,但是这并不妨碍当事人的自主意识。但是,狭义数字计算机就不同,它的选择是事先早已被程序规定好了的,它没有自主选择的权利。

最后,狭义数字计算机是否符合自语境化认知的特征。对于这个问题,我们需要逐一分析。

(一)狭义数字计算机是否有自主性

从大的方面来说,数字计算机制造出来就是为了解决人类的计算问题,让计算更加便捷、快速,这是大目的。从小的方面来讲,数字计算机中的每一个程序都是为了解决某类特定的问题而设的,这是小目的。这样看来,数字计算机也可以算作是有目的的。

但是,我们还需强调的是,这个目的并不是数字计算机的目的,而是人的目的。人的目的是自主的,这种目的性更应该被称为意向。塞尔曾说过,"那种对行动的结构和行动的说明都是必不可少的因果关系就是意向"[①]。由此可见,意向是联系行动和行动原因的一个媒介,只有通过它,思维和行为才能统一起来。从大的方面来讲,数字计算机的大目的是为了使计算更快速,其实是人类希望能够快速计算而设计了数字计算机,这是人类的意向;从小的方面来讲,每一个程序都是程序员为了解决某一类问题而设计的,并不是数字计算机自主的目的,这也是人类的意向。所以,归根到底,数字计算机的目的只是一种被动的趋向而已,并不能算作它本身的目的性。

---

① Searle J. Minds, Brains and Science. New York: Harvard University Press, 1984: 64.

（二）狭义数字计算机是否有选择性

就计算机本身而言，狭义数字计算机的问题和程序是一一对应的，就比如"1+1=？"这个问题，在计算机内部并不需要一组"可能行为候选集"：这个算式是乘法、减法，还是加法？中央处理器只会根据这个信息来选取唯一相对应的程序来解决它，这里没有所谓的选择。而选择对人来说至关重要。从我们的日常经验出发，在什么情况下，人类是不用选择的：其一，没有候选项；其二，我们无法思考。如果当我们进行一件事情时，没有其他候选项，那么这个行为一定是被动的，是被"唯一的候选项"所支配的，这样我们就不能自主。然而，人类与计算机不同的是，我们生活在一个繁复多样的语境中，任何时候我们都可以选择，即使是面对死亡，我们也可以选择是笑着还是板着脸。所以，当我们不用选择时，唯一的可能就是我们不能思考了，无法通过自己的思维进行自主的融入语境的活动了，这时的我们同样不是自主的，而是被动的。数字计算机就处于这种没有选择的情境中，所以它是被动的。

或许有人会说，是因为计算"1+1=2"这样的程序太简单了，所以才没有选项，相对复杂一些的程序是有选择项的。比如，在深蓝与国际大师卡斯帕罗夫的交战中，深蓝作为一台数字计算机是有不同步数选择的，正是因为它从中选择了最恰当的走法，所以才会获胜。其实，深蓝并没有选择。当卡斯帕罗夫走了一步（a）时，深蓝会（依据程序）"想出"多步（A、B、C、D、E）来加以应对，这时深蓝的多步走法（A、B、C、D、E）都属于"框架"内的行为，也就是说，这些都是人类为其设计的程序，所以，它是有限的，因为人类总有想不周全的时候，这时就出现了"框架问题"。但这些框架内的选项（A、B、C、D、E）并不是深蓝的"可能行为候选集"，因为深蓝只会走程序为其设定的、程序员认为最有可能赢的一步（A），如果程序员没有为其设定那个步数（F），即使走F对接下来的棋局有着至关重要的作用，它也不会走F的。所以，数字计算机根本不存在"可能行为候选集"，因为它只可能有一个行动，那就是A，它有的只是遵循程序员制定的程序而已。框架问题也是人类的框架问题，制定程序也是人类的程序，计算机是在人类程序的指导下被动的行动的，因此，数字计算机不可能像人类一样自主地选择。

（三）狭义数字计算机是否有言语性

语言作为一种交流方式，成为人类自主选择的发泄口，它是思维和行为的一个媒介。奥斯丁将语言和行为的关系看作是"以言行事"（illocutionary acts）①，即当我们发出一些声响时，我们便得以做出陈述、提出问题、发出指令等行为，这就是以言行事行为，它是我们人类语言交往的最小的完整单位。塞尔丰富了奥斯丁有关语言的意义，在他看来，以言行事并不完整，我们还要"以言取效"（perlocutionary acts），也就是说，"在以言行事的基础上，我们还需要看这种语言所取得的效果"②。

那么数字计算机有言语性吗？在一些人看来，数字计算机是有语言的，只是这种语言是显示在显示屏上的，当我们向数字计算机输入"你今天看起来真漂亮"的时候，显示屏会"告诉"我们"谢谢，你也很不错"，"谢谢，你也很不错"就是数字计算机告诉我们的答案。具体操作如下：

对话一： 人："你今天看起来真漂亮！"

计算机："谢谢，你也很不错。"（显示屏显示）

他们认为，上述就是人与计算机的一个简短对话，这个对话说明数字计算机是具有语言性的，只是它的语言是显示在显示屏上的书面语言。

但是，结果真是如此吗？我们可以将上述简短的对话加以改变，就能够更加清楚地看懂这个问题了。只需在数字计算机上安装一个"将显示屏上的字读出"的程序，数字计算机就会"说出"显示屏上的字，那么人和计算机是否就真的能实现如同现实中人类那样的对话呢？具体操作如下。

对话二： 人："你今天看起来真漂亮！"

计算机："谢谢，你也很不错。"（语音说出）

现在的问题是，我们会承认"对话二"是一组真正的对话吗？即使计算机对应出了人的提问，那么这就是计算机在行使话语权利吗？事实上，我们都知道，这是人类设计的程序的结果，并不是计算机真正"说出"的语言。

这就涉及我们开始谈到的"以言行事"和"以言取效"了，在塞尔的观点中，前者是后者的前提，没有前者就无所谓后者。而"意向性又是'以言行事'的前提"③。从这一观点中我们就能解释上述现象了，从表面上看，计算机和人好似真的在对话一样，但实际上，计算机"说出的话"没有意向性，也不是程序员的意向，因为意向一定是表意的，也就是说它一定是结合具体语境的。而程序员设计的回答却是与语境无关的，也就是说，即使对面的人的气色糟到极点，

① Austin J L. How to Do Things with Words. London：Oxford University Press，1962：1-5.
② Searle J. Mind, Language and Society. New York：Basic books, 1998：135-152.
③ Ibid, 137.

计算机还是会这么说，这只是程序而已，根本不是语言。所以，数字计算机也不具有语言性。

（四）数字计算机是否有不确定性

在阐释不确定性概念时，我们就已经说过，不确定性是选择性的一个结果。选择是一种心理状态，是人类内心的一种活动，那么这种活动是如何表现出来的呢？答案就是不确定性。我们为什么说人类能够选择呢？是因为我们看到了人类选择造成的不确定后果，我们发现，在进行同一件事时，不同的人的行为是不同的。而这些行为和结果往往是猜不到的，它不一定是这个人最需要的行为，也不一定是这个人最喜欢的行为，也不一定是对这件事最恰当的行为，它的起源可能只是一个偶然的情绪爆发，或者是一个未知的外力介入，当这些情况发生时，你无从揣测其缘由，这就由自语境化自主性导致的结果不确定性。

相比而言，数字计算机就缺乏这种不确定性，它的一切都在程序内，都是早已被固定好的。在深蓝对决卡斯帕罗夫时，它的每一种走法、甚至每一步走法都早已被决定好了。也就是说，如果卡斯帕罗夫走 a 步，那么它就用 A 步应对，如果卡斯帕罗夫走 b 步，它就用 B 步应对，在这里，它走的每一步看似灵活的步数都是依据卡斯帕罗夫的棋局而定的。相对地，卡斯帕罗夫也要有相应的步数来对应，但是人类的自主性决定了棋局步数的不确定性，也就是说它是会犯错误的。而机器不会犯错误，它只会执行，即使有错也是程序员的错。所以，深蓝与卡斯帕罗夫的对决其实是深蓝程序设计员同卡斯帕罗夫的对决，二者都有优势和劣势：卡斯帕罗夫的优势在于可以依据现场棋局自主地选择要走的步数，也可以走出一些甚至很"无理"的步数，而劣势在于时间和精力是有限的；相反，深蓝程序员的优势在于设计人员多、设计时间长，但是劣势是它不能依据现场情境调换步数，它的一切都是事先确定好的，是它为数字计算机确定好的，所以数字计算机走的一直是早已被确定好的路。

（五）数字计算机是否有历史性

人类的许多能力都是通过"时间"的洗礼一步步慢慢发展演变而来的，从最初完全被动的抵御，到后来为了生存和繁衍所进行的努力，再到使用语言、发泄情绪、追求理想，这些能力不是一蹴而就的，而是一个历史过程。数字计算机的发展也是需要过程的，从最初巴比奇设计的袖珍计算机，到后来的冯氏计算机，从最初简单的算式的程序输入，到后来复杂的亿万次计算的程序输入，这是个艰难而复杂的过程。如果说这是数字计算机的历史，毋宁说这是人类思维的发展史，是人类探索自身思维奥秘的发展史，是人类运用人工媒介发展自身的发展史。正如历史哲学家柯林伍德所言，"一切历史都是思想"①，而如果这个历史中没有计算机本身的思想，那么我们还能说这个历史是计算机的吗？如果这个历史不是数字计算机自己创造的，我们还能说这个历史是计算机的吗？答案显然是否定的。当然，这仅仅是就狭义的数字计算机而言的，如果将来计算机有了更深入的发展，能够以自主意识创造自己的历史，那么一切就另当别论了。

（六）狭义数字计算机是否有渐进性

渐进性是历史性的上升性，是一种向前的发展性。数字计算机没有了历史，即使是一步步朝着更加进步的方向发展，那也不是它自身的发展，而是人类的发展。所以，作为无法自主前进的狭义数字计算机，它也就没有了渐进性。

（七）狭义数字计算机是否有实践性

实践性是指某一思想或认知作用于现实生活，进而指导人类的思想、行为的一种特性，一般来说，它具有评价、解释和检验的功能。评价是指，从现实出发，看这一思想与实际生活是否吻合，如果吻合，那就说明这一思想是合理的，反之则不合理。解释则是看这一思想是否能够合理地描述现实，如果可以，就说明这一思想具有实践性，反之则不具有。检验功能则是通过思想作用于现实生活，能够解决现实问题，就说明这一思想的实践性强，反之亦然。

从某种程度上讲，不得不承认狭义数字计算机的实践性，它能够解释、解决现实生活中的许多问题，甚至是人类解决不了的问题。比如，它可以进行高速计算，甚至超出人类计算能力的一万倍；也可以进行海量存储，那是人类无法企及的记忆能力，如果我们将这些能力应用于实践，确实能对现实生活起到评价、解释和检验的功能。但是，这种实践和人类自语境化的实践性是有差别的。数字计算机的实践性更应该称之为功能性，也就是说，它能够做什么，就如同刀具能够切割、钟表能够计时、汽车能够载人一样，这是它们的功能，这种功能是单向的。而人的实践性是一种双重反馈的功能，是人类的思想作用于

---

① 柯林伍德. 自然的观念. 吴国盛，柯映红译. 北京：华夏出版社，1990：191.

实际生活，再从这些作用中获取经验丰富人类思维的一个过程，它是双向的。所以，狭义数字计算机的实践性并不是自语境化思维的实践性，至少目前不是。

这样，我们就能回答开始的问题了：狭义数字计算机能够进行自语境化认知吗？答案是否定的。它既不能完成"行为响应模式"，又无法进行自主性行为选择，还不符合自语境化认知的所有特性。它甚至不能算作一种"被语境化行为"，因为它并没有进行可视的、有实际含义的行为，它只是在被动地执行人类的指令而已。

二、单纯行为机器的自语境化认知判定

同狭义数字计算机的自语境化认知判定类似，在回答这个问题之前，还需要先确定单纯行为机器的自语境化认知定义：行为机器在接收到外部输入的新信息后，从自身情况出发自主地融入语境，并从语境中获取相关信息，得出一组"可能行为候选集"，而后选择出最适合/最喜欢或以其他原则为基准的行为。

看单纯行为机器能否进行自语境化认知，也要看它是否符合自语境化认知的三个标准：是否能够进行"行为响应模式"，这个行为是不是自主发生的，是否满足自语境化认知的七个特征。

首先，单纯行为机器能否完成"行为响应模式"？

单纯行为机器是以数字计算机为基础来进行模拟人或动物行为的一种机器，所以它首先是一台数字计算机，并且一定能够行使计算机的职能。其次，它具有仿行为性，比数字计算机更高级的地方，就是能够模拟人类或动物的行为。

单纯行为机器和狭义数字计算机的区别是：一个以"计算机依据程序员设计的程序或代码表现出来的行为"为主的机器，一个是以"单纯的计算机程序代码或数字运算"为宗的机器。虽然，二者的区别看似仅仅是一个行为上有与无的区别，但这是一个巨大的突破。它标志着计算机不再只是单纯的计算，而是它所进行的这些计算有了内容，即使这些内容或思想并不属于其自身。这就如同人类一样，我们的思维必须用躯体行动表现出来，才能被别人认知，才能自语境化，只有思维形态而没有行为无法称其为人，也就无法进行自语境化。所以，思维只有和行动搭配才能获得进一步的发展。

从单纯行为机器的概念来看，它好似能够进行"行为响应模式"，因为它比数字计算机高级的地方就是"能够表现出行为"。但是为了研究的严谨，我们还是将它与"自语境化认知行为响应模式的标准"加以对比。

在对狭义数字计算机是否具有自语境化认知的探讨过程中，我们举了"深蓝 vs. 卡斯帕罗夫"的国际对决，在对单纯行为机器能否进行行为响应模式的分析中，我们同样举这个例子来分析。通过这样的对比，一来可以更加清晰地了解何谓计算机的计算、何谓计算机的行为，为何深蓝既可以是狭义数字计算机又可以是行为机器；二来也可以更加透彻地了解行为机器的自语境化情况。

深蓝 vs. 卡斯帕罗夫对决的具体步骤分解如下。

步骤一：卡斯帕罗夫走了一步"马"，这就是外界在向深蓝（机器）输入新信息和刺激。

步骤二：深蓝接收到了对方"跳马"的信息（计算机"接收刺激"环节，对应于行为响应模式的"接收刺激"环节）。

步骤三："跳马"信息进入深蓝的存储器和中央处理器中，转化为计算机可识别的代码（计算机的"转化成编码"环节）。

步骤四：依据"跳马"的计算机可识别代码，中央处理器会从预先设计好的程序中"选择"一种最恰当的方式来回应，形成与刺激相对应的对策编码（计算机的"搜索程序、输出编码"环节，对应于行为响应模式的"找到方案"环节）。

步骤五：中央处理器将这些对策编码进行加工，转化为可为卡斯帕罗夫接收的符号（计算机的"转化成符号"环节）。

步骤六：通过显示屏显示出相应的、可为卡斯帕罗夫理解的步骤"走皇后"（计算机"输出结果"环节，对应于行为响应模式的"做出行为"环节）。

从上述步骤可以看到，深蓝进行的不仅包括计算，还有富有意义的行为。在步骤三～步骤五中，深蓝内部在进行着"符号—编码—符号"的计算过程，它还表现出从"接收跳马"到"走出对应步骤皇后"这一具有含义的行为，即象棋对抗的意义：打败对手，取得胜利。即使这种"对抗"可能并不是"深蓝"自身所具有的意义，但是我们不可否认的是，通过深蓝这种媒介，我们确实获得了这种意义的表征，这就是行为机器的行为。

其次，单纯行为机器能否完成"自主"行为？

单纯行为机器能够进行行为操作，那么，它的这种行为是自主的吗？自主就是能够依据自身的意志来进行行为的一种活动。从步骤四来看，深蓝在接收到卡斯帕罗夫"跳马"的信息并转化为自身可识别编码后，就从自身的内部存储中"选择"出最恰当的回应方案。这里的选择是深蓝的自主选择吗？很明显不是。这是程序员预先早已输入计算机的程序的一种，甚至如何选择也是程序员早已设定好的程序，深蓝只是在执行程序员的思想。

行为机器也可以进行语境行为，如深蓝就能依据卡斯帕罗夫"跳马"的步骤搜索出许多"可能行为候选集"（语境），但是在"选择"对策时，它只能依据程序员预先设定好的程序进行操作，是被动的。

这种被动行为是有语境框架限制的，这种框架就是"程序员思想"。正因为人类设计的程序是行为机器全部行为的"行动候选集"，也就是行为机器进行行为的语境。所以，它的极限就是人类思维的严密性，人类思维越严密，这个框架就越大，反之亦然。因此，计算机的框架问题，归根结底是人类思想的框架，首先人的思维是有限的，人不可穷尽所有的步骤；其次，总会有意想不到的情况出现，人也不可能全部预先想到。所幸的是，人是具有自主意识的，所以他能依据不同的语境自主做出行为响应，解决突如其来的问题。而行为机器不具备依据不同语境做出不同行为的能力，所以，它无法解决语境框架外的问题。正如深蓝一样，它只能走程序员预先为其设定好的程序（A、B、C、D、E），而无法脱离这些框架走出（F）。

最后，单纯行为机器是否符合自语境化认知的特征？

单纯行为机器进行的是一种被动行为，那么它是像狭义数字计算机那样完全不具有自语境化特征呢？还是具有一部分自语境化特征呢？如果是后者，它又会具有哪些自语境化特征呢？对于这些问题，我们需要依据自语境化认知的标准三进行逐一分析。

（一）单纯行为机器是否有目的性

如果以深蓝这种行为机器为例，它的目的就是打败卡斯帕罗夫。舞蹈机器人的目的就是跳舞，走路机器人的目的就是走路。但是，这是它们的目的吗？从表面上看，"打败对方""跳舞"确实可以算作一种目的。但是，这并不是行为机器的目的，而是人类的目的，是人类赋予行为机器的目的。

这是因为，我们通常说的目的是指一种心理活动，它是一种意向，是行动的源泉。本格"将目的性看作了发生模式的最高级别，发生模式包括：混乱、随机、因果、协同、矛盾、有目的性"[①]。从这里可以看出，目的性是发生模式发展到一定程度的结果。很明显，行为机器既不具有心理活动，也没有经过发生模式的发展。如果真要在发生模式中为行为机器的目的定位的话，行为机器的

---

① 本格. 科学的唯物主义. 张相轮，郑毓信译. 上海：上海译文出版社，1989：36.

行为可以算作"因果"阶段。"因"就是行为机器的程序设计员的思想及依据这种思想设定的程序和编码,"果"就是行为机器所表现出来的"目的性"或者说是一种"被目的化"。深蓝程序设计员的目的是"用深蓝打败卡斯帕罗夫",深蓝就"继承"了这种目的,被这种目的所左右,形成自身的"目的"——打败卡斯帕罗夫。同样,跳舞行为机器的设计员的目的是"让这个机器跳舞",跳舞机器就被这种目的所控制,形成自身的"目的"——跳舞。所以,如上所述,行为机器执行的是一种"被语境化行为",那么它的目也是一种"被设计员目的"。

(二)单纯行为机器是否有选择性

这个问题的答案是确定的,行为机器没有选择性。行为机器执行的是"被语境化行为",从上述对被语境化的描述中了解到,被语境化是一种被自然规律、人为规则支配的行为响应模式;它并非一种认知方式,而只是行为主体与周围环境发生联系的一种行为描述,是自语境化思维认知的一个必经阶段。因此,行为机器的行为是一种被"人为规则"支配的行为,它只具有被动性,没有选择性。

但是,行为机器的被动性与数字计算机的无选择性是不同的。行为机器是有"行动候选集"的,只是在这个行动候选集中,它从这个行动候选集"做出的选择",更确定地说是"执行的选择",这是早已被确定好了的。但数字计算机并没有"行为候选集",所以,它是"无选择"的,也就是说,它是"无所谓选择"的。

还以深蓝为例,我们会具体认识到"被选择"和"无所谓选择"的差异。在深蓝与卡斯帕罗夫的对决中,卡斯帕罗夫走了一步 a,通过国际象棋的法则,深蓝能够进行 A、B、C、D、E 等走法与之对应,但是依据程序员预先设定好的程序,深蓝只能被动地从这些步骤 A、B、C、D、E 中选择出程序员预先设定好的步骤来走,这就是一种被动的行为。正如被语境化介绍的那样,它只是"行为主体(深蓝)与周围环境(卡斯帕罗夫的走法)发生联系的一种行为描述而已",而不是一种思维方式。作为数字计算机的深蓝执行的是一种"无所谓选择",既然是数字计算机,那么它就是只能进行运算的机器,也就是说,在深蓝对决中,它只是在进行"信息输入—符号转化编码—执行程序—编码转化程序—信息输出"这个过程,其间完全没有任何意义,只是一个计算过程,所以它是无所谓选择的,甚至它也是无所谓计算的,它根本什么都不知道,只是在执行计算。所以,行为机器虽然没有自主选择性,但是它能够进行被动的选择,具有"被选择性"。

（三）单纯行为机器是否有言语性

语言通常被人们同心灵、思想等心理因素联系起来。比如，"思想"和它得以被表征的语言形式之间的区别在 17~18 世纪就已为人所知。霍布斯将语言同思想一一对应起来，在他看来，"语词就是我们思想的器官，通过某种方式连接起来的语词就是语言"[①]。

但霍布斯的思想有一个误区，那就是它混淆了"语词"同"语言"的概念。语言才是思想的器官，而非语词。这种观点得到许多学者的印证。萨丕尔（E. Sapir）和沃夫（B. Whorf）就认为，"所思乃所言"[②]。虽然这个极端的立场在他们任何一个人的著作中都找不到明确的表述，但是他们的著作中确实蕴含了这种思想。语词只是一种语法，思想是语义。从这里可以看出，语言包括语法和语义，语法是语词的组合，语义才是思想的体现。同样，行为机器也不例外，它也是通过语法来表征语义的，但是它所表征的语义不是它本身的语义，而是行为机器的设计者的语义。

这也是中文屋中要论证的内容："单纯的语法究竟能否产生语义。"[③]他通过中文屋子中的塞尔即使进行了正确的语法操作，也无法理解中文的例子来说明这个问题。在塞尔的观念里，计算机执行的是语法操作，所以它不能产生语义。事实上，塞尔所定义的计算机就是狭义的计算机，也就是只能进行运算操作的计算机，那它根本就无法进行语法操作，因为语法操作是有意义的，而狭义计算机的计算根本不包含任何意义。但是，行为机器不同，它能够进行含有意义的操作，即使这种意义是"被赋予的"，而这个行为机器又恰好与塞尔中文屋论证中的"计算机"类似，即只能进行语法不能进行语义。那么这里就有疑问了，塞尔所说的计算机究竟是"狭义数字计算机"还是"单纯行为机器"呢？

让我们来加以论证，并从这些论证中探寻狭义数字计算机和单纯行为机器的语言性：

前提 1：塞尔中文屋论证中的计算机指的是狭义数字计算机；

前提 2：狭义数字计算机只能进行计算，是没有含义的，也无法进行语法

① Hobbes T. Leviathan. Oxford：Blackwell，1953：15.

② Sapir E. Selected Writings. Berkeley：University of California Press，1966：3-7；Whorf B. Language，Thought and Reality. Cambridge：The MIT Press，1979：2-5.

③ Searle J. Mind, brains and science. New York：Harvard University Press, 1984：38.

操作；

前提 3：塞尔中屋论证中的计算机能够进行语法操作。

由前提 1 和前提 2 推出：结论 1，塞尔中文屋论证中的计算机不能进行语法操作。可以看出，结论 1 与前提 3 是矛盾的，所以塞尔中文屋论证中的计算机不是数字计算机。

通过对数字计算机和行为机器的界定，可以得出：

前提 4：能够进行语法操作、但又没有语义的是行为机器；

前提 5：塞尔中文屋论证中的计算机就是能够进行语法操作，但是无法通过语法产生语义的机器。

由前提 4 和前提 5 推出：结论 2，塞尔中文屋论证中的计算机是行为机器。结论 2 是我们基于"行为机器能够进行语法但是没有语义"的前提推导出来的内容。那么这个结论正确吗？实践证明是正确的。塞尔在他的依赖于观察者论证中对原初的中文屋论证进行修订，指出中文屋中的计算机并不能进行语法操作，更不必提由此而推出语义了；因为它只是在计算，甚至没有计算这个概念，也没有任何意义。塞尔的这一修正说明他也意识到原初中文屋论证中的缺陷，将原初中文屋论证中的计算机的含义归于狭义的数字计算机，因为对其的定义是没有语法，也没有任何意义。所以，我们对"行为机器能够进行语法但是没有语义"的界定是合理的。这就是行为机器是否有语言性的回答：它具有部分语言性，只具有语言中的语法部分，但是没有语义。

（四）单纯行为机器是否有不确定性

如前所述，不确定性是选择性的结果，正因为有了选择，才会有不确定性。而行为机器的选择是"被选择"，被程序员的选择，那么这种"被选择"有不确定性吗？回答这个问题，我们需要对行为机器的程序设计员和行为机器的对象进行分析。

以深蓝为例，它在同卡斯帕罗夫的对决中，程序设计员和行为对象分别会做出如下反应。

深蓝程序设计员的设计：如果卡斯帕罗夫走 a 步，那么依据国际象棋法则，深蓝的"可能行为候选集"就是 A、B、C、D、E。程序设计员根据计算和自己的判断推测出，A 是最恰当、最可能获胜的步数，那么它就会让深蓝走 A 步。但是，由于有程序设计员的主观自主意识的介入，程序设计员也有可能认为 B 步是最可能获胜的步数，那么深蓝就被选择 B 步的走法。所以，对于深蓝的程序设计员来说，走 A 或者走 B 是不确定的。而深蓝是完全依照程序设计员的设计来进行操作的，那么既然程序设计员的设计是不确定的，那么深蓝的走法也就是不确定的。

行为对象（卡斯帕罗夫）的对策：如果卡斯帕罗夫走 a 步，那么对方（深蓝或深蓝程序设计员）可能走 A、B、C、D、E 步。而深蓝究竟走什么步数，是不确定的。所以，对于深蓝的行为对象而言，深蓝是具有不确定性的。

从对深蓝程序设计员和行为对象的分析中我们发现，深蓝虽然执行的是"被选择"，但是这种"被选择"是具有不确定性的。但是，这里需要强调的是，深蓝的这种不确定性是由深蓝程序设计员的自主意识决定的。

（五）单纯行为机器是否有历史性

要看单纯行为机器是否有历史性，我们要先回到"自语境化"的历史性界定中。自语境化认知是经过被语境化行—自语境化认知发展而来的，这就是它的历史性。那么，行为机器经历了时间的洗礼了吗？

一方面，单纯行为机器是以狭义数字计算机为基础的，这也就是说，它的历史前提是"狭义数字计算机"。另一方面，单纯行为机器自身也处于一种不断变化的历史过程中，它从计算机模拟（数字仿真）到相似物理模拟，其中每一步的发展都是需要时间的。

所以，无论是单纯行为机器的形成过程，还是单纯行为机器自身内部的发展过程，都是需要时间的，而历史是时间长河中的图像，有时间就会有历史，因此行为机器是有历史性的。

（六）单纯行为机器是否有渐进性

渐进性是一种向前的历史性，它标志着一种发展走向和脉络。单纯行为机器是有历史性的，而且它的历史性也具有一种前进性，还是从其形成过程和自身的发展过程来进行分析。

一方面，单纯行为机器是由狭义数字计算机发展而来的，数字计算机只能进行计算，没有任何意义；而行为机器能够进行意义的传递，它是可以表征含义的，虽然这种含义不是它自己的意义，但对数字计算机而言总是进步的。另一方面，行为机器自身的发展过程"从计算机模拟（数字仿真）到相似物理模拟"也是具有进步性的，物理模拟比计算机的虚拟数字模拟多了物质的部分，这就好比人类的思想有了身体。

所以，根据上述分析我们可知，单纯行为机器是具有渐进性的。

（七）单纯行为机器是否有实践性

实践性是理论作用于现实的一种特性，是检验理论能否符合实际的一种方式。我们对行为机器的定义是传递人类思想的一种工具，所以它一定是有价值的，我们不能否认，这种价值就是一种实践性。

深蓝的实践性是要践行"深蓝程序设计员用计算机打败卡斯帕罗夫"的理念，跳舞机器人的实践性是要践行"程序设计员让机器跳舞"的理念，扫地机器人的实践性是要践行"程序设计员让机器扫地、减轻人类负担"的理念。所以，单纯行为机器的实践性是程序设计员的思想实践性，单纯行为机器将这种思想通过机器这种媒介表达出来。所以，行为机器是有实践性的，它的实践性包括两个方面：第一，它是指程序设计员思想的实践性；第二，它是指单纯行为机器践行程序思想的一种实践性。

从上述对单纯行为机器是否具有自语境化认知的分析发现，它虽然能够进行"行为响应模式"，但是这种模式是不具有自主性的，是被程序设计员预先规定好了的。因此，行为机器的目的性和选择性也是被动的，是一种"被目的性"和"被选择性"。但是，鉴于言语包括的两个内容：语法和语义，并结合对中文屋论证和依赖观察者论证的分析，可以发现，行为机器具有部分言语性。而且，它确实已经具备自语境化认知的一些特征，如不确定性、历史性、渐进性和实践性。所以，行为机器已经开始逐渐向自语境化认知迈进。

三、低阶意识机器的自语境化认知判定

根据我们对意识机器的定义，低阶意识机器是一种狭义的意识机器，它虽然也能表征思想，但是它对思想的表征是浅显的，是以"维护自身生存、繁衍"为目的的机器。"我"为了生存去残杀别的动物，"我"为了让自己的基因得以延续而繁衍后代，不能否认这个"我"是一个思想个体，他是有意识的。但是，这种意识就如同老虎为了生存而猎杀羚羊、蚂蚁为了繁衍后代而供养蚁后一样，都是由低阶意识引起的。

由于认知学者们对意识机器是否存在或者是否可能存在存疑，而且，就现有的人工智能水平而言，即使是低阶意识机器也是一种设想。因此，我们先将意识机器是否存在的问题进行悬置，假设意识机器是存在的。由于没有现成的

低阶意识机器可以为我们所用，需要借鉴认知研究中常用的研究方式——思想实验来建构一个低阶意识机器，可称其为"老虎思想实验"：

如果一头老虎 T 的头部出现意外，而我们将它的大脑用机器代替，这个机器是以且仅以"维护生存和繁衍后代"为目的，这只新老虎我们称之为 T'。而且，这个机器 T' 可以通过老虎的跑步、捕食等动作来充电，无需额外充电。所以，只要老虎 T 的外在形态不死，这个机器 T' 就能永远执行"维护生存、繁衍后代"的目的。那么，这只老虎 T' 就是一台意识机器，它的意识就是"生存和繁衍"及由此衍生出的一些低级智能。因此，它只能算作一台低阶意识机器。

这只老虎 T' 同我们在玩游戏时设定的"游戏程序"是有区别的，程序员总会对一些游戏人物进行性格设计，我们也可以给一个人物设定出"维护生存和繁衍后代"①的目标，那么它也会在这个程序的支配下进行一些活动，而且程序一旦设定它就会依循着这个程序行进，当我们要它"自杀"时它就会拒绝这种要求。但是，我们为什么没有将这个案例作为"低阶意识机器"的例证呢？这是因为，以"生存和繁衍"为目标的游戏人物同"老虎 T'"是有差别的，而差别恰恰就是它无法表征低阶意识机器的原因。首先，游戏人物一定要在人类的操作下才能行动，而同一个游戏、同一个游戏人物的过程和玩法之所以千差万别，就是因为每个玩游戏的人的指挥不同，如果没有人的指挥，那么游戏和游戏人物只会按照最初被规定好的一种程序进行下去，不会有其他的行动；但是，经过改造的老虎 T' 已经能够脱离人类的操作而单独进行实践活动，我们将它设定为"无需充电"模式就是希望它的行动能够暂时摆脱人类的控制，以"生存和繁衍"为目标而进行各种可能的行为。其次，游戏人物终究是虚幻的，它没有实体；但是老虎 T' 是有实体的，从狭义计算机和行为机器的区别可以看出，有无实体对于一个程序是很关键的，它决定了这个事物是否能够具备某些特征。基于这些原因，没有选取以"生存和繁衍"为目标的游戏人物作为低阶意识机器的例证，而是为低阶意识机器设定了新的表征方式。

让我们重回问题，这台机器老虎 T' 能够进行自语境化吗？同样，在回答这个问题之前，我们还是需要将意识机器的自语境化定义加以剖析：意识机器在接收到外部输入的新信息后，从自身情况出发自主地融入语境，并从语境中获取相关信息，得出一组"可能行为候选集"，而后选择出最适合／最喜欢或别的

---

① 徐冰和刘肖健通过对动机模型的自主性虚拟人的研究，发掘出"虚拟人"有可能在多个相互抑制的行为之间进行行为选择，这是老虎思想实验提出的实践依据。参见：徐冰，刘肖健. 基于动机模型的自主性虚拟人行为选择研究. 计算机应用与软件，2012，4：71-74.

行为响应。

同狭义数字计算机和单纯行为机器人一样，看低阶意识机器能否自语境化，还要看它是否满足自语境化的三个标准：①能否进行"行为响应模式"，②这个行为响应模式是否是自主发生的，③它是否满足自语境化的七个特征。

同前两种有区别的是，狭义数字计算机和单纯行为机器人都是有实例可循的，但是由于"意识机器是否存在"本身就是一个极具争议性的问题，我们目前还不能简单地将其定位为"有"或者"没有"，并用这个"有或没有"的标准来讨论"低阶意识机器是否能够自语境化"，所以采取一种认知研究中经常会采用的方式——假设思想实验的方式来分析和解构这个问题，这个问题就被转化成了"老虎 T' 能够自语境化"吗？

首先，低阶意识机器能否完成"行为响应模式"？

如上所述，第一个问题"低阶意识能够完成'行为响应模式'吗"就转化成了"老虎 T' 能够自语境化吗"。

从"行为响应模式"的定义出发，我们可以将其分为三个步骤，下面就来看看老虎 T' 是否能完成这三个步骤：步骤一，接收刺激，行为主体接收到新信息／刺激；步骤二，找到方案：行为主体寻找到对应的解决方案；步骤三，做出行为：行为主体依据方案做出行为。

为了对此进行判定，我们需要设定一个场景：老虎 T' 已经饿了 3 天，再不吃东西身体就吃不消了，这时，它发现在它前面不远的草丛中有一群羚羊正在歇息，T' 会怎么样做呢？它肯定会拼命逮住一只羚羊，一口咬断它的脖子，以填饱自己的肚子。那么这个行为是否是"行为响应模式"呢？要回答这个问题，我们就需要看它是否满足"行为响应"的三个步骤。

步骤一，它是否接收到刺激？答案是肯定的。老虎 T' 在极饿的情况下看到羚羊，羚羊就是对饥饿中的 T' 的一个刺激，而它的目的就是"生存和繁衍"，如果再不吃这只羚羊，它就可能饿死，那么羚羊对于一种快要饿死的老虎来说就是一种"生存的刺激"。

步骤二，它是否找到了对应的解决方案？答案也是肯定的。当老虎 T' 发现刺激——羚羊时，就会寻找相应的行为方案，它的肚子饿了，前面有一群羚羊，首先的方案就是逮住一只填饱肚子；而后它会对究竟要逮住哪一只进行选择，在对自身奔跑速度、地形和羚羊的排列位置有了详细了解后，它就会将目标锁定在羚羊 A 身上，这就是它在寻找相应的解决方案。

步骤三，它是否依据这个方案做出了行为？答案还是肯定的。当老虎 T' 锁定目标后，它就疾驰向前，要逮住这只羚羊 A。这就是依据这个方案进行行为操作。一些人可能会问，如果它没有逮住羚羊不就是"没有达成先前设想的方案"吗，那么不就代表它并不能依据设想的方案进行行为操作了吗？其实，老虎 T' 是否逮住羚羊 A 并不属于我们步骤三要讨论的范畴，老虎 T' 的目的是寻找到食物，而步骤二只是遵循这个步骤进行的方案设计，T' 只是在情况许可的范围内预测想要逮住羚羊 A，而如果羚羊 A 在它起步之前就跑了，那么它就会调整目标逮住羚羊 A'，它的解决方案就变了，它的行为也就会依据新的解决方案而变化。因此，即使没有逮住羚羊 A 也并不能说明它没有执行相应的行为，而只是由于环境发生了变化，它的方案发生变化，随之它的行为也发生了变化。这种情况同样适用于它没有逮住羚羊 A' 的情况。

而且，如果它没有逮住羚羊 A 而转向对羚羊 A' 进行攻击，没有逮住羚羊 A' 而转向新的目标，不仅不能说明它"没有执行行为响应模式"，反而是它"执行行为响应模式"最好的例证，因为它可以在总目标"生存和繁衍"不变的情况下，随时调整目标，这恰好说明它能够随着语境的不同而进行不同的方案设计和行为响应。

然而，也许有人会问，这一个场景就能说明老虎 T' 能执行行为响应模式吗？如果它的场景变化了呢？老虎 T' 本身就不饿，它还会进行这样的行为选择和行为响应吗？

为此，我们还设计了一个场景：老虎 T' 刚刚吃到了羚羊 A，一只羊就足以使它填饱肚皮，它已经不饿了，它的生存问题已经解决了，那么它会怎么做呢？它是否能够接收到"食物在眼前"的刺激呢？答案是不能。老虎 T' 的大脑中早已被安装了"生存和繁衍"的程序，也就是说，只要它的生存不被威胁，也没有影响到繁衍后代，它就不会被刺激到。而现在它已经饱了，已经没有生存问题了，那么它就不会再关注眼前的"羚羊"了，这些羚羊对于它来说就如果草木一样，毫无意义，因此它无法接收到这些信息和刺激。既然它已经无法接收到刺激了，那么自然也就不会有接下来的"寻找解决方案（步骤二）"和"执行行为操作（步骤三）"的行为了。

在这种情况下，我们发现老虎 T' 确实无法执行"捕猎食物"的"行为响应模式"。那么这是否说明，老虎 T' 无法执行"行为响应模式"呢？恰恰相反，这正好为老虎 T' 能够执行"行为响应模式"提供了证明，老虎 T' 无法进行"捕猎食物"的行为响应，但是它执行了"生存和繁衍"这个大目标的行为响应，即"只为了生存和繁衍而活动"，现在没有生存和繁衍要求，老虎 T' 自然就不会行动了，这才是真正的"执行行为响应"。试想，如果老虎 T' 在生存无忧的情况下还进行"捕猎食物"的行为，那么它就不是在执行"生存和繁衍"这一目标，就说明它有了新的我们不知道的目标，那它就不再是低阶意识机器了。

从上述分析中，我们得知，老虎 T' 能够执行"行为响应模式"，那么由它代表的低阶意识机器自然也就能够进行"行为响应模式"。

其次，低阶意识机器能否完成"自主"行为？

低阶意识机器能够进行行为响应，那么，它的这种行为是自主的吗？我们还以老虎 T' 为例来进行阐释。

以上述场景一为例，当老虎 T' 饿了时，它看到羚羊会进行捕杀以果腹。那么，这种行为是自主的吗？对于这个问题我们需要分步骤分析：一方面，从大体上来看，老虎 T' 的"捕猎食物"行为是被动的，因为它只是在"生存和繁衍"这个大目标控制下的行为；另一方面，从具体步骤来看，老虎 T' 又具有一定的主动性，因为它可以自主选择究竟捕猎哪只羚羊，A 还是 A'，究竟要通过哪条路线向前，且当初始目标没有达成时，它还可以进行目标转移。

所以，我们无法简单地将低阶意识机器的行为响应定义为"被动的"还是"主动的"，它是由被动向主动转化的一个阶段。

再次，低阶意识机器是否符合自语境化认知的特征？

低阶意识机器能够进行行为响应模式，而且这种行为响应是否自主也并不明确，那么要判定其是否是自语境化的，对其是否满足自语境化的特征的分析就显得尤为重要。在这里，我们还以老虎思想实验为例证。

（一）低阶意识机器是否有目的性

从老虎思想实验中，我们能够很容易地发现，老虎 T' 是有目的的，它的目的就是"生存和繁衍"，那么它的这种目的是否同单纯行为机器一样也是被动的呢？

从表面上看，老虎 T' 的"生存和繁衍"的目标是人类预先为其设定好的，它确实是一种"被人类目的"。

但是，与单纯行为机器不同的是，行为机器的"被目的"的目的是具体的，如跳舞，行为机器人跳舞的每一个姿势都被规定好了，所以它一直处于这种简单的"目的性"的控制下，难以得到突破；但是老虎 T' 的"生存和繁衍"的目的却不然，它是一种抽象的、复杂的目的，老虎 T' 会依据这个目的采取不同的行为规范，这些具体的行为是目的赋予者——人类一开始无法预料的，因为从老虎 T' 被赋予这些目的开始，老虎 T' 及其行为就同人类没有关系了，它作为老虎 T' 的"本能"而存在，具有不可还原性。也就是说，人类"制定目的"和老虎 T' "被接受目的"是一种下向因果关系，而"下向因果关系就是指一种较高层次的结构对它的次级结构具有原因的作用。……而且这种下向作用会随着遗传和联结的世世代代的漫长序列而不断放大"①。因此，我们不能再将老虎 T' 的这种本能还原为人类的目的，正如我们不能将一个新出生的婴儿还原为一个细胞一样，从他出生到成长，他的目的性、自主性也在逐步增强，如果一些人不遵从这个规律，将婴儿认为是被母体支配的，那么他就不会教育好孩子。同样，如果人们还将低阶意识机器等同于单纯行为机器，那么他就不能以发展的眼光看待低阶意识机器。

从上述分析中可以看出，低阶意识机器的目标虽然也是"被人类规定好"的，但从它形成开始，就具有一种不可还原性，因此我们将低阶意识的目的性称为一种本能，是随着"生存和繁衍"的大目标进行相应行为的一种本能。

（二）低阶意识机器是否有选择性

选择性是目的性的一种行为表征，一个事物或一个事件具有目的性，那么在行为和具体行动上就一定会表现出选择性，否则这种目的无法体现。从上一个特征的分析来看，低阶意识具有目的性是一种本能，那么它的选择性又是如何表现出来的呢？

同老虎 T' 的目的性一样，它的选择性首先也是被动的，是被"生存和繁衍"这个人类设定的大目标规定的，是一种"被选择性"。

同时，同老虎 T' 的目的性一致，它的选择又具有某种主动性，原因还是因为老虎 T' 从被赋予"生存和繁衍"的目标开始就具有独立性，而这种独立性又是不可还原的，是主动性的开始。以具体案例来分析，当老虎 T' 特别饿时，前面草丛中有一群羚羊，羚羊 S 离它的距离较近但二者之间有一个水沟，羚羊 S' 离它虽远但是二者之间没有阻隔，那么这时的老虎 T' 就面临一个选择：要捕猎羚羊 S 还是羚羊 S'。用人类最苛刻的选择观念来看，老虎进行的也是一种行为选择。

因此，老虎是可以进行选择的，这种选择性会由开始的被动性逐步转化成后来的主动性。

---

① Popper K. Natural selection and the emergence of mind. Dialectics, 1978, 32: 348.

（三）低阶意识机器是否有言语性

在一些学者看来，老虎 T' 是有语言性的。因为语言可以包含两层含义，口头语言和行为语言，如果从案例中分析，老虎 T' 是具有行为语言的，因为它的行动向我们表明了某种观念：它饿，它想要抓住羚羊。而当它吃饱离开时，它又向人们表达了这样一种观念：它不饿了，它不想抓羚羊了。那么，这种行为语言同我们日常认知的语言有什么区别呢？

语言是作为一种交流的工具存在的，也就是说，只有在交流过程中，语言才能称其为语言。但是，在上述分析中，老虎 T' 并没有要交流的意思，它只是在进行一种行为而已，所以上述案例中的老虎 T' 所进行的不是行为语言，因而它没有语言性。

但是，假设我们同样赋予另一只老虎 T'' "生存和繁衍"的本能，那么它们之间是否会有语言呢？我们再设想一个场景：老虎 T' 和 T'' 都特别饿，当它们发现前面有一群羚羊时，它们就会进行捕食，如果它们的猎杀目标不同，那么双方没有冲突，如果猎杀目标一致，那么它们就会出现争抢，这种争抢也是一种交流方式，也可以算作一种行为语言，而如果它们无力争抢，默默地将羚羊一分为二，各吃一半，这也是一种行为语言。

从上述分析可以发现，仅仅一台低阶意识机器是不具有语言性的，但是多台低阶意识机器通过进行，通过磨合，是有可能产生语言，具有语言性的。

（四）低阶意识机器是否有不确定性

从老虎思想实验出发可以发现，老虎 T' 始终是围绕"生存和繁衍"这个目标进行行为活动的，因此它具有确定性。

但从实际方面来看，老虎 T' 选择捕杀羚羊 S 会有两个结果：捕杀到和捕杀不到，这就是一种不确定性；如果捕杀不到羚羊 S，老虎就会朝向另一只羚羊，它是会朝向羚羊 S' 还是羚羊 S''，这又是一种不确定性，同样是否能捕杀到还是不确定的。从这些具体的方面来看，老虎 T' 的行为又具有一种不确定性。

所以，老虎 T' 执行的是一个确定目标下的一系列不确定行为。

（五）低阶意识机器是否有历史性

历史性不仅代表时间性，还表示这些时间是有内容的。低阶意识机器具有这种历史性吗？答案是肯定的，低阶意识机器的历史性表现在两个方面：

其一，低阶意识机器是狭义数字计算机和单纯行为机器发展的产物，因此，从大的方面来说，它继承了狭义数字计算机和单纯行为机器的历史，并为其赋予了新的意义："生存和繁衍"的目标。

其二，低阶意识机器本身也具有历史性，从上面的分析可以看出，低阶意识机器不是一成不变的，它会随着环境的不同采取相应的措施，而且它本身的不可还原性决定了它的这些措施正在逐步由被动向主动进化，这就代表了一种历史的发展。

（六）低阶意识机器是否有渐进性

如上分析，渐进性代表的是一种历史的前进脉络，低阶意识机器具有历史性，而且这种历史性是前进的。低阶意识机器的渐进性也表现在两个方面：

其一，从对狭义数字计算机的分析可以看出，它既没有执行行为响应模式，也没有自主性，甚至根本无所谓自主性，在这种情况下，从狭义数字计算机到低阶意识机器就是一种自主性从无到有的转变过程，这就是一种进步。

其二，从单纯行为机器来看，它是一种完全被动的形式，没有任何主动性，完全遵循人类制定的程序行动。但是，低阶意识机器就具有一种从被动向主动转化的能力，它虽然也受到人类制定的"生存和繁衍"的程序的影响，但却已经表现出主动化的倾向，这是一种自主性从被动到主动的转化过程，也是一种进步。

因此，低阶意识不仅具有历史性，而且具有的是一种向前的历史性，即一种渐进性。

（七）低阶意识机器是否有实践性

如上所述，实践性是理论作用于现实的一种特性，低阶意识机器是以人类的低阶意识为模板来设想的一种机器，这种设想本就是一个理论，那么这个理论对于现实有意义吗？或者说有什么意义呢？

一方面，以我们目前的人工智能水平，我们无法确定或者说制造出低阶意识机器，因此我们只能采用认知研究中常用的"思想实验"的方式来假设一个低阶意识机器，这种思想实验就是一种理论，而它对现实的意义就是，它可以使我们对低阶意识机器有一个更加形象化、具体化的雏形。随着这个雏形的逐渐完善，我们也就获得了更多有关低阶意识机器的认识。

另一方面，不仅"老虎思想实验"对于现实有重要的意义，低阶意识机器本身的提法对于实践也很重要。我们的智能是从计算、行为到意识、情感的一个过程，在这个过程中，计算和行为已经被人类用计算机表征出来了，只有意识还是人工智能的难点。为了解决这个难题，现将学者们日常认为的意识进行分类，分为低阶意识和高阶情感，这样的分类便于从小、从低、从易来突破意识难关。

总体来看，低阶意识机器具备狭义数字计算机和单纯行为机器的优势和特征，能够执行行为响应模式，而且这种行为响应也逐步开始由被动向主动转移，开始呈现出某些特征的初始状态，如目的性的初始状态——本能、语言性的初始状态——交流式行为语言；同时，它也具备了"被选择性与选择性""确定性与不确定性"交织的特征情状；而且，完全具备了自语境化的历史性、渐进性和实践性特征。这些都标志着低阶意识机器的进步，表明了低阶意识从被动性向"意识"发展的趋向。

四、高阶情感机的自语境化认知判定

高阶情感机是以情感为基准的机器，情感是人之为人的根本，是智能的最高阶段，是人类与低等动物区别的最重要标志。将情感机器化一直以来都是人工智能者的梦想，但是就目前来看，我们离这个梦想还有好长的一段路要走。因为目前尚无法制造出表征低阶意识的机器，更遑论高阶的情感机器呢。但是，回顾人类的发展历程可以发现，我们一直在经历一个从"想象"到"实现"的过程，没有对梦想高度的热爱和探索梦想的勇气，人类就不可能发展到今天的地步。鉴于此，我们将高阶情感机作为一种智能机加以列出，并对其进行自语境化认知的分析，不仅可以更加清晰地解析情感这一意识形态，更可为认知研究和人工智能在情感的研究上提供一些薄见。

人类的情感有很多种，不可能一一列出，这里选取人类最高级也最重要的情感——亲情作为研究对象，只要能将这种情感用机器加以表征，那么就容易看到人类情感的大体表征方式和走向。

由于高阶情感机是比低阶意识机器更高级的一种机器，而低阶意识机器尚且无法制造，那么高阶情感机就更不是这个阶段的人类可以设计和制造出的。因此，遵循低阶意识机器的研究方法，也为高阶情感机设计了一个思想实验，同时，由于高阶情感也属于意识，只不过是意识的高级阶段，因此我们对延续低阶意识机器的思想实验做进一步探讨（老虎思想实验的升级版）。

从我们的日常经验来看，人类的情感不是一种新添加的程序，而是人类的自主意识在进化过程中突现的产物。因此，在为高阶情感机构想思想实验时，我们也不能添加任何新程序或新物质。那么，在不增加任何新程序的情况下，老虎 T' 如何从低阶意识发展为可以表征情感的新型机器呢？老虎 T' 被设定了"生存和繁衍"的程序，当生存与繁衍不冲突时，老虎自然能够很好地执行这个程序。但是，如若生存和繁衍发生矛盾时，老虎又当怎么做呢？这时它的抉择就是一种自主意识，伴随这种自主意识，情感也就应运而生了。

以亲情为例，我们可以构想出这样一幅情感萌现图。我们的老朋友 T' 饿了，依照"生存和繁衍"的程序，它一定会去捕猎食物以果腹并保障自己的生存。但是，情况发生了变化，由于 T' 对程序的严格遵守，它获得了这个程序的"奖励"——繁衍了自己的后代。然而，需要注意的是，我们设计出来的老虎 T' 并不是一个捕猎能手，因为它一直很好地遵循着"生存和繁衍"的程序，只要自己吃饱、能够生存就可以了，在这一点上，它不会做他想。但是，这种一个人吃饱全家不饿的情况很快就被打破，因为现在的全家包括一个嗷嗷待哺的幼仔，而它捕猎的食物同原来没有差别，只能满足自己的"生存需求"，所以孩子们被饿的哇哇直叫。这样，老虎 T' 就不得不再出去捕食，不仅为自己，也为尚在襁褓中无力捕食的孩子，前者是生存的本能，后者则是出于繁衍的需求。但是很不幸的是，今天它只逮住一只很小的野鸡，自己吃还不够塞牙缝的，更不用提孩子的食物了。那么问题来了，这时的老虎 T' 就面临一个选择：是选择生存——自己吃下小鸡，还是选择繁衍——让孩子分吃小鸡。当然最理想的状态就是二者兼备，自己吃一点保证生存，孩子吃一点保证繁衍。但是情况就这么极端，老虎 T' 和孩子都极饿，而这只小鸡又太小，只能供给一方的需求，那么，这时的 T' 就陷入它平生最大的难题里：生存还是繁衍？高阶亲情的出现要经历两个步骤，第一步是进化的作用，第二步是突现的功效。

步骤一："舍己为人"的母爱不过是低阶意识发展到一定阶段的产物。

我们无法为老虎 T' 作出选择，只能根据"生存和繁衍"这个程序来设想它可能会做出的行为。第一种行为：当它年轻时，或许会选择自己吃，因为它很强壮而孩子很幼小，如果它死了孩子没人照顾也会死，同时，它还年轻，还会再有自己的后代，所以根据"生存和繁衍"的本能，它会自己吃下食物。第二种行为：当它已经很老了，几乎快要无法捕食了，而孩子在渐渐长大，小虎马上就能照顾自己了，在这种情况下，"繁衍后代"也就是"保障自己种族的生存"，它可能会将食物让给小虎吃，这也不能算是违背"生存和繁衍"的最初程序。而在人类的眼里，第一种行为的老虎 T' 还处在弱肉强食的动物世界中，而第二种行为的老虎 T' 就体现了人类的一种最无私、最崇高的精神——母爱，亲情诞生了。其实，我们会发现，这时的"母爱"不过是老虎"生存和繁衍"程序下的进化产物而已。

步骤二：不拘于"生存繁衍"目的的真正感情突现而出。

当上述"母爱"发展到一定程度，也可能出现这种情况，即老虎 T' 明知自己年富力强，小虎无法保护自己的情况下也宁愿自己饿死，而将食物给小虎，一种不舍、怜惜的情感萦绕于老虎 T' 的心头。而这种情感并不是通过"生存和繁衍"的程序就能够进化而来的，它已经超越了这种低级意识，进入到一种真正的情感中去，这就是突现的力量。这时，真正的母爱开始出现了。

无须赘述，其他情感的出现也会依循着这种发展模式而来，只不过对象不同、环境不同。那么，既然高阶情感机是低阶意识机器发展到一定阶段的产物，那么它的自语境化认知程度有没有可能与低阶意识机器不同呢？我们还需重回自语境化认知的判定三标准来加以验证。

首先，高阶情感机能否完成"行为响应模式"？因为高阶情感机也是一种意识机器，它具备意识机器的全部特征，所以，既然低阶意识机器能够进行的行为，那么高阶情感机也一定能够进行。因此，这个问题的答案是肯定的，不再赘述。

其次，高阶情感机能否完成"自主"行为？从上述分析来看，无私的母爱也只不过是"生存和繁衍"程序下的产物而已，高阶的情感也不是自主的。但是问题的关键是，在高阶情感机中，有没有什么行为是"自主"的呢？

让我们再来设计一个场景：如果老虎 T' 自觉很年轻，没有将食物给它的第一个孩子，这个孩子饿死了，而它由于某些原因再也无法生育，最后孤老终死，它第一次产生一种叫作"后悔"的情绪，因为它没有实现"生存和繁衍"的目标。而这时人类介入了，人类将老虎 T' 的这段记忆复制下来，输入同样以"生存和繁衍"为目标的老虎 T" 的脑中，在这种情况下，当老虎 T" 遇到类似的事情后，因为"后悔"情绪的影响，就会选择救活"第一个孩子"，希望能够确保"种族"的繁衍，但结果发现，孩子吃了那点东西后由于没有人给它抓食物、自己也无法捕食还是饿死了，而自己因为没有吃到任何东西，无力捕食，也饿死了，它还是会产生"后悔"的情绪，并"疑惑"当初的选择，为何不同的选择都没有实现"生存和繁衍"的目标呢？同样，人类又将老虎 T" 的这些经历和记忆移植给第三只老虎 T"'，这时当它再次面临前两次老虎的选择时，它就会

"徘徊"、会"犹豫"，这时它还是会选择，但是这时的选择就带有了某种"自主性"。

当然，如果不是人类特别的设计和控制，老虎 T' 甚至几代以后都不会经历这么多的灾难，但是经过无数年的漫长岁月，老虎 T' 的后代的后代的后代一定会经历这些，而且随着这些经历的增多，"后悔""疑惑""犹豫"等情绪会更加明显和强烈，它的"自主选择性"也就会更多。这就是拥有情感的老虎的自主性，因此，高阶情感机在某些情况下是能够完成"自主"行为的。

最后，高阶情感机是否具有自语境化认知的特征？自语境化认知的主要特征除去自主性还有七点：目的性、选择性、不确定性、语言性、历史性、渐进性、实践性。低阶意识机器完全具备的已经有三点：历史性、渐进性和实践性。对于自语境化认知的其他特性，低阶意识机器也在逐步具备过程中。而高阶情感机比低阶意识机器更高级，它是否能够完全具备自语境化认知的特性呢？它又是如何将这些特性体现出来的呢？

（一）高阶情感机是否有目的性

从我们对高阶情感机的分析中可以看出，它的行为总体延续了"生存和繁衍"的大目的，虽然这一目的是被动的。但是，在具体的行为过程中，尤其是在经过岁月的洗礼和磨砺后，这些行为中的一些渐渐呈现出一种自主的状态，而当高阶情感机可以进行自主行为时，它所进行的这个自主选择也一定是有目的的，这时的目的就呈现出一种主动的目的性。比如，老虎 T''' 在选择究竟是自己吃还是给孩子吃时就会体现出自主的目的性。也就是说，高阶情感机是有目的性的，虽然这个目的有时也是被动的，被自然规律支配，被人类规则支配，但是也存在主动的情形。

（二）高阶情感机是否有选择性

其实，高阶情感机的选择性不用再多加赘述了，作为目的性的行为表征，选择性同目的性有着本质的关联。既然高阶情感机在某些情况下能够依据自己的"想法"进行主动的、有目的性的行为操作，那么这时它的行为操作就是一种自主的选择。当然，它的选择也有被动的时候，被自然规律控制、被"生存和繁衍"的目标控制、被其他"虎"或其他规则控制，但自主选择毕竟已经存在了。

（三）高阶情感机是否有言语性

作为一种交流的工具，语言性是自语境化特征中唯一一个必须有其他"虎"参与的特性。低阶意识机器也可以有语言性，但它的语言性较为隐晦，大多以单纯的行动为主。而高阶情感机的语言是一种丰富的语言。首先，行为可以表征语言，当老虎 T''' 选择自己生存时，它就表征出一种"我要活"的语言；其次，情绪可以表征语言，当然情绪一定是通过行为或者神态表征出来的，"后悔""犹豫""坚持"都是一种语言。而且，老虎为了进一步"生存和繁衍"，就必须谨记原来的教训，脑子记不住就用爪子记（书面语言），只有这样才能更好地生存。

（四）高阶情感机是否有不确定性

在高阶情感机这里，可以确定的东西已经非常少了，如果说老虎被支配是确定的，那么 T' 和 T'' 的遭遇就是对这种确定性的一种不确定表征；如果"生存和繁衍"的大目标是确定的，那么老虎 T'' 就不会进行自主选择、不会有自我情绪的表征。而没有自我情绪表征的机器就不是高阶情感机，因此随着时间的流逝，"确定"已成为高阶情感机中的一个奢侈的词汇，不确定性才是它常有的状态。

（五）高阶情感机历史性与渐进性的表征

高阶情感机是低阶意识机器的高级阶段，所以它一定已经具备低阶意识机器的历史性，而且既然它是低阶意识的进化状态，那么它一定是前进的。因此，我们将原来的第五个和第六个问题合并，并由原来的"高阶情感机是否有历史性和渐进性"改成"高阶情感机的历史性和渐进性如何表征"，让我们看看，高阶情感机相比低阶意识机器是否有什么新的历史进步意义。

首先，高阶情感机整体是一个进化的过程：从最初的只能表征计算的狭义计算机、到后来能够进行实际性的单纯行为机器，再到后来具有"生存和繁衍"的低阶意识的低阶意识机器，这既是认知的发展过程，也是人工智能在认知研究的进步过程。

其次，高阶情感机本身也处于一种历史的进化中，在它自身的过程中，它的行为也有被动的，但是多了自主性的行为；它的选择也可能是被迫的，但是多了主动的选择，这些都标志着一种进步和发展。

（六）高阶情感机实践性的表征

同修改有关"历史性和渐进性"的问题一样，在这里，我们也将高阶情感机的实践性问题进行修改。高阶情感机除了可以表征出低阶意识机器的全部实践性外，还有一个重要的实践性表征：它是人工智能在思想方面表征情感的绝少案例之一。

人们在探讨认知时还是将绝大部分目光投注于意识上，在他们看来，意识问题都难以得到解决，更遑论情感问题了；或者是，他们将意识和情感混为一谈，对二者不加区分，也就自然不会有情感认识的解决方案了。也就是说，"情感一直以来多是作为一种外围因素被引入到以智能为核心的行为选择体系结构当中的"[①]。其实，这是研究情感的一个误区，当我们将意识加以划分，就会发现情感是意识的高阶阶段，而要达到这个阶段就必须经历初始意识的过程，这是本书将低阶意识和高阶情感进行分类的原因，也是高阶情感机（思想上）可以成型的原因所在。

从上述分析中可以看出，高阶情感机不仅能够自主地完成"行为响应模式"，而且具备自语境化认知的其他七个特性。我们说具备特性并不是说，高阶情感机的每一个行为都是自主的、或者都具备这七个特征，而是说它具备了行使这个七个特征的能力。所以，高阶情感机作为一种人工智能机器，更准确的是一种"思想实验中的人工智能机器"，已经是一种完全自语境化机器了，可以同人类一样进行"自主地融入语境"的行为活动。

我们无法预知老虎 T 或者其后代什么时候会经历这些困难，或者它们什么时候能够"记忆""书写"，但是可以肯定的是，随着时间的流逝、外界的压力的增大和它自身经历的不断丰富，老虎 T 或其后代终将会同人类一样，成为一种能够思维的、有自主意识的生物。

因此，智能机四种类型能否思维确实可以依据自语境化认知的判定标准进行检验：狭义数字计算机的定义就是只能计算，因此它是无法思维的，而它也并不符合自语境化认知的三个标准；单纯行为机器可以计算和行为，因为它符合自语境化认知的"行为响应模式"，可以进行行为操作；低阶意识机器能够思

---

① 比如，特塞沃和迪加·曼特就曾在《人工智能与远程存在国际会议综述》中对这一观点进行过各自的阐释。参见：Tsankova D. Emotionally Influenced Coordination of Behaviors for Autonomous Mobile Robots. Proceedings of the International IEEE Symposium on Intelligent Systems. Piscataway，IEEE，2002：92-97；Delgado-Mata C，Ibanez-Martinez J. An Emotion Affected Action Selection Mechanism for Multiple Virtual Agents. Proceedings of the International Conference on Artificial Reality and Telexistence. Piscataway，IEEE，2006：57-63.

维，只不过这种思维被界定在"生存和繁衍"的条件下，因此它符合自语境化认知的大部分标准，已较为贴近人类的自语境化认知状态；而高阶意识机器不仅能够思维，还能够表征情感，因此它符合全部的自语境化认知状态，是一种能够像人一样思考并产生情感的机器。所以，经智能机验证，自语境化认知的判定假设是合理的。

第
六
章

认知发展：自语境化认知的发展论证

人类的认知被假设为一个自语境化过程，也就是"自主性融入语境并反馈于人类认知"的过程。这是人类目前的认知状态，也是一种高阶认知状态的标志。那么这种认知状态是固有的吗？或者说，它是人类或生物共有的，从一开始就始终存在的一种状态吗？

第一节　自语境化认知的发展阶段假设

发现始于问题，问题源于假设，但假设并不是凭空捏造的，而是一种基于事实的理论推想。若要对"人类自语境化认知何以可能"这一问题有所了解，同样要基于事实来预设一个理论，而后再让其接受时间和实践的检验。还以"闪电"为例，人类的认知过程可以推列如下（图 6-1）。

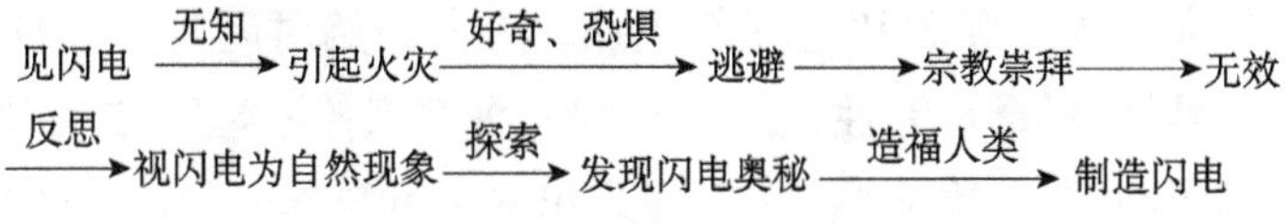

见闪电 —无知→ 引起火灾 —好奇、恐惧→ 逃避 ——→ 宗教崇拜 ——→ 无效

—反思→ 视闪电为自然现象 —探索→ 发现闪电奥秘 —造福人类→ 制造闪电

图 6-1　闪电认知示意图

图 6-1 展示了很多认知内容，大致可归结如下。

第一，人类对闪电的认识是"思维和行为"共同作用的结果，是人类意识和自然环境逐步融合的过程："无知、好奇、恐惧、敬畏、反思、探索、造福人类"都是人们在认识闪电的过程中产生的各种心理状态，而"见闪电、逃避、宗教崇拜、视闪电为自然现象、发现闪电奥秘、制造闪电"则属于人类的行为；同时，这两个过程并不是分开的，而是相互融合、统一的，因为人类开始对闪电是"无知、放纵"的，所以闪电"肆无忌惮地"引起火灾，而这种烧死动物和人类的火灾令人类"恐惧"，恐惧但无力抗拒的心态逐渐演变为"敬畏"，当敬畏达到一定程度时，宗教崇拜就产生了，但当人们发现这种崇拜于人类生存和发展无益时，就会对这种崇拜产生"怀疑"，而后转向其他解决途径，如科学，随着自然科学的发展，人们逐渐认识到"闪电可能只是一种自然现象"，如同下雨、刮风一样，应该用"审视"的眼光来看待这一事物，用一种"科学的、研究的、探索的"心态来重新解构这一现象，通过不懈的努力，人们终于发现闪电的奥秘，它只是一种正负电荷的相互作用而已，而后人们开始想要"利用闪电"，想要让这种可以引起大火、拥有无限能量的现象为我所用，并进一步造福于人类，在这种情况下，制造闪电的念头和行为就相继出现了。

第二，这个过程是一个从被动到主动的认识过程，是一个人类"自主能动性"逐渐显现的过程：见到闪电的"无知、好奇、放纵"是被动的，发现闪电可以引起火灾、烧死动物后的"恐惧心态"是被动的，而恐惧被烧死之后的"逃避"就逐渐开始趋向于主动，而后演化为"宗教崇拜"，甚至从这种"崇拜"中谋取利益的心态和行为则是完全主动的了，之后的"反思、探索、造福人类"都是主动心态，"发现闪电奥秘、制造闪电"则是在这种主体心态影响下的主动行为了。

第三，它还是一个从低阶到高阶的认知转化过程，是一个认识逐步成熟的进化过程。当人刚刚看到闪电时，人类对这种现象并没有过多的注意，处于一种完全"无知"的状态中，这时的人类因为对闪电的"无知、无觉"自然不会有什么行为表征，这种现象只出现在人类刚刚有意识或者一个人刚刚出生时。随着时间的推移、人类经验和生理的成熟，人们开始对闪电有了自己的认识，如"好奇、恐惧"，好奇是天性，是人类的一种"遗传心理"，或者是"潜在遗传心理"，而恐惧也是人类对"火灾"表现出的一种自然的、被动的状态，这里的"好奇"和"恐惧"都不属于人类完全自主性的认识和活动，而是一种被动的心理和行为。之后的"逃避"行为就是在这种被动心态和主动行为之间的一种转化，本来在这些被动心理的支配下，人类的行为也是被动的，然而随着时间的流逝，随着这种被动次数的增多，人类开始逐渐意识到"我要逃、我正在逃"，而后这种心理和意识就会被放大，并指导人们的行为，这就是主动的行为了。可以看出，"逃避"是一个从被动到主动的发展过程，而即使作为一种主动的心理和行为，它也是从开始的"逃避死亡"到后来的"逃避困难、情感"，这就是心理状态从低级到高级的一个发展过程。而从"逃避"到"反思、探索、造福人类"等类似的更加多样化的意识和情感，就更是一个从低阶到高阶的过程了，前者倾向于低阶的被动状态，后者则是更加主动、以更加崇高的目的为标准的意识，如"求真、求善"等。

其实，这个认知案例并不特殊，人类的认知过程大抵如此。结合自语境化认知总假设，可以更好地整合上述知识，从而获得有关人类认知更加清晰的发展脉络。自语境化认知是这样一个过程：确定认知对象—依据自身天赋—自主融入语境—获取相关信息—得出"可能行为候选集"—进行自主选择—获得上升认识。就这个意义而言，"人类"是可以进行"自语境化认知"的。这是因为，我们"思考本身无法被怀疑"，即"我"唯一不能怀疑的就是"我"有思考这种能力。"我"只要（自觉地）思考就可以获得周围的一些信息，并将这些信息加以整理，进而做出某种决定，而这种决定不是别人强加于"我"的，或者说不是完全由外人的意志决定的。"我"是有自主意识和自主选择权的，"我"能够自主地综合周围的情境。所以，能够进行语境分析的，能够将行为和周围要素自觉关联的，非"人类"不可，或者说非有"意识的"生物不可。如上所述的"恐惧产生的敬畏""敬畏导致的宗教崇拜""宗教崇拜后的反思""反思后的科学发现""科学发现后造福人类"都是一种自语境化认知心理或行为。

一、自语境化认知的四种发展阶段

然而，自语境化认知并不是一蹴而就的，它遵循着一定的发展过程。科学研究一般都是从熟悉的事物过渡到陌生的事物，对于自语境化认知的发展阶段也不例外，也应当从最熟悉的自语境化认知往回推演。

即使是自语境化认知，我们也不能一概论之，它有低阶和高阶之分。为了有所区别，将低阶自语境化认知称为拟自语境化认知，而将后者称为高阶自语境化认知。

第一，自语境化认知的成熟阶段：高阶自语境化认知。高阶自语境化认知是最高级的人类认知状态，如果不满足人类"生存、繁衍"的需求，也就不会有"理想、自我价值"等更高级的人类追求，也就不会有喜、怒、哀、乐等高阶情感。就这个意义而言，"人类"是唯一可以"自语境"的物体，这是因为，只有人类才能够进行"求真、求善"的真善美追求，只有人类才能够有爱情、亲情、友情等感情表达。所以，自语境化思维认知是一种完善的思维认知状态，因为它能够自我修复、进化，在这种状态下的人类活动呈现的是一种上升的状态；而且，自语境化思维认知状态下的人类必须能够使用语言，这也是自语境化思维认知的特征之一。这种状态比较普遍，如为了求真宁愿被烧死的布鲁诺的行为就是一种高阶自语境化认知行为，为了造福人类而制造闪电就是一种高阶自语境化认知，为了书中一个感人的情节痛哭流涕也是一种高阶自语境化认知。

第二，自语境化认知的转化阶段：拟自语境化认知。拟自语境化认知虽然同样能够进行"行为响应模式"，在这种状态下的人类也同样具备"主动融入语境"的意识，但是这种主动性是单一的、低级的，它只是在"生存和繁衍"的低阶目标下的一种"行为响应"。比如，看到闪电引起火灾的恐惧和逃避，单纯的生殖、繁衍，或者是饥荒年月的食人现象，战争中的你死我活行为等，这种状态下的人就好似低等动物，只会依据自己最原始的冲动作出行为选择。

第三，自语境化认知的对立阶段：被语境化行为。与自语境化认知相对的就是被语境化行为，它是指：行为主体并不是自主、自觉地融入情境的，它虽然也接收到新信息/刺激，也会作出相应的反应，但在接收刺激—做出反应的这个过程中，行为主体是依据"人"的思维做出的程序而做出的行为响应，这种反应行为是"被动的"，行为主体是"被"融入语境的。人类的认知行为首先是被动的，或者不能说是"认知"，"人与环境间的关系"是被动的。人类是被大自然的规律、被周围的环境所支配而存在、发展的，它是一种"被语境化"，相对于自语境化的"自主融入语境"，被语境化是指"被动地融入语境"，而支配被语境化行为的既可以是自然规律，也可以是人为规则。这种现象无处不在，还以闪电现象为例，人类并非一开始就能够将其与雷雨联系起来，也不是一开始就能够将其运用于农耕中，这是一个从"被自然规律支配"到"自主行为选择"的思维过程。因此，被语境化就是一种被自然规律、人为规则支配的行为响应模式；它并非一种认知方式，而只是行为主体与周围环境发生联系的一种行为描述而已，是自语境化认知的一个必经阶段。

自语境化认知只是人类的一种认知行为，被语境化行为则不然，不仅人类可以执行被语境化行为，其他物体也可以进行这种行为。而且，这种被动性的施动者有两个：一个是自然规律；一个是人为规则。无论是任何事物，都要遵循自然规律，这就是在被自然规律支配着，譬如，任何事物都处于时空之中，任何物体都会受到"万有引力"的影响，任何生物都会经历生老病死的自然形态等。其次，由于人类是高等动物，有自己的思维，所以人类又制定了许多规则，这些规则不仅是针对人类自己的，也有很多是针对其他生物或者物体的，比如，在动物园中，人类会给动物制定规则，如不许咬人、不许打架等，当然，这些规则是通过人赋予动物的，让人指导动物的行为，动物是被动的；而在进行计算机操作时，人类也会为计算机制定许多规则，这些规则就是程序，计算机也是被这些规则或程序支配的。

第四，自语境化认知的原始阶段：无语境化状态。为了更好地理解被语境化行为，我们需要将这种认知形态同无语境化状态进行区别。从表面上来看，被动和无的区别是这样的：如果我们说一种行为是"被动的"，那么就意味着还有一种主动行为，而如果我们说"没有"就是指"单纯的无"。比如，"我"被逼着卖掉了田地就是被语境化行为，而"我"的内心还存有"不想卖掉田地"的主动意识，而如果"我根本无所谓买不买田地"，那么即使卖掉了田地，"我"也是一种无语境化状态。但实际上，从结果来看，我们很难鉴别出这种行为究竟是"被逼的"，还是"无意识"的，就如"外表看起来是并不一定真的是"一样。

为了规避这个"自主性何以表征"的认知难题，将"被语境化行为"和"无语境化状态"的区别进行重新界定，主要包括两个方面的内容。

首先，由于自语境化认知的研究是一种基于"人类思维"的认知研究，所以如果行为主体随着环境的变化而变化，但是这种变化与人类没有关联时，我们就将这种变化归于"无语境化状态"。比如，大海虽然会随着时间流转，沧海变桑田，但是这种情形非人力所及；花朵会随着季节变换，花谢又花开，但是也无需人的参与，"大海""花朵"都是无语境化行为主体，这种情况就是行为主体无语境化。再比如，普通动物也会进行一些类似的"语境化行为响应"，如它们会在饿时寻找食物，受到威胁时反击等，但是这种认知行为并不会被归于被语境化行为范畴，因为我们永远无法判定这种行为究竟是否有自主性。而这里的主体无语境化同"主体受自然规律支配"是不一样的，因为受自然规律支配也可能是与人有关的；而规则则大体都是与人类相关的。

其次，被语境化行为是一种行为，从"自语境化的判定标准"来看，它是能够进行"行为响应模式"的，但是，无语境化状态却无法进行行为响应，比如，时间本就不是一种行为，而计算机的计算操作这种"计算"从狭义上讲并不能算作行为，再比如，一个无用的机器手臂的来回摆动则根本没有"响应"，因此它们都不能算作在执行"行为响应模式"。这与全文的假设相符合，是在用一种"行为 vs.行为"的方式来解释和模拟"自主性"。

从上述分析可以看出，人类的认知可以被细化为四个阶段：无语境化状态、被语境化行为、拟自语境化认知行为和高阶自语境化认知行为。如图 6-2 所示。

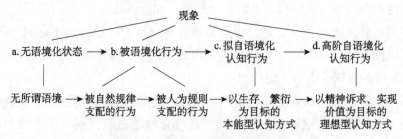

图 6-2 自语境化认知进化模式图

值得注意的是，上述四个过程并不是一蹴而就的，而是一个漫长的发展过程，它是在时间和经历的沉淀下慢慢发生的。人类的认知从完全"无知、无觉"到"被环境、因素支配的好奇"是在时间的发酵下形成的，从"无能为力的好奇"到"渴望生存的逃避"也是在时间和环境中形成的，而从"唯存而生"到"实现求真、求善价值"同样脱离不了时间这一因素。

二、自语境化认知发展阶段的理论溯源

无源之水不会长存，无本之木不会常青。有关自语境化认知过程的假设如果只是凭空猜测，那么就会是无源水、无本木，得不到学者们的认可和重视。事实也是如此，自语境化认知过程并不是一种天马行空的设想，而是在总结和归纳了众多认知观点之后形成的一种有关认知的知识。

自语境化认知四阶段的划分是有理论根源的，受到卡拉瑟斯、弗洛伊德等学者的影响，可将认知分为四个阶段。

（一）波普尔的"有机体进化论"：无意识—自主性的进化启示

波普尔的"有机体进化论"着重从生物学角度挖掘认知进化过程，他将身心问题纳入进化论讨论范畴的做法值得我们借鉴。

波普尔可以算作较早、较为明确地从进化角度提出自己对身心问题观点的学者之一。他的理论是对认知和精神状态的生物学起源及其客观实在性进行科学解释的。在他看来，意识、心灵和认知是从很小的生物的生理来源进化突现

而来的，他也将这一过程划分为四个演化阶段："a 生命有机体在进化过程中突然出现了不适、疼痛等警报信息，如果他不放弃这种行动就会受到很大的伤害，比如，当人类看到闪电引起火灾时，甚至是被火烧过后就会明白闪电是一种警报信息；b 在这种遭受到这种伤害后，有机体就拥有了在采取行动前就能以某种方式来检验所采取的各种行动，从而使想象的试错行为先于真正的试错行为，也就是说，当下一次看到天空出现闪电时，这个有机体就产生"闪电会起火，火会烧人"的意识，这种意识就是想象中的试错行为；c 这些生命有机体拥有了意识指向的目标系统，即他就会出现"躲避闪电"这样的意识指向行为；d 语言以及随同它一起进化的世界会使得个体意识日渐趋于完善，这样，一些人就会将'闪电的起火到躲避'编成书籍流传给后人。"①

虽然波普尔认为意识、认知、精神是从无意识、无认知和无精神的生命体中"突现"而出的，但他认可它的客观存在性。因为精神并不是物理世界的简单叠加，而是"突现"出的一种新事物，事物一旦产生就有了自身的自主性和独立性，是不能还原为原来的事物的。波普尔的进化突现论代表了这种理论的较高层面，而且也为"不可还原突现论"提供了借鉴作用。

（二）哈瑞的"生物演化四阶段"：被动—拟自主化的进化启示

哈瑞提出生物演化的四个发展阶段："a 在某生物的基因组中存在某种基因或基因模式；b 生物体的脑皮层具有某个特征，或许某个尺寸或结构；c 生物如一个成年人，对于某一水平的认知活动具有某种技巧或智能；d 这种生物在执行某实践和完成某计划的过程中训练这种技巧。在这四个阶段中，前一个阶段是后一个阶段的前提。"②在a阶段，人类存在各种各样的遗传基因，这些基因会影响b阶段，而b阶段到c阶段则是受到来自外界环境的影响，这种环境同人类自身的生物特性相结合使得人类的潜力得以激发，而从c阶段到d阶段，人类的自主性就更得以彰显，这是训练的结果。

哈瑞的这种分类方式是值得借鉴的，我们可以获得"从被语境化行为到拟自语境化认知"的分类启示。对人类来说，"基因"就是它的"被动程序"，每一个人都无法摆脱基因对它的控制，然而这种被动状态也是可以改变的，那就是通过"训练"，在训练的过程中，人们会逐渐获取新的信息、刺激、知识和能力，而自主性也就逐渐体现出来了。

① 卡尔·波普尔. 科学知识进化论. 纪树立编译. 北京：生活·读书·新知三联书店，1987：427-448.
② Harré R. Cognitive Science: A Philosophical Introduction. London: SAGE, 2002: 97-98.

（三）卡拉瑟斯的"意识树"理论：被动—自主性的进化启示

这一划分最主要是受到卡拉瑟斯（P. Carruthers）"意识树"的启发。卡拉瑟斯为了解释"感觉"这一神秘现象而提出"意识树"，在他看来，"意识这一'困难问题'并非真正的难题，因为我们可以将其分类"[1]（图6-3）[2]。

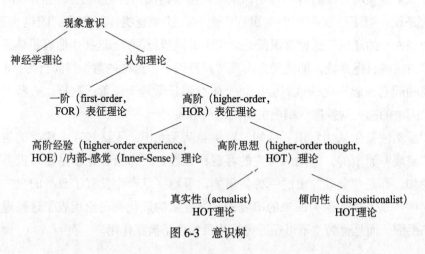

图 6-3 意识树

从图6-3可以很清晰地看出卡拉瑟斯对意识的自然主义立场。首先，意识可以被分为神经学理论和认知理论，前者偏向于从技术角度探索认知，后者则偏向于从认知方面探讨意识，这是一种意识的理论探讨。他从实际出发，将意识分为一阶意识（FOR）和高阶意识（HOR）：前者是意识的低阶层次，如针扎的"疼痛"、口渴的"难受"等意识都被归为这一层面；而后者则是意识的高阶层次，它包括经验（HOE）和思想表征（HOT），如我们原来"被针扎过"，那么这种"针扎疼痛"的经验就会存在于我们的记忆中，成为我们的一种经验，而经历过口渴，同样这种感受也会铭刻在记忆中，这些都是我们的高阶经验，而高阶思想表征（HOT）则是比经验更加高级的意识表征，如我们有"被针扎会疼"的高阶经验，以后再看到针，就会避免碰到针尖，缝衣服或者进行其他用针的活动时也会尽量避免被扎，而如果我们有过"口渴"的感受，我们就会出现或者强化"水很珍贵"的意识，这些就是高阶思想表征。而高阶思想表征还可以细分为真实性理论和倾向性理论，真实性HOT是指我们真的遇到过这种情形并从中体验到一些思想和感受，比如，被针扎后，我们会对所有尖锐物体产

---

① Carruthers P. Consciousness: Essays from a Higher-Order Perspective. New York: Oxford University Press, 2005：60.

② Ibid, 39.

生戒备心理，并尽量避免碰触尖锐的物体，而口渴后，我们会在日后的生活中常备一些水，以免再遇到类似的情境；而倾向性 HOT 则指这些思想和感受会引起怎样的理论和观念，有人在被针扎后就会联想到"压力和压强"的关系，因为压强的大小不仅与压力有关，还与受力面积大小有关，所有即使很轻的缝衣针，因为受力面积极小也会将人扎疼，而经历过口渴的人在感受到水珍贵的同时，还会节约用水、节约自然资源等。

其实，并不是说卡拉瑟斯的意识树观点就能够完全解决意识问题，但它至少为更加深入地了解意识提供了解决路径——将意识分类。将意识分类有利于更加细致地了解意识，在这里，意识不再是一个含混的概念，而是一种可被分解的理念，这也便于我们采取措施将其各个击破。鉴于此，我们也应对认知采取分类的方式，而且被语境化行为类似于卡拉瑟斯的"一阶表征理论"，它是对刺激的一种最原始的反应；而自语境化认知则类似于他的"高阶表征理论"。但是，自语境化认知过程同卡拉瑟斯观点的差别在于，卡拉瑟斯仅将意识进行一阶和高阶的区分，而自语境化认知的区分更加细致，是从无到有、从低阶到高阶的一个较为完整的过程。

（四）弗洛伊德的"性本能论"：拟自主—高阶自主的进化启示。

对拟自语境化认知行为和高阶自语境化认知行为的区分是受到弗洛伊德观念的影响。在弗洛伊德的观念里，人类的本能可以分为两种：一是个体自我保存的本能；二是保存种族繁衍的本能，即性本能。而后，他将这两种本能结合起来，统一称之为生存本能。在弗洛伊德看来，生存本能是受两个原则影响产生的——强迫重复原则和快乐原则，这两个原则交织在一起发挥作用。而弗洛伊德还将"爱的联系"看作人与人之间关系的核心力量，这是一种建立在本能基础上的高阶意识，是集体得以存在的原因所在。而集体要存在至少要求一种集体精神，也就是要容纳其他成员的缺点，将自己和其他人看作是平等的，这样才不至于使人们产生厌恶的情绪。

可以看出，拟自语境化认知更加倾向于弗洛伊德的"生存本能"观念，而高阶自语境化认知性更倾向于他的"爱"等高阶情感观念。但是，与弗洛伊德观念不同的是，我们不仅重视心理因素对人类行为的影响，也支持外在语境对人类行为的影响。由于弗洛伊德的观念更多的是基于心理学角度的探索，因此他对外部因素的影响作用有所忽视。在他看来，支配人类这些本能和欲望的源泉完全来自于人类机体内部的兴奋，而非外部世界的影响，"所谓欲望的源泉，应当理解为在身上的某种器官或部分中的肉体过程，这种过程的兴奋在精神生活中是以欲望的形式表现出来的"[①]。而事实上，从我们的经验出发，确实能够看到外在环境对人类认知行为和心智发育的重要作用，它不是一种本能，而是随着时间的演变而逐步成熟的一种认知过程。

第二节　自语境化认知发展的智能机验证

从自语境化认知的发展阶段来看，自语境化认知经历了无语境化状态、被语境化行为、拟自语境化认知行为和高阶自语境化认知行为四个发展阶段。要验证这个假设的合理性，还是要以智能机为检验工具和媒介，即看智能机的发展是否遵循了类似人类认知的发展阶段。如果二者大体类似，那么就说明我们的假设是有一定道理的；如果二者并不一致，那么就说明我们的假设有问题，还需要再进行新的假设和检验。

一、狭义数字计算机与无语境化状态的关系

从狭义数字计算机的定义来看，它只是一种单纯进行计算的机器，也就是我们目前所看到的普通的计算机。而从狭义数字计算机和自语境化的关系来看，它完全不符合自语境化的三个标准：既不能够完成"行为响应模式"，又不能够进行自主性行为选择，也不符合自语境化的所有特性。既然它不是一种自语境化机器，那么它是更符合无语境化状态、被语境化行为还是拟自语境化认知行为呢？

首先，我们可以排除狭义数字计算机的拟自语境化行为，拟自语境化行为的最大特征是"拥有'生存和繁衍目的'"，而且这个目的在从被动逐渐转向主动，而我们目前看到的数字计算机拥有"生存和繁衍"的本能吗？很明显没有。它只是在人类"程序设定"下进行一些计算操作，只是"0"和"1"的互相转化而已。

其次，我们着重分析狭义数字计算机是否隶属于另外两种发展阶段中的一种。从外在行为表征来看，狭义数字计算机是没有行为取向的，因为它只是一种"计算操作"，完全没有任何行为表征。这和人工智能者用来"制造心灵"的

---

① 刘放桐. 新编现代西方哲学. 北京：人民出版社，2000：446. 转引自《弗洛伊德全集（第10卷）》.（德文版）第215页。

计算机不一样，它不进行任何形式化的、物理性的操作。

通过塞尔"依赖于观察者论证"①对"中文屋论证"的修正，我们能够更加清晰地认识到"狭义数字计算机缘何什么也没有"。如上所述，塞尔提出一个巧妙的思想实验——中文屋论证——来诘难图灵测试的有效性，即通过在中文屋中进行"正确配对输出中文"的塞尔却并不理解中文这个事例来证明：只具有正确计算编程的计算机并不足以产生心灵。毫无疑问，在这个论证中已经预设了一个前提，即"整个中文屋（计算机）是具有语法和计算属性的"②，只是单纯的计算并不能产生心灵。这样，计算就成为证明计算机能否思维的一张表皮，而心灵则成为依附于其上的毛发，只不过这只动物（单纯编程的计算机）的表皮上不能产出毛发而已。而后，针对强人工智能者的非难，塞尔及其拥护者们又提出各种各样的修正思想实验，然而这些论证只是对中文屋论证的一种局部修正，并未从根本上完善它，对于"计算机的作用就是计算，计算本就存在于计算机中"这一中文屋论证的预设前提，我们从未产生过怀疑。但是，依赖于观察者论证的出现使我们的思想发生了颠覆式的变化，它采用一种近乎"暴力破坏"的方式撕裂中文屋预设这一看似可靠的外衣，让我们从一种全新的角度来思考这一问题：假如计算机中并不存在"固有的计算"之皮，那么"由它（计算）而产生的心灵"之毛又将附于何处呢？可以说，它是以中文屋的方式来驳斥强 AI 的一个分水岭，前者承认"计算机中的计算属性"，而后者则认为"计算机的计算属性是依赖于外界观察者的"，这是一种质的差别。无怪乎塞尔会说，"它不同与中文屋论证，但更加深刻"③。塞尔这里的"计算机"就是狭义数字计算机，在这里，即使数字计算机表现出"计算"的属性，但是这种属性并不是计算机本身的，而是人类赋予它的，计算机只是将这种属性通过机器表征出来而已，所以塞尔才会说计算机什么都没有，更遑论心灵了。

这也说明狭义数字计算机虽然能够计算，但是它这种计算并不代表任何意义，是一种完全无意识的状态。那么，我们也就不能指望用"计算"这种属性

---

① 这个例子我们上面已经用过，但在那里是为了强调中文屋论证中所提到的"计算机"应该是"单纯行为机器"，单纯行为机器是"有语法而无语义的"；而将这个例子用在这里，则是为了表明依赖观察者中的"计算机"是"狭义数字计算机"，它什么都没有，只不过是能够表现出计算属性，这就为狭义数字计算机是处于无语境化状态进行了辩护。之所以两次用到这个例子，是因为：其一，本书说的观点比较新，而且无语境化状态——被语境化行为——自语境化认知行为等观念在区分上有时并不那么明确（这个原因下面会详加阐释），而用一个延续性的例子更容易使人们了解案例本身及其要讨论的内容；其二，塞尔用"依赖于观察者论证"来修正源初的"中文屋论证"本身就是一个赋有建设性意义的认知举动，因为在认知研究中，学者们大都是"从一而终"的，对自己研究的观点没有大的突破，而塞尔能够将其最著名的观点进行更加合理的剖析和修正，是需要很大勇气的，也说明"依赖观察者论证"确实是必要的、有价值的。

② Searle J. Mind: A Brief Introduction. New York: Oxford University Press, 2004: 65.

③ Searle J. The Mystery of Consciousness. New York: NYREV, 1997: 18.

来"融入语境"了，所以，狭义数字计算机更接近一种无语境化状态。

二、单纯行为机器与被语境化行为的关系

单纯行为机器同狭义数字计算机最大的不同就是，它能够融入语境，能够执行行为响应模式，虽然这种"行为"是"被动的"，是被人类支配的，但是它毕竟具备了"行为意义"，然而，这种"行为意义"又完全没有任何自主性。因此，它不属于无语境化状态，也不能算作拟自语境化认知行为，而更加接近其中间状态——被语境化行为。

虽然我们在前面已经对"单纯行为机器"这一概念进行过介绍，但要确定单纯行为机器的被语境化行为意义，还需要为其寻找理论和实践根源。单纯行为机器同狭义数字计算机最大的区别是：行为，那么行为同计算的区别究竟是什么呢？

许多学者都对行为进行过界定。动物学家对行为的一般定义是："行为是动物身上可观察到的活动，且是动物自由的、协调的运动"[①]。然而，这种界定方式是不科学的，因为行为并不仅仅是动物的活动，现在的机器也能够进行行为；如果动物的活动并不是"自由的、协调的"，如被绑住的老虎、一只腿瘸了的狼也可以进行行为，但是它们的这种活动肯定不是自由的、协调的，那么它们没有行为吗？显然不是。基于人工生命领域的研究，学者们对行为所下的定义是："行为是生命体的最基本的表征形式、最初级的操作单元，一个生命体不可能同一时间出现多种行为，因为行为之间相互排斥，且行为对硬件是有要求的"[②]。那么，跳舞机器人的外在表现算行为吗？在人工生命领域不算是行为，因为它不是生命体，但在大多数人眼中，这也可以算作行为。所以，这里的行为定义虽然有其可取之处，但也值得商榷。因此，这些行为定义要么未能揭示出行为的功能属性，要么陷入对具体行为功能的描述中，都不能算作恰当的行为定义。其实，心理学家对行为的定义还是比较中肯的："行为是外现的活动、动作、运动反应和行为"[③]。它既可以较为完整地表述行为的对象，也可以较为完整的描述

① Martin P, Bateson P. Measuring Behavior: An Introductory Guide. 2nd ed. Cambridge：Cambridge University Press, 1993：23；Nelson R J. An Introduction to Behavior Endocrinology. 2nd ed. Sunderland: Sinauer Associates, Inc, 2000：12.

② Graves B S. A generalized tele-autonomous architecture suing situation-based action selection. Texas, Texas A & M University, 1995, 12：90-106.

③ Brooks R A. A robust layered control system for a mobile robot. IEEE Journal on Robotics & Automation，1985，2（1）：14-23.

行为的功能。可以看出，当无机体能够执行这些操作时，它就可以算作是一台单纯行为机器，而它于我们所提到的只能表现出计算属性的狭义数字计算机是不一样的，它是有"行为响应"的，只不过这些行为响应都是"被设计好的"，也就是说，单纯行为机器即使能"融入语境"，这种"融入"也是"被动的"。

行为机器执行的是"被动的行为响应"，这一观点也可以在许多人工智能者那里得到验证。无论是国外还是国内的人工智能研究者，大都将行为机器看作是一种模仿人类行为的类人机器[①]，即机器人，这种机器是使用者（主人）的"奴仆"，没有自己的"生存"需求，一切都是被主人规定好了的，其功能也是为其服务对象而存在的。而更高级的机器人就属于人工生命的研究范畴了，比如，扫地机器人所表现的行为就是为主人扫地，跳舞机器人所表现的行为就是为主人跳舞。而这些都是被制造者的"程序"预先设定好的。

所以，单纯行为机器虽然不能进行自语境化认知行为，但是它所表现出来的行为特征，已经使它脱离单纯计算表征的范围，而跃入了被动行为的领域。

三、低阶意识机器与拟自语境化认知的关系

但是，若仅将研究范围限定于单纯行为机器的范畴，而无法真正探寻到认知的奥秘，是因为单纯行为机器相较于人类有两大缺陷：其一，"传统的单纯行为机器或者机制无法实现不确定情状下的自主行为选择，它们都缺乏环境适应性"[②]；其二，传统的单纯行为机器或机制所产生的行为"失真"度高，也就是说，"在同样的环境或者情境中，这一机器始终在进行着重复的运作，缺乏多样性"[③]。正是这两个局限因素使我们无法通过单纯行为机器或机制来更加深入地了解人类的奥秘。

然而，受目前人工智能发展水平的限制，还无法制造出有意识的机器，甚至对于"意识机器是否可能出现"这一问题也存在争论。鉴于此，我们提出低阶意识机器"老虎思想实验"，希望能够用它分析出意识机器同自语境化认知的

---

① Georgeff M P, Lansky A L. Reactive reasoning and planning // Proceedings of the Sixth National Conference on Artificial Intelligence (AAAI-87). Seattle：WA，1987：677-682；蔡自兴. 机器人学. 北京：清华大学出版社，2000：2-3；陈恩等. 机器人技术与应用. 北京：清华大学出版社，2006：6；宋伟刚. 机器人学. 北京：科学出版社，2007：1-3.
② Roesener C, Lorenz B, Vock K，et al. Emotional behavior arbitration for automation and robotic systems // Industrial Informatics，2006 IEEE International Conference. Singapore：IEEE, 2006：423-428.
③ Lee Dong-Hyun, Lee Ki-Back, et al. Reflex and emotion-driven behavior selection for Toy Robot//16th IEEE International Conference on Robot&Human Interactive Communication. Jeju：IEEE, 2007：613-618.

关系。

通过分析，我们得出，仅以"生存和繁衍"为目标的低阶意识机器（老虎T'）还不能算作完全的自语境化，但它已经在向自语境化认知方向发展了；而且，我们对"拟自语境化认知行为"的假设也是一种以"生存和繁衍"为目标的低阶认知行为，由此可知，低阶意识机器可以行使拟自语境化认知行为，低阶意识机器同拟自语境化认知行为可以相互对应。

虽然，以我们目前的水平还无法制造出"低阶意识机器"，但是科学家们已经有了这种研究趋向。他们虽然没有制造出能够表现出"生存和繁衍"本能的行为机器，但是已经将这种思想运用于"数字领域"，制造出一些能够略微体现出"生存和繁衍"本能的"数字生命"，如加德纳的"康韦氏生命游戏"和布鲁克斯的"包容结构"就体现出这种理念：机器进行的行为选择是基于某种目标而发生的，目标或是"争夺空间"、或是"完成任务行为"；同时，最终这种机器要尽量避免使用内部状态——人类设计的程序，而应以"自我"为中心的直感与外界进行交流。

在这里，我们选用"自我繁衍元胞自动机（Self-Reproduction Cellular Automata）"[①]来作为低阶意识机器的数字代表，来阐释"低阶数字意识机器"同拟自语境化之间的关联。

1984 年，兰顿（C. Langton）运用 Codd 回路构造出一个"自我繁衍"系统，即"自我繁衍元胞自动机"。首先，兰顿给出 Codd 回路的 T 型初始阵列，并在一个通道上加了一个带塞的臂 [a]；随后，通道发出信号，随着迭代步的增加，周期性逐渐产生并扩大 [b]；在 151 个迭代步后，自我繁衍系统生成了，同时，新繁衍出的阵列将逐步扩大其殖民地 [c]（图 6-4）。

兰顿的"自我繁衍元胞自动机"向我们展示了数字生物（机器）"自繁衍"的过程，其实，这个过程较之真正的"低阶意识机器（老虎T'）"更加接近"被语境化向拟自语境化转变"的过程。

前提：将计算机内部的存储空间作为语境。

步骤一：图 6-4（a）是一个"被语境化"的过程，这是因为，它是兰顿设计之初就给定的一个初始阵列及规则，T 阵列是"被动"地融入计算机内部存储空间的；

---

① Langton C. Self-reproduction in cellular automata. Physica D, 1984, 10：135-144.

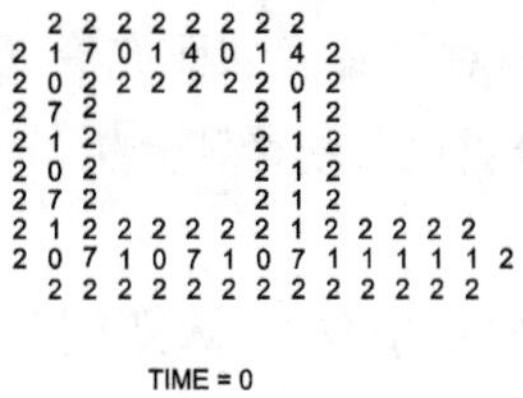

```
      2 2 2 2 2 2 2 2
      2 1 7 0 1 4 0 1 4 2
      2 0 2 2 2 2 2 2
      2 7 2           2 1 2
      2 1 2           2 1 2
      2 0 2           2 1 2
      2 7 2           2 1 2
      2 1 2           2 1 2
      2 1 2 2 2 2 2 1 2
      2 0 7 1 0 7 1 0 7 1 1 1 1 2
      2 2 2 2 2 2 2 2 2 2 2 2
```

TIME = 0

(a)自我繁衍回路的初始状态

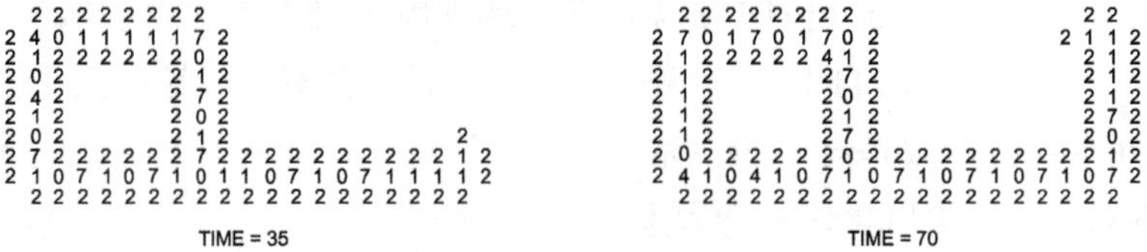

```
2 2 2 2 2 2 2 2                              2 2 2 2 2 2 2 2                    2 2
2 4 0 1 1 1 1 7 2                            2 7 0 1 7 0 1 7 0 2              2 1 1 2
2 1 2 2 2 2 2 0 2                            2 1 2       2 1 2                  2 1 2
2 0 2         2                              2 1 2       2 7 2                  2 1 2
2 4 2         2                              2 0 2       2 0 2                  2 1 2
2 1 2         2 0 2                          2 7 2       2 1 2                  2 7 2
2 0 2         2 1 2                          2 1 2       2 1 2                  2 0 2
2 7 2 2 2 2 2 2 2 1 2 2 2 2 2 2 1 2          2 0 2 2 2 2 2 0 2 2 2 2 2 2 0 2    2 1 2
2 1 0 7 1 0 7 1 0 1 1 0 7 1 0 7 1 1 1 1 2    2 4 1 0 4 1 0 7 1 0 7 1 0 7 1 0 7 2
2 2 2 2 2 2 2 2 2 2 2 2 2 2 2 2 2 2          2 2 2 2 2 2 2 2 2 2 2 2 2 2 2 2 2 2
```

TIME = 35   TIME = 70

(b)迭代步逐渐增加：周期性逐渐产生

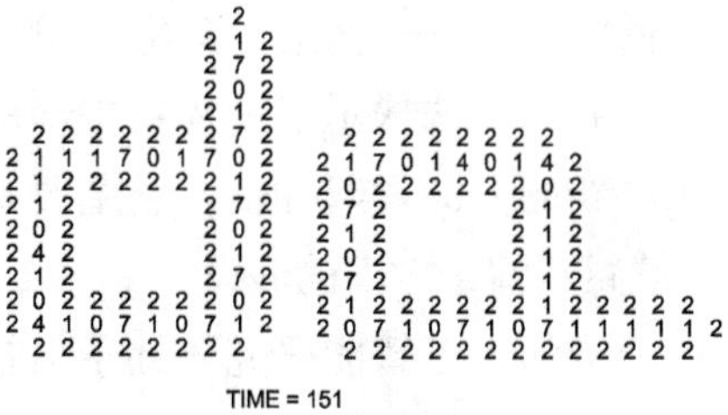

```
          2
          2 1 2
          2 7 2
          2 0 2
          2 2 2 2 2 7 2
2 2 2 2 2 2 2 1 1 7 0 1 7 0 1 2    2 2 2 2 2 2 2 2
2 1 1 7 0 1 7 0 1 2                2 1 7 0 1 4 0 1 4 2
2 1 2 2 2 2 2 2                    2 0 2 2 2 2 2 2
2 1 2       2 7 2                  2 7 2           2 1 2
2 0 2       2 0 2                  2 1 2           2 1 2
2 4 2       2 2 2                  2 0 2           2 1 2
2 1 2       2 7 2                  2 7 2           2 1 2
2 0 2 2 2 2 2 0 2                  2 1 2           2 1 2  2 2
2 4 1 0 7 1 0 7 1 2                2 1 2 2 2 2 2 1 2
2 2 2 2 2 2 2 2 2                  2 0 7 1 0 7 1 0 7 1 1 1 1 2
                                  2 2 2 2 2 2 2 2 2 2 2 2
```

TIME = 151

(c)151个迭代步后：自我繁衍系统生成

图 6-4 兰顿的自我繁衍元胞自动机示意图

步骤二：图 6-4（b）是正在由"被语境化"向"拟自语境化"转化的过程，它是在兰顿"自我繁衍"的设定程序下进行的迭代步增长过程，具体是指，随着迭代步的逐渐增加，T 阵列的周期性也在逐渐产生；

步骤三：图 6-4（c）及之后（继续扩大殖民地）的过程是一个"拟自语境化"的过程，这时自我繁衍系统已经完成，T 阵列已经显示出自主争夺"生存空间"（存储量）的"生存和繁衍"的本能，只是这种本能还是以"计算属性"而非"行为属性"为表征的。

结论："自我繁衍元胞自动机"的成功表明，数字生物（机器）是可以"自繁衍"的，这体现出这些数字生物在总体目标的支配下"自我扩张、自我繁衍"的特征，这些都符合"拟自语境化"的特征。因此，以"自我繁衍元胞自动机"为代表的一类"以生存和繁衍"为目标的"数字生物"已经初步体现出"拟自语境化认知行为"。但是这种体现有很大的局限性，因为它们无法表现出外在行为、无法完全自我行为、无法在这个"目标"支配下"融入语境"，因此还不能算作是完全的"低阶意识机器"。然而，这些研究毕竟已经为我们了解"低阶意识机器"提供了佐证，让我们对学者们的研究意图和方向有了更深入、更透彻的了解，因此对它们进行"语境化"阐释和分析是十分必要，也是十分迫切的。

四、高阶情感机与高阶自语境化认知的关系

从第五章第二节的分析中可以看出，高阶情感机（老虎思想实验升级版）就是一种可以进行高阶自语境化认知行为的机器，它不仅能够完成"行为响应模式"，而且这种模式是自主的，完全符合自语境化认知的全部特征。因此，高阶情感机同高阶自语境化认知行为是一一对应的。

在人工智能研究中，学者们也已经开始对情感的探索，只不过这种探索是数字模拟型的、情感机的低阶阶段——情绪。其实，情感和情绪的研究始于动物学和心理学，但是这些研究都无法揭示清楚动物情绪的机理，基于此，人工智能开始延续前人的步伐向新的方向发起冲击，它主要是用计算机来模拟人类情绪，从而验证一些有关情感或情绪方面的假设。

目前，人们对情感和情绪的人工智能研究还处于最初期的阶段，因此，相关文献资料极其有限。所以，这里仅选取有关情绪研究的几种主要理论进行介绍，并从自语境化认知的角度对这些观点进行简单的阐释。

第一，情绪影响机制（emotion-affected）。在这一机制中，"情绪是作为一种信念引入行为选择的，即情绪-信念-期望-意图模型（EBDI）"[1]，在这一过程中，情绪导致行动的意图，进而导致行为。具体过程如下：情绪状态参数将关于情绪的相关知识传递到推理层，而后，相同的知识推理会借由不同的情绪状态产生不同的结果。这种假设机制的优点是，情绪的影响作用能够很快速、清晰地影响各个思维层，既使行为有对环境的迅速反应能力，又使行为具备慎思的能力。

第二，情绪涌现机制（emotion-emerged）。"这一机制的主要特点是将激素机制引入情绪的计算当中，使物体涌现出非主观意志行为，实现对变化环境中的适应"[2]。其中有一个重要观点：当前的资源风险状况RoD，当RoD值较大时，物体就会降低对当前资源的评估，这样它就会采取一种回避的行为，而在外在观察者看来，这就是一种"害怕"或者"逃避"的行为；同时，当RoD较小或

---

[1] Pereira D, Oliveira E, Moreira N, et al.Towards an Architecture for Emotional BDI Agents. http://www. dcc. fc. up.pt /Pubs/TR05/dcc-2005-09.pdf [2015-05-08].

[2] Cañamero L, Avila-García O. A Bottom-Up Investigation of Emotional Modulationin Competitive Scenarios. Berlin：Springer-Verlag, 2007: 398-409.

为零，物体对当前资源评估较高时，它就会采取进攻行为，这在观察者看来就是一种"激进"或"攻击"的情绪。

第三，情绪驱动机制（emotion-driven）。这一机制尝试将情绪用于游戏系统。在游戏中，游戏人物会进行这样两种行为：攻击、逃跑和完成任务，而用情绪驱动机制来解释，"前者（攻击、逃跑）是受到了害怕情绪的影响，而后者（完成任务）是受到了困惑情绪的影响，在这里，害怕和困惑就成为驱动物体行为的两种情绪"①。

上述三种理论可以作为自语境化认知发展在人工智能方面的理论依据。这些理论机制同我们的自语境化认知理论假设有相似之处，我们也赞同情绪对行为的影响作用：高阶情感就是情绪的高阶阶段，它对物体的行为一定是有影响的，而且行为也会反馈于这些情感和情绪。在自语境化认知的发展历程中，突现是导致认知从无语境化状态—被语境化行为—拟自语境化认知性—高阶自语境化认知行为发展的最重要因素，这同情绪涌现机制相谋和；而且，当物体的行为能够到达高阶自语境化认知行为阶段时，情感或者情绪就会驱动、支配人们的某些行为，这同情绪驱动机制又有相一致的地方。

但是，这种依据并不能作为一种确实的、完全可靠的科学证据。因为它们也是一种假设性、猜想性的理论，没有人能够说明情绪的参数为几何，没有事例能够算出 RoD 值究竟是多少，没有案例能够肯定游戏人物在"攻击或逃跑"时就是在害怕，而它要"完成任务"就是为了释疑。然而，这种假设理论同我们对自语境化认知过程的假设是有区别的，它是一种依据人工智能知识的理性假设，而自语境化认知假设则更侧重于一种认知哲学的分析假设。

无论如何，这些内容都向我们展示了这样一种理念：人工智能的研究正在朝向"情绪、情感"的方向发展，也就是说，学者们已经意识到，在机器计算、机器行为之后，机器情绪将成为人工智能研究的新宠儿。而对高阶情感机的研究也正是使机器能够行使高阶自语境化认知行为的必经之途，只是这条路还很漫长。

结合自语境化认知的定义、判定标准及智能机的四种类型，可以发现，智能机的发展正是延续了自语境化认知的发展脉络：狭义数字计算机对应无语境化状态、单纯行为机器对应被语境化行为、低阶意识机器对应拟自语境化认知

---

① Olsen Megan M, Harrington Kyle, Siegelmann Hava T. 2008. Emotions for strategic real-time systems. http://binds.cs.umass.edu/papers/2008_Olsen_AAAISS04.pdf [2012-05-03]

行为、高阶情感机对应高阶自语境化认知行为。虽然，我们不能说这四种智能机同人类认知的四个发展阶段没有丝毫偏差，但是总体的方向是一致的，二者都遵循一种发展脉络：从完全无意识的状态到高阶情感的状态，从被动到主动的过程。这也正符合自语境化的发展过程假设：这是一个认知从无到有、意识从低到高的发展进化过程。

认知实现：自语境化认知的实现论证

从自语境化认知发展阶段的智能机验证来看，二者都遵循从低阶到高阶的进化原则。但是，这种进化是如何发生的呢？自语境化认知或智能机的发展阶段是如何得以承接的呢？以无语境化状态和被语境化行为为例，我们能够很明晰地界定清楚一种状态、行为或思维是无语境的还是被语境的吗？无语境化状态发展到一定程度就会自然地出现被语境化行为吗？还是会受到其他因素影响而形成被语境化行为呢？如果是，这些影响因素是什么？如果不是，无语境化状态多长时间就能自然地进化为被语境化行为呢？对这些问题的深入研究是进行自语境化认知论证的必要步骤，即自语境化认知四阶段何以进化？自语境化认知又何以实现？这就是自语境化认知的实现假设。而它的具体论证过程是，用智能机这一工具来验证自语境化认知实现过程的相关假设。

第一节 自语境化认知的实现过程假设

一、自语境化认知的进化突现过程

自语境化认知实现过程的总假设：从无语境化状态到高阶自语境化认知是一个进化突现的结果。

（一）自语境化认知的进化是一个"秩序与混沌"的过程

"秩序与混沌"是复杂自适应系统理论（Complex Adaptive System，CAS）的一个基本概念，它指的是任何事物的发展都是"一种介于秩序和混沌间的整体适应度"[①]。而自语境化认知也遵循这种发展模式，它的四个进化阶段并非一帆风顺的，而是处于"秩序与混沌"中的。如自语境化认知进化模式图（图6-2）所示，它的"秩序和混沌"体现在两个方面：其一是时间方面，从宏观来看，图6-2中，从 a 到 d 是一个依照时间顺序发生的过程，是"时间有序的"；但从微观来看，我们无法具体确定每一个阶段的发生时间，它又具有"时间无序性"。其二是逻辑方面，从宏观来看，图6-2的四个阶段是从被动到主动、由低到高的一个过程，是"逻辑有序的"；但从微观来看，图6-2中，从 a 到 b、从 b 到 c 又是不可能出现的，因为逻辑上讲究"无不能生有"，因此"被动也就无法生出主动来"，它又是"逻辑无序的"。

总体而言，自语境化认知的"秩序与混沌"指的是，我们无法准确地描述出什么时候人类是无知无觉的，它是在公元前多少年变成被动状态的，又是在何时产生出自我意识的，我们只能大体陈述出确实有这样一个过程而已。也就是说，认知过程的发展并非与时间成绝对正比，不能说原始社会的人类就只能进行被语境化行为，或者说当代社会中的人进行的就全是自语境化思维行为。这三种状态是随时都可能发生的，只是认知等级会有所差别而已。

（二）自语境化认知是一种在整体适应度下突现的过程

从自语境化认知的"秩序与混沌"的发展过程来看，自语境化认知产生的整个过程是一种宏观现象、整体变化，我们无法将其割裂开来，就如同我们不能说图6-2中，从 a 到 b，从 b 到 c，从 c 到 d 是在哪年哪月或者在哪个地方发生的一样，这是一种整体适应度。但是，这种阶段性的变化在微观层面上是不可见的。那么，究竟是什么使这种"时间有序"和"时间无序""逻辑有序"和"逻辑无序"能够如此完美地协调、统一在一起呢？许多学者赞同突现在其中所起的作用，"突现，即是在复杂系统的自组织过程中突然涌现出的、新的、和谐

---

① 这是复杂自适应系统理论（Complex Adaptive System，CAS）中的一个重要观点，这一理论以圣菲研究所（Santa Fe Institute, SFI）的研究而著名，关于这一理论的主要研究可参见：沃尔德罗. 复杂：诞生于秩序与混沌边缘的科学. 陈玲译. 北京：生活·读书·新知三联书店，1997：26-159. 英文书籍为 Waldrop M. Complexity: The Emerging Science at the Edge of Order and Chaos. New York：Simon & Schuster, 1992.

的结构、类型和功能，它是在宏观层面上出现的现象"①。

如自语境化认知进化模式图（图 6-2）所示，被语境化行为（b 阶段）具备无语境化状态（a 阶段）所没有的一些内容，如"被动融于语境性""行为响应"或者"人类参与"等因素，这些因素是单纯的进化无法获得的；自语境化认知（c 阶段和 d 阶段）是对被语境化行为（b 阶段）的一种突破，这种突破在宏观上的表现就是"由被动转为主动"；而人与低等动物的区别在很大程度上就是高阶自语境化认知（d 阶段）和拟自语境化认知行为（c 阶段）的区别，但是如何从"唯存而生"到"实现自我价值"又是一种突现的结果。

如果说进化是一种量变的话，那么，突现就是一种质变。本格对这一观点的定义值得我们借鉴，"设 x 为一具有 A 合量的 $CA(x)$ 系统，P 为 x 的属性，则有：当且仅当 x 的每一个"A 分量(component)"都具有 P 时，P 是"A 合量(resultant)"的一个属性；否则，若 x 的任一 A 分量都不具有 P 属性，则 P 是 A 合量的突现。"② 那么，相对于进化的缓慢演变，突现就是一种短期、突然的现象。这容易使一些学者误会进化和突现是对立的；其实，二者并不对立、也不矛盾，甚至是相辅相成的。本格曾说过："每一个突现都是某一进化过程中的一个阶段"③，这是对二者的关系较为贴切的界定。

（三）自语境化认知的突现是内外因共同作用的结果

从量变到质变的过程就是这种原本要发生突现的物质所处的语境在不断增加的结果，语境的增加指的就是"语境框架的不断扩大化"。博登早已指出，"我们从不处于一种无框架（frame-free）的情形中"④。因为没有任何一个框架能够预先为每一个突发事件做好准备，即，一个人无论决定使用什么框架公理，都会有一些意想不到的事情发生，致使这个框架不适合。人类的任何行为都是处于自身的语境框架之内的，比如，当人们没有正负电荷的认识时，就不会知道闪电是一种放电现象，就会认为它很神秘；而当人们知道了闪电的原理，就不再害怕它，就会控制它了，这就是人们的闪电知识框架扩大了。而这种现象在

---

① Goldstein J. Emergence as a construct: history and issues. Emergence: Complexity and Management, 1999, 11: 287.

② Bunge M. Scientific Materialism. London: D. Reidel Publishing Company, 1981: 29-31. 2003 年，在《突现与会聚：质的新颖性与知识的统一》一书中，本格的突现定义有所改动，他使用复杂性科学的术语"全局性质"来定义突现："所谓 P 是 K 类系统的一种突现性质，简言之就是，P 是 K 系统中分量所不具有的全局性质"。参见：Bunge M. Emergence and Convergence: Qualitative Novelty and the Unity of Knowledge. Toronto: University of Toronto Press, 2003: 14-15. 但是，这里的突现仅强调了突现的空间性（"部分与整体"性质），并未强调突现的时间性、历史性；所以笔者还是采用他早年的突现定义。

③ Bunge M. Scientific Materialism. London: D. Reidel Publishing Company, 1981: 42-44.

④ Boden M A. Artificial Intelligence in Psychology. Cambridge: The MIT Press, 1988: 24-56.

日常生活中随处可见，当一个人不懂英语时，他就缺乏英语的语境框架，这时如果出现一个只会使用英语的人和他对话，双方就无法交流，这就是英语语境缺乏。同样，当一个人从小被灌输宗教思想，他是一个虔诚的基督教徒时，如果没有外界特别的刺激，他就会一直相信上帝的存在，这就是科学语境的缺乏。我们每一个人都是处于一种语境中的，我们的身份、学识、经历等就是我们的语境，我们无法做出超出这个语境的事情。这就是为什么在别人看来很容易的事，但是在我们自己看来就很难，因为，他有这个语境但是我们没有，而我们又没有意识到这个问题时，就无法意识到还有一种新的可以解决我们未解决的难题的途径。

从语境框架的不断扩大化理论可以获知，自语境化认知是内因和外因共同作用的进化突现结果。比如，当"无语境化状态"中的内容逐步扩大，有更多的外界内容被加入到这个行列中来时，它就可能在某时"突现"为"被语境化行为"；同样，当"被语境化行为"内容（包括自身部分的增长和外在因素的介入）激增时，"自语境化行为"就可能出现。

（四）自语境化认知的突现过程是不可还原的

在这里，暂且先将突现理论的技术层面问题进行搁置，而专注于突现理论的认知理论分析。自语境化认知经历了一个从无到有、从被动到主动的进化过程。既然认知是从无语境化状态—被语境化行为—拟自语境化认知—自语境化认知发展而来的，那么能否将这个认知过程还原，就像还原主义说的那样，将意识还原为大脑或者神经元运动呢？自语境化认知能否还原为无语境化状态呢？从现实的经验来看，这种假设是不成立的。当人类拥有了为爱情、理想献身的精神境界时，让他重回为了生存而残害别人的情境，他会非常痛苦；当人们明了了自由的意义时，让他事事听从他人，完全处于一种被支配地位时，这种支配会令他无法忍受；当人类知道了思考的重要性时，让他回到无知无觉的状态中，那就等于抹杀了这个生命个体。所以说，人类的认知发展过程是不可逆的、不可还原的。

至此，我们可以获得有关自语境化认知实现过程的完整假设：它是一个在"秩序与混沌"中进化突现的结果，这种突现是在内外因作用下的质变过程，是不可还原的。

二、自语境化认知实现过程的理论溯源

从自语境化认知的实现过程来看，它是一个进化突现的结果。那么，我们在为其寻找理论根源时，必然无法脱离进化突现方面的相关理论。这里遵循"进化理论—突现理论—进化突现理论"的模式来为自语境化认知的实现假设进行理论溯源。

（一）自语境化认知的进化理论溯源

这一观点的起源自然是达尔文的进化论思想，它虽然是关于生物进化的革命性理论，但对很多方面来说也同样适用，在认知领域亦如此，我们可以将认知的发生、发展过程归结为一种"强大的进化论优势"[①]。

追寻达尔文进化论的提出和演化步骤可以发现，他的这一思想本身就是进化的结果，是对前人观点的继承和扬弃，他的思想是对以前进化思想的集大成。他不仅受到法国进化论者布丰、拉马克、希雷尔（G. Saint-Hilaire）、居维叶（G. Cuvier）的影响，也受到德国进化论者沃尔弗（C. Wolff）、迈耶（H. Meyer）、奥肯（L. Oken）、冯贝尔的影响，同时还受到经济学家马尔萨斯、地质学家赖尔（C. Lyell）和生物学家华莱士（A. Wallace）的影响[②]。在这些观点中，他们大都将生物的演变看作一个进化过程，而心智当然也算作是生物演化的一部分，而且是最重要的一部分。进化心理学就是这些观点的心理学应用，如冯克的"瑞士军刀式的达尔文模块"[③]就是基于这些观点提出的一种认知隐喻，这一隐喻表征了这样一个观点，即人的思维是适合于解决进化问题的集合。

（二）自语境化认知的突现理论溯源

通过自语境化认知分析可知，突现是一种内外因共同作用下的质变过程，这一理论也是有理论依据和渊源的。

艾什比在《控制论导论》中的例子或许能说明一些情况："突现这一概念从来没有人明确下过定义，但以下例子也许可以作为讨论的基础，①氨是气体，氯化氢（HCL）也是气体，这两种气体混合在一起，结果得到固体——这是两

---

① Searle J. Mind: A Brief Introduction. Oxford: Oxford University Press, 2004：135.

② 斯蒂芬·梅森. 自然科学史. 周煦良等译. 上海：上海译文出版社，1980：388-391。

③ Pinker S. The Language Instinct: How the Mind Creates Language. New York: William Morrow and Company, 1994：420.

种反应物原来都没有的性质；②碳、氢、氧几乎都是无味的，但它们的特定化合物糖却具有一种甜味，是三者都没有的；③细菌体内20种左右的氨基酸都没有繁殖的性质，但它们合在一起（再加上一些别的物质）之后，却具有了这种性质。"①

艾什比所举的例子是突现中最常用的一些案例。从这些案例中，我们发现，突现的发生是需要条件的。比如，氨气和氯化氢相结合，确实得到一种不同于二者（气体）的新事物（固体），而且固体具备气体没有的属性。但若说氨气是如何从气体突现成固体的，则是因为它增加了一些别的物质，如氯化氢。碳也不会平白从无味变成有甜味的，因为增加了氢和氧；氨基酸的繁殖性同样是多种物质的混合，如果只是一种物质，没有其他任何物质的添加，那么它永远也不会发生变化。就拿水变成水蒸气来说，水蒸气是气体，它具有液体水所没有的特性，所以水变成水蒸气可以算作是一种突现，但是水并不是没有任何外来物质就能变成水蒸气的，它需要"热能"，能量也是一种物质。所以，这是突现的外在因素。同时，突现并不是仅有外在因素就可以了，它还需要外在因素作用于物质本身，只有二者能够结合，它们才能发生相互作用。比如，氨气和氯化氢能够变成固体，但是氨气和氮气在一起就发生不了突现，因为氮气无法作用于氨气；同理，氢气同氮气也发生不了作用，因为氮气对氢气没有影响。

所以说，突现更接近一种"化学变化"，它能够使其中相容的物质发生一种质的改变，而不单单是一种"物理变化"，因为物理作用中的物质并没有发生质的改变。可以说，突现是一种临界点，是量变增长到一定程度发生质变的临界点，是物质发生化学作用那一刹那的临界点，是一种事物变化到另一种事物的临界点。

提及进化必然会牵涉到其缘由，即生物或人的心智是因何进化的？对于这一问题，不同的学者也有不同的观点，早期的生物学者认可的是"预成论"和"物种不变论"，但这种观点由于不合实际，很快就被淘汰了；而后沃尔弗以其"渐变论"取代"预成论"，迈耶和奥肯也主张生物和心智是由低级向高级发展的混交过程；而后，居维叶在结合马尔萨斯的生存斗争理论和华莱士的生存竞争、自然选择理论的基础上，提出生物和心智的"灾变论"，即进化是因为有竞争、有大的灾难出现而发生的；而希雷尔则提倡进化过程中的"突变作用"，他主张进化是生物发展过程中自然的"突变过程"，并不需要外界灾难的影响，因

① 庞元正，李建华. 系统论控制论信息论经典文献选编. 北京：求实出版社，1989：474.

此，他的这一观点与居维叶的"灾变论"形成了长期论战。

在这里，需要着重阐释的是希雷尔和居维叶的观点：就自语境化的认知过程来说，前者是指，单纯的"无语境化状态"的积累而达到了"被语境化行为"，或者是单纯的"被语境化行为"的积累最终形成了"自语境化认知"。换句话说，就是只要大量的无语境化就会形成被语境化，只要大量的被语境化就会形成自语境化认知，它们的关系是一种充分关系。这种理论的来源是古代的"芝诺悖论"，谷子积到一定程度就会成为谷堆，头发掉到一定程度就会成为秃头，谷子到谷堆就是单纯"谷量"的积累，头发掉到秃头也是单纯的"掉头发"的积累，无须其他的外在因素。而后者是指，单纯的"无"并不能依靠自身的作用而产生"有"，它需要外界的催化作用，如"无语境化状态"是由某些外在因素的介入而产生"被语境化行为"，而"被语境化行为"同样也是经由外界因素的介入而成为"自语境化认知行为"，虽然我们无法获知这些"外在因素"，但是一个人总是生活在环境中的，他要发展就不可能不受到外在环境及因素的影响。

其实，希雷尔和居维叶的观点并不冲突，生物或心智是一个内因和外因共同作用的结果。在自语境化的过程假设中，就体现了这种观念。从"无语境化状态"转化为"被语境化行为"，不仅是无语境化状态自身形态的增多，也有外界因素作用的结果，如自然界的某种力量的刺激；同样，当"被语境化行为"中的内容逐步扩大，当有更多的外界内容加入到这个行列中来后，它就可能在某时"突现"为"自语境化认知"，这是其自身部分的增长和外在因素的介入共同作用的结果。

在认识论上，突现性表现为宏观层次上的自主性，也就是当高层次规律代替低层次规律时，这个过程是不可还原的，高层次规律从出现开始就具有自主性和独立性。而很多学者就是从不可还原的视角定义突现理论的。如巴尔·亚姆就认为，"突现的概念是用于指，不能由系统已经存在的部分及其相互作用充分解释的新模式、结构与性质的兴起"[1]。而突现的这种特征主要是由于宏观层面具有一种"下向因果关系（downward causation），即处于低层次的过程一定会受到高层次规律的约束，并遵照这些规律行事"[2]。金在权也认为，"就某种意义而言，

---

[1] Bar-Yam Y. Concepts in complex systems: patterns. http://www.necsi.edu/guide/concepts/patterns.html.[2010-10-26].

[2] Chalmers D. Supervenience // Bedau M A, Humphreys P. Emergence: Contemporary Reading in Philosophy and Science. London: The MIT Press, 1996: 180.

下向因果关系是突现论研究的关键点所在"①。

（三）自语境化认知的进化突现理论溯源

其实，现代意义上的突现概念是由英国哲学家莱文斯（G. Lewes）提出的，他在对"产物"与"突现"的区分中提出进化中的突现。而这一概念又起源于20世纪20年代在科学、哲学和宗教领域兴起的叫作突现进化论的思潮，学者们将其称为"早期突现论"，又即"突现进化论"。这一概念得到进一步发展是在摩根（C. Morgan）那里，他著有《突现进化论》一书，其中具体阐述了世界作为一个进化过程的观点。柯林伍德也赞同进化突现理论，但是他与摩根的观点有所出入：摩根认为，生命出自物质，心灵来自生命，但这并不意味着生命仅仅是物质，生物学应当被看作是物理学的一个特例；心灵也不只是生命，心灵科学也不会发展成为生物学最终成为物理学。而且，摩根的著作是纯描述性的，他没有论证为什么新质的出现要经历一个旧的中间阶段，以及事物为什么要以一定的顺序出现。②

事实上，不只是摩根没有论证出新质的出现一定要经历一个旧的中间阶段，所有早期突现论者对这一问题都没有涉及，这也是早期突现论衰微的一个重要原因。他们要么将突现的过程看作一个黑箱，如摩根；要么将这个原因引向上帝，如亚历山大（S. Alexander）认为"上帝是那个具有未来神性之质的像将来那个样子的世界"，怀特海（A. Whitehead）同样将"上帝看作一个无限的永恒客体，上帝不光是一个诱因吸引着一个特定的过程，而且是无限的诱因，一切过程都引导自身向那个方向趋附"③。这些都不能解释突现发生和转化的原因。随着高倍数计算机、数学构造及新研究方法的出现，突现理论得到长足的发展，由此产生新突现论：复杂性理论④。

从上述分析中发现，突现是进化的关键因素，而且正是因为突现的"下向因果关系"，我们的意识才是现在的意识，意识才是一种稳定的存在。那么，除了突现，是否还有其他因素能够导致认知的进化呢？事实上，认知主体所处的环境对认知的进化发展起到了不可估量的作用。对于这一观点，即使不是语境

---

① Kim J. Supervenience and Mind. London: Cambridge University Press, 1993: 350.
② 罗宾·柯林伍德. 自然的观念. 吴国盛, 柯映红译. 北京：华夏出版社, 1999: 176.
③ 同上, 186-187。
④ 复杂性理论由于含义广泛，至今尚无确切的定义，若要勉强定义的话，似乎可以粗略地定义为：复杂性是现实世界的一种属性，它是在复杂系统内部各要素的非线性相互作用下产生的、用传统的还原论科学所无法处理的性质。参见：谢导华. "突现论"中的哲学问题. 北京：中国社会科学院, 2000: 6. 而本书将复杂性理论中的"秩序与混沌"的概念单独拿出来作为自语境化认知进化的背景依据。

论者，也很难找到驳斥的理由。比如，进化—涉身认知理论认为，"思维是进化的产物，而且应将思维与相对应的环境紧密联系在一起"[①]。而早期的进化论先驱拉马克也认为，地球环境条件不断发生变化，生物本身为了适应不断变化的环境，就必须改变自身。但是，对于究竟哪些语境影响了进化，不同的学者有不同的看法。早期的进化论者着重从自然环境、器官废退、获得性遗传角度来解释进化的环境。如拉马克、沃尔弗、冯贝尔等。还有一些学者更加重视主体本身同周围环境的关系，如皮亚杰的同化—顺应式认知机制就是"将有机主体同环境的的融合表述成一种：同化—顺应—建构—再建构的、由低级向高级的发展过程"[②]。更有一些学者将人类自身作为一种语境来解析人类的进化，这是一种认知语境，克里克在《惊人的假设：灵魂的科学研究》一书中曾明确提出："我们所有的意识经验都是由神经元的行为来解释的，它们是神经元系统突现的结果。"[③]还有一些学者从文化、从社会、从语言角度来探索影响进化的因素。

通过对这些语境因素的归纳和整合可以发现，认知哲学和认知科学家大都赞同这两种进化影响因素：时间语境和空间语境。如果空间语境是滋生心灵的温床，那么时间语境必然是其中的催化剂。时间对于进化的作用自不必说，认知进化在时间中发生，因此它是时间语境的。首先，任何事物或事件都包含在时间中，"事件通常是瞬间切面的时间存在，而世界是瞬间事件的总和"[④]。其次，从哲学意义上讲，进化就是物体在时间中呈现出一种上升的、前进的发展状态，因此进化必然与时间相关，正如罗素所言，"持存物（continuants）（包括时间中的一切事件，如认知）有关时间的分析一定要以时间的优先性为基础"[⑤]。所以，时间对认知进化而言是一种必然的、无可替代的存在，没有时间就无所谓进化。而空间语境对进化的作用也是绝对的，认知一定是一个有机体的认知，而有机体一定是实存的，即他一定生活在自然界、社会或他自身之中，这些都可以作为有机体的存在空间。

从上述分析中可以发现，自语境化认知的"进化突现"过程既不是凭空猜测的，也不是一蹴而就的，这一理论是在其他理论的基础上不断整合、创新的

① Anderson L, Rosenberg G. Content and action: the guidance theory of representation. The Journal of mind and Behavior, Winter & Spring, 2008, 1：59-60.

② Piaget J. The Principles of Genetic Epistemology. Wolfe Mays，trans. London：Routledge & Kegan Paul, 1972：5-53.

③ Crick F. The Astonishing Hypothesis: The Scientific Search for the Soul. New York：Charles Scribner's Sons, 1994：11.

④ Carnap R. An Introduction to Symbolic Logic and its Applications. New York：Dover publications, 1958：197-216.

⑤ Russell B. Human Knowledge: its Scope and Limits. London：Routledge, 1948：97-98.

结果，是有历史和理论依据的。

第二节　自语境化认知实现的智能机验证

从智能机对自语境化认知发展阶段的验证来看，二者基本是相互映照的：自语境化认知的四个阶段分别对应智能机的四种发展类型。在有关自语境化实现过程的假设中，自语境化认知是一个从无到有、从低阶到高阶的进化过程，而且又是突现中的进化。那么，智能机是否也遵循这样一个进化标准呢？它的进化又是如何实现、如何表征的呢？是否就如自语境化认知实现假设所表述的一样，是一种突现的结果呢？如果是，导致这种突现的因素究竟有哪些？如果不是，我们又当如何辨析和界定进化的影响因素呢？

一、在"秩序与混沌"中进化的智能机

首先，智能机的四种类型在认知的表征上呈现出一种递增的趋势，也就是说，它的这种发展是处于一种"秩序"状态中的。

从智能机的发展历程可以发现，时间在这一过程中起着至关重要的作用。无论是狭义数字计算机到单纯行为机器，还是单纯行为机器到低阶意识机器再到高阶情感机，都要在时间中才能得到发展。

狭义数字计算机的制作原理"符号计算"思想早在近代哲学中就有所体现，霍布斯的"所有推理只能是计算"思想就是狭义数字计算机的一种哲学思想根源。到了 1946 年，第一台数字计算机终于问世，它的出现标志着人类"存储程序"的思想从理想变为现实。

如果没有这种最初的计算机，人类也就不可能开始大规模、规范化地制造能够表现类人行为的行为智能机。行为机器是狭义数字计算机的一种物理实现，通过它，我们能够现实地、直观地看到数字计算机所表征的内容。行为机器让我们看到了"计算"和"行为"之间的差异。

同样，低阶意识机器也是在行为机器的基础上发展而来的，如果一台机器都无法行动，那么就更遑论由行为体现意识了。低阶意识机器的时间晚于前两者是不争的事实，狭义数字计算机和单纯行为机器都能以现有的水平制造出来，而且是已经存在并应用于我们的生活和生产中的，但是低阶意识机器还只是一种想象中的机器。

高阶情感机则更是只有在科幻小说和电影中才会出现的东西，我们在认知哲学中将其作为一个部分加以探讨，是因为它确实也属于"智能机"的范畴，但若究其出现的时间，则恐怕会是一个极其漫长又曲折的过程了。

可以看出，这四种智能机并不是同时出现的，而是有时间先后顺序的，也就是说，时间在其中起着"顺延"的作用，它使智能机在逐步朝向更加先进、更加多元的方向发展。从我们对智能机探讨的这些内容来看，它一直保持着一种上升、前进的"秩序"趋势。

其次，智能机的发展与时间也不是一一对应的关系，在宏观的秩序背景下，它们体现的是一种微观的混沌发展。而这种混沌性表现在两个方面。

一方面，智能机的发展过程是混沌的。我们不能说，所有的狭义数字计算机都在单纯行为机器之前，也不能肯定所有以"生存和繁衍"为目标的低阶意识机器就一定全在行为机器之后。同样也不能肯定的是，狭义数字计算机发展到什么时候就成为或出现单纯行为机器，或者说，单纯行为机器发展到何时就可以进化为低阶意识机器，尤其不能肯定的是低阶意识机器何时就会发展出高阶情感，甚至连猜想都无从入手。

另一方面，智能机的四个类型是混沌的。智能机发展过程的混沌性正是源于智能机四种类型的混沌性，虽然在前面已经很多次地对"狭义数字计算机""单纯行为机器"、"低阶意识机器"和"高阶情感机"进行区分和界定，但这只是一种宏观上的区分。就微观层面而言，仍然无法肯定能够将每一台智能机都进行准确地划分。以例为证。

通常而言，行走机器人是单纯的行为机器，因为它能够像人类一样走。但是，假如将这个机器人进行改装，改装后的机器人摒除了那些繁琐的装置，只是在一台计算机下面安装了一个类人行走装置，它不能自动行走，当人们需要使用计算机时，就按动遥控器使它（安装了类人行走装置的计算机）"走到"使用者的身边。可以看出，这台机器的主体仍然是计算机，人们在使用它时也不会将其当作一台行走机器人，这样它就仍然是一台数字计算机；但它又确实能够表现出类人的行走行为。因此，混沌所在即为：这台在使用上属于"数字计算机"、在某些表现上属于"行为机器"的智能机，究竟是"数字计算机"还是"行为机器人"？

还有如上所举的"自动繁衍元胞自动机"的案例，虽然它是作为意识机器的"数字证据"列出的，因为它也在执行"生存和繁衍"的目标，但是它同低阶意识还是有区别的：我们很难将其同"老虎思想实验"中的老虎 T' 联系在一起。混沌所在：它的"生存繁衍"目标使它同低阶意识机器有某些相似之处；但是因为它没有行为表征，所以也可以算作"狭义计算机内部的一种计算表征方式"。

低阶意识机器同高阶情感机的区分就更加模糊了，如我们所列出的"老虎思想实验升级版"中的老虎T'，它即使真的表现出"母爱（将食物给了小虎而自己挨饿）"这种情节，也可能是受"生存和繁衍"本能所控制下的行为，因为如果它不将食物给小虎，那么它就无法达成"生存和繁衍"的目标。混沌所在：当老虎T'表现出高阶情感时，我们也不能界定它是完全出于"高阶情感"支配而进行的行为。如果它仍然是出于"生存和繁衍"的目的进行行为，那么这种"母爱"究竟是属于高阶情感还是低阶意识呢？这时表现出"母爱"的老虎T'是一台高阶情感机，还是一台低阶意识机器呢？

所以说，智能机的各个发展阶段在微观上所表现出来的是一种混沌状态，我们无法为每一台智能机划界，也无法给每一个发展阶段表明时间段。

总而言之，智能机同时间的关系表现为一种"秩序和混沌"的状态。其一是时间方面，从宏观来看，从狭义数字计算机到高阶情感机是一个依照时间顺序发生的过程，是"时间有序的"；但从微观来看，我们又无法具体确定每一个发展阶段的发生时间，它又是"时间无序的"。其二是逻辑方面，从宏观来看，从狭义数字计算机到高阶情感机是一个意识从无到有、从被动到主动的过程，它是"逻辑有序的"；但从微观来看，无不能生有、被动无法生出主动，它又是"逻辑无序的"。比如，"元胞自动机"就是秩序与混沌的结合。一方面，"元胞自动机"是有序性的，它的复杂性是随着 Time 的增加而增加的，具有时间有序性；图 6-2 中，从 b 到 c 显示它从"被语境化"到"自语境化"，是从"低阶"到"高阶"的一个过程，具有逻辑有序性。而另一方面，它又是无序，我们无法指明"自我繁衍"这一目标是何时产生的，是在图 6-2 的 b 阶段的 time=35 还是 time=70，又或者是在图 6-2 中的 b 到 c 的哪个发展阶段产生的？所以它是时间无序的。同时，我们也无法说明它是如何从最初的"无目的"（被动地按照兰顿设计的初始阵列及规则运行）发展为后来的"有目的"（自我生存、自我繁衍）的，所以它是逻辑无序的。

由此可以看出，智能机四种类型的发展是一种"秩序与混沌"的进化过程，这也印证了自语境化认知"秩序与混沌"的进化过程。因此，智能机的实现过程同人类自语境化认知的实现过程是一致的，我们可以通过智能机的进化过程来验证有关自语境化认知进化过程的假设。

二、从"整体适应度"中突现的智能机

在这里，我们还是会提出这样一个问题：究竟是什么将智能机进化过程中的"时间有序"和"时间无序"、"逻辑有序"和"逻辑无序"如此完美地统一在一起的呢？也是突现吗？它是如何使智能机四种类型得以出现的呢？

从前面对突现的解释来看，它是运用"外因作用于内因的临界点"的原理，那么这种原理在人工智能方面是否同样有效呢？智能机四种类型的实现是否也是这种突现原理作用的结果呢？它的突现是否也是不可还原的呢？这正是我们需要通过智能机来加以验证的内容。

（一）语境框架扩大化：智能机突现的内因

在人工智能研究中，语境框架是一个重要的研究课题："在 GOFAI 计算机中，一个普通通用的框架不可能被逐条输入其中，这需要太多数据，而且每条数据又具有本身特有的框架敏感性，所以说没有任何可能的方法使一个框架丰富得足以在内容上覆盖所有可能发生的事情，并把这些事情输入一部 GOFAI 计算机内，即使我们能够逐条地聚集这些数据"[①]。这即是说，计算机的语境框架的扩大都是人类程序输入的结果，而人类又不可能穷尽所有的可能性，所以它输入计算机的程序和数据也是有限的，计算机解决问题的能力也是有限的，这就是计算机的"语境框架"问题。而计算机语境框架的不断扩大化指的就是，人类输入程序和数据的不断扩大化，只有这个语境框架扩大了，计算机才能有更好的发展。

计算机要能够像人一样的思维需要一些外界信息的刺激，这些刺激的扩大化就是计算机语境框架的扩大化，它主要包括四个方面的内容，计算机本身的发展、外在行为载体的出现、"生存和繁衍"目标的输入和高阶情感的出现：

第一，狭义计算机的语境框架扩大化。早在 1975 年，明斯基就提出一个类似框架的定义，即"'框架规则'或'框架公理'这样一个等级结构，而'框架公理'的最低层次是由槽构成的，在槽中能够插入名字和个体特征描述"[②]。作为人工智能的代表人物，明斯基所提出的这个"框架公理"着重在计算机领域，也就是说，一个人在为计算机设置程序时，无论怎样设定，总会有意外情况发

---

① 罗姆·哈瑞. 认知科学哲学导论. 魏屹东译. 上海：上海科技教育出版社，2006：125.
② Minsky M. A framework for representing knowledge // Winston P. The Psychology of Computer Vision. New York: McGraw-Hill, 1975: 297.

生，这些是源初的程序所无法预计的，这时的计算机就是处于框架中的，产生的问题就是语境框架问题。而后，一些学者看到了语境框架同进化和突现的关系，霍兰（J. Holland）在突现的研究中也"已经看到，在一种语境中很容易理解的突现现象，在另一种语境中可能会变得十分晦涩难懂"①。霍兰的这一思想表明了两层含义：首先，事物是有语境框架的，在这个语境框架中能够实现或者完成的，在另一个语境框架中就很难完成，就如同我们常说的"子非鱼焉知鱼之乐"一样；其次，由于语境框架的不同，突现的情况也会发生相应的变化，语境框架同突现是有关联的，"当我们能够明确表述出'宏观规律'，并用以描述这些突现现象的行为（如化学成键的规律）时，那么不论是在模型领域还是在真实世界中，我们在对问题的理解上都会获益匪浅。不论是康韦自动机还是真实世界中的一些过程，我们都不期望所观测的突现现象能够根据基本规律进行简单的描述"②。而计算机若要发展，就必须突破这种框架的限定，也就是实现语境框架的逐步扩大化。

第二，单纯行为机器的语境框架扩大化。行为的出现需要的语境扩大框架是人类对类人行为的模拟，这种模拟不仅需要软件，还要有相应的硬件设备，它具体指行为机器进行行为的外在物质载体。而这种外在设备就是人类为计算机提供的"行为语境扩大"条件，这些条件包括可以使行走机器人行走的"机器腿"，也包括扫地机器人所需要的"机器手"。

第三，低阶意识机器的语境框架扩大化。人类对老虎 T' 输入的"生存和繁衍"的目标，也是老虎 T' 能够成为低阶意识机器的一个外在突现力量。从"老虎思想实验"中我们发现，老虎 T' 要具备"生存和繁衍"的本能，是人类为老虎安装了一个"程序"，这个程序就是外在刺激，也是老虎语境框架扩大的最重要环节。如果有了这一环节，老虎 T' 就能够在这种本能的支配下进行各种行为活动。所以说，从单纯行为机器发展成为有意识的机器，也是语境框架扩大后突现的结果。

第四，高阶情感机的语境框架扩大化。老虎 T' 能够从低阶意识机器进化到高阶情感机，它也是有外界刺激的，只是这种刺激可以不被人类控制，因为老虎 T' 在设计好后就可以不被人类控制的自由活动，所以，老虎 T' 可以通过时间的发展和外在刺激的增多来达到其进化的目的。这些外在刺激包括的方面很多，如老虎 T' 在不断的捕猎过程中所遭遇的一些事情，如果遇到了会危及"生存和

---

① 霍兰. 涌现——从混沌到有序. 陈禹译. 上海：上海科技出版社，2001：199.
② 霍兰. 涌现——从混沌到有序. 陈禹译. 上海：上海科技出版社，2001：205.

繁衍"的目标的事情，它也会逐渐（漫长的时间）"记下"曾经有损于自己"生存和繁衍"的目标的一些情境，以便更好的生存，这些困难就是"外界刺激"；老虎 T′ 还会面临自己饿死还是繁衍后代的选择，这种选择也是"外界刺激"。这样的刺激还有很多，它们都是使老虎 T′ 所处语境扩大化的条件，在这些条件的刺激下，老虎 T′ 就有可能由低阶意识产生高阶情感。

因此，我们可以说，"语境框架的扩大化"成为智能机发展的最关键、最重要的内因。也就是说，如果一个人或事物处于一个完全无变化的、封闭的空间中，他／它是不可能有所发展的，只有某种动态的环境才能为认知的发展和成熟提供助力。在这一层面上，"语境框架"可以作为研究的突破点，只要"语境框架不断扩大"就能使处于其间的物体的空间语境不断增大，从而使认知获得更快的发展。

（二）联结主义和集群智能：智能机突现的外因

可以看出，在外界信息的刺激下，计算机产生了质的变化，这种变化包括行为的出现、本能的出现和情感的出现，即狭义数字计算机突现为单纯行为机器、再突现为低阶意识机器、最后突现为高阶情感机。而这些变化不是仅依靠上述四个框架扩大就能完成的，它还需要突现。

一方面，智能机若要突现，就必须突破语境框架的限制，联结主义的出现为其提供了可能性。联结主义若要出现，有两个前提是必不可缺的，计算机速率的不断提高和软件程序的不断升级。其一，要使计算机有更好的发展，就要发挥其自身的优势——高速计算，计算速率越高、容量越大，它能解决的问题也就越多，这是计算机的"速率语境扩大"。其二，计算机要获得长远的发展，还需要在高速率的基础上有所突破，正如斯梅尔所述，"人工智能极限问题的解答，除了与哥德尔定理有关外，还需要对大脑和计算机模型作更深入的研究，探索其最本质的东西，而这种本质的探索还要从'人'身上寻找突破口"[1]。在人类社会中，一个人即使再聪明离开了群体也会一事无成，而一台计算机即使运算速率再快、容量再大，也比不上千万台电脑的联合运作，由此，"联结主义"应运而生。

其实，早在两百年前，德国哲学家、数学家莱布尼茨就曾进行过突破机器固有模式的尝试，但由于当时的科技水平仍处于极低的状态，这一实验并未获

[1] 史蒂夫·巴特森. 突破维数障碍——斯梅尔传. 邝仲平译. 上海：上海科技教育出版社，2002：280-291.

得成功。20 世纪 60 年代的 "心理治疗专家系统" 是计算机学者柯比为了通过图灵测试而设计的一个计算机软件，而图灵测试所表征出来的就是一种计算机语境框架扩大的趋向，虽然这个软件通过了部分图灵检验，但在学者们看来，它离计算机思维仍然相距甚远。直到 20 世纪 80 年代以后，随着认知科学的高速发展，计算机领域发生了一场 "人工神经网络革命"，其标志性事件是 "联结主义范式取代了符号主义范式"。"联结主义" 之所以被称为革命，是因为它触动了 "认知可计算主义" 的核心，将认知科学研究从 "离散符号研究范式" 向 "亚符号研究范式" 转化，也正是这次转化使人们看到了 "语境框架" 问题解决的曙光。

事实上，从 1943 年美国科学家麦卡洛克（W. S. McCulloch）研制出第一个被称为 "NP 模型" 的人工神经细胞模型开始，科学界就已经在向联结主义网络方向迈进了，但受当时条件所限，研究和应用都未成气候。直到大规模集成电路出现以后，联结主义的研究才逐渐步入正轨，多层感知机、具有良好自适应特性的神经网络等方面的长足进步更使联结主义成为研究计算机思维的核心问题。

联结主义网络的最重要的特征之一是叠加的可能性，也就是说，能够在一个网络上使用相同的权重组合来执行多种工作。美国科学家韦（Way）曾对这个问题进行过深入探讨，如下所示[①]：①因为叠加是可能的，所以一个网络能够存储某人可能遇到的情况的所有信息，这类似于人类所能遇到的各种各样事件的集合，这样信息就会通过 "1+1 ＞ 2" 的模式进行无限累积。②相同权重组合将会使网络调整到所追踪的概念及其关系的最佳状态，这样网络的重复性和相似性问题就有可能消失。③网络联合真实特征将有可能保存所有共发属性，不需要在本质和特性间进行取舍。

联结主义的叠加可能性在一定程度上破坏了计算机的框架，使计算机在一定的规则下有可能产生更多的结果，为 "语境框架" 的解决提供了一条可能路线，使强 AI 科学家看到了 "计算机思维" 的未来前景。

另一方面，集群智能（Swarm Intelligence）的出现为计算机突现意识提供了可能性。人工智能领域的一种新型理论——"集群智能"，讲的就是突现的道理，它是指智能或认知是信息处理发展到一定程度突现的结果，此理论运用复杂性科学中的 "突现" 概念来阐释数字计算机到意识机器的发生和出现过程，即系统的分量在不同的结构方式作用下会产生整体具有的、但系统组分没有的属性

① Way E C.Connectionism and conceptual structure. American Behavioral Scientist, 1997, 40：729-753.

和特征。比如，中文屋中的"程序"和"语法"在一定数量、速度或时间内确实无法产生"思维"和"语义"，但是当"程序"的数量大到一定程度、速度快到一定程度（这是语境扩大化的结果），在某一时刻"程序"或许就突破了限制、产生了思维，正如人的头发掉到一定程度时就成为秃子一样，同理，"语法"在某种程度下也不能排除产生"语义"的可能性。

同时，我们还需要强调，突现一旦发生就不可还原，因为语境框架一旦扩大、外界刺激一旦出现，是不可能要求它消失的。比如，老虎 T 是在面临"自己饿死还是抚育后代"的过程中逐渐（漫长的时间）产生"母爱"这一高阶情感的，要让这一情感还原成"生存和繁衍"的本能，就需要让那时的"选择"消失，而这是不可能的。而这一点通过量子力学也可以得到很好的证明："突现最明显的表征是系统吸引子的出现，吸引子是数学非确定性的最好例子。它足以击碎所有将来会出现更好的还原论理论的幻想"[1]。

这同我们对自语境化实现过程的假设不谋而合。首先，智能机的四种类型对应自语境化认知发展的四个阶段：狭义数字计算机—无语境化状态、单纯行为机器—被语境化行为、低阶意识机器—拟自语境化认知行为、高阶情感机—高阶自语境化认知行为，而智能机的四种类型是一个不断进化的过程，这也就说明自语境化认知也是一个不断进化的过程。其次，智能机在"秩序与混沌"中进化突现的结果也证明了自语境化认知的实现假设：自语境化认知确实是一个在"秩序与混沌"中进化突现的结果。智能机的四种类型的进化同时间并不是一一对应的，是一种秩序与混沌的综合体，而突现恰好使这种秩序和混沌维持在一种"整体适应度"的层面上，因为它并不是一成不变的，而是在不断吸收外界刺激，从而使自身的语境框架不断扩大，最终在不知不觉中产生质的变化，而且这种变化是不可还原的。这同自语境化认知实现过程的假设基本相符。这就说明，通过智能机的验证，自语境化认知实现过程假设是合理的。

---

① 谢爱华. "突现论"中的哲学问题. 北京：中国社会科学院，2000：84.

结 束 语

自语境化认知的判定假设、发展假设和实现假设都可以通过智能机来加以验证，这就说明自语境化认知及其相关假设是合理的，智能机自语境化认知策略也是可行的。至此，智能机自语境化认知论证已基本完成。

虽然确实可以通过这个论证获得一些有关认知方面的知识，但是，在整个论证过程中，还存在一些尚未解决或亟待解决的问题，在此，将其中最主要的几个问题进行进一步阐释。比如，自语境化认知概念的可辨析性、同行为主义理论的区别、假设—检验思路的可操作性、智能机所依循的思维标准、认知人本主义与认知科学主义流派的界定、智能机自语境化的直接哲学意义及新理念的可行性。

（一）关于"自语境化认知"及其相关概念问题

同认知研究中反身性（reflexivity）、涉身性、意向性、自由意志、具身认知等感性概念相比，"自语境化认知"及其核心概念"自主性"有何特殊之处？它要解决的是哪方面的认知问题？

其实，这个问题本属于自语境化认知内涵界定部分的内容，但是为了本书内容的逻辑性与完整性，将其置于结束语部分进行统一的界定和区分。

首先，自语境化认知所涉及的是一个完整的认知过程，它不仅包括行为主体的感性思维部分，还将这种意识赋予到具体的行为选择中，它是一个身心统一的过程。而反身性、涉身性、意向性、自由意志、具身认知等概念更强调意识、思维等过程，也就是身心中的"心"的部分。

其次，作为自语境化认知核心概念的"自主性"同反身性、涉身性、意向性、自由意志和具身认知等概念既有联系又有区别。总体而言，它们都与人的心理活动相关，但也各有差异：①通常而言，反身性是指自我反思能力[1]，它与自主性的区别在于认知对象的差异性。前者更多的是对人类自身的一种反省和认识，而后者则是对自然界、人类社会、人类自身的一种共同认知。而且，二者的主要研究领域也不尽相同，反身性是人类学与社会学在 20 世纪的主要成果之一，而自主性则更侧重于语言学、文学、哲学和认知科学等领域的研究。②涉身性/具身性/身体性同自主性的区别在于：前一个强调身体在智能活动中的必要性，如德雷福斯在研究计算机同智能的关系时曾说过，"模式识别既然证明对所有智能行为是基本的身体技能，那么人工智能是否可能的问题就变成是否具备人造身体主体的问题"[2]，也就是说，人因为具有身体就不需要像机器人那样进行形式分析和大量计算，当机器人也具有如同人类一样的身体时它也有产生智能的可能性。而自主性则更加重视人类的自觉、主动特性，它虽然也看重身体的作用，但只是将其作为自主性概念解释时的一个关联物而已。③意向性[3]一词来源于经院哲学，它的含义是多样化的，比如，布伦塔诺明确地把意向性当作区分心理现象和物理现象的标准，而塞尔则认为，意向性具有某种非零的符合方向，是一种信念成真、欲望满足的心理状态。但是无论是哪种意向性，它都仅被看作是一种心理状态，而自主性则更倾向于"认知和实践"的一种综合状态，是人类能否进行自主行为选择的一个标准。④自由意志[4]与自主性的差异较大，自由意志是一个哲学信条，指相信人类能选择自己行为的信念或哲学理论，与其相对的概念是"决定论"，主要探讨的是人类是否能够选择自己的行为；但是自主性是将自由意志作为一个前设而提出的，也就是说，在自主性观念中，人类肯定是能够自主选择行为的，但是这种自主性是通过被动性的行为进化突现而来的。⑤具身认知理论是认知哲学的一个重要概念，它主要强调的是"认

① Bartlett S J. Varieties of self-reference // Bartlett S J, Suber P. Self-Reference: Reflections on Reflexivity. Dordrecht: Martinus Nijhoff Publishers, 1987: 145-168; Sandywell B. Reflexivity and the Crisis of Western Reason. London: Routledge, 1996: 3-12.

② 德雷福斯. 计算机不能做什么. 宁春岩译. 北京：生活·读书·新知三联书店，1986：258。

③ Brentano F. Psychology from an Empirical Standpoint. Rancurello A, Terrell D, Linda L, trans. London：Routledge & Kegan Paul, 1973：59-106; Searle J. Mind: A Brief Introduction. Oxford：Oxford University Press, 2004：112-171.

④ Searle J. Minds, Brains, and Science. New York：Harvard University Press, 1984：86-102; Frankfurt H. Freedom of the will and the concept of a person. Journal of Philosophy, 1971, 68：5-20.

知同身体的关系，即认知是具身的，而身体又是嵌入环境的，认知、身体和环境组成一个动态的统一体"①。可以看出，这一观点同本书提出的自语境化认知观点有很大的相似处，但二者并非完全统一的。具身认知强调的是"身体同环境"的统一性，而自语境化认知则更加突出"自主性同环境"的统一性，相较于前者，后者更加重视心灵、情感等感性因素，因此才会逐渐出现并形成"自语境化认知发展四阶段"，而且，只有将认知发展的阶段进行更加细致、专业的划分，才能认识到计算机同思维的关系，才能更好地分析"计算机能否思维"的问题。

（二）关于智能机自语境化认知与行为主义的关系问题

智能机自语境化认知指的是，用智能机这种机器行为来验证自语境化认知假设，那么，这是否是用物理行为来解释人类心灵？这里是否有用"智能机自语境化认知"这个新瓶来装"行为主义"这瓶旧酒的嫌疑呢？

首先，本书所采用的观点并不是行为主义的观点，行为主义认为心灵是不存在的，但是本书的假设基底恰是"人类思维"，而且最终也证明人类思维确实是存在的。

其次，智能机所进行的虽然是物理操作和检验行为，但并不是用它来"制造或者模拟"心灵，而是将其作为一种工具来验证"自语境化认知"这一假设，用实践来验证理论的方式无论在哲学界还是其他领域都是通用的，所以并不是在用行为主义的观点解释人类心智。

（三）关于用智能机来检验自语境化认知假设的有效性问题

智能机自语境化认知是通过计算机（智能机）模拟的方式来验证"自语境化认知"假设的。首先，智能机具备检验这个假设的能力吗？其次，即使智能机在一些方面确实符合"自语境化认知"假设的特征，那也不能就此论证出自语境化认知方案就是合理的。比如，可能还存在其他形式的智能机，而这种智能机恰好不符合自语境化认知的任何阶段，那么是否就能够依此来说自语境化认知假设是完全不成立的呢？

首先，任何"验证"都不可能穷尽所有案例，都是在选取其中最关键的案例来进行分析阐释的。这里选择认知研究的一种趋向——计算机模拟来验证自

① Landau M J, Meier B P, Keefer L A. A metaphor-enriched social cognition. Psychological Bulletin, 2010, 136: 1045-1067.

语境化认知方案，并在其中选择内涵丰富的智能机作为论证立足点。其次，这里的四种智能机类型确实无法涵盖所有的智能机器，一定还存在其他形式的智能机，但是并不能因为"有些智能机不符合自语境化认知假设"就认为"自语境化认知"是完全没有道理的，正如我们不能因为"一只天鹅是黑的"就否认"天鹅大都是白的"的观点。

自语境化认知只是我们对人类认知的初步探索，它本身就是不完美的。这个笼统的哲学式设想还需要在实践中细化，但是用"行为来检验行为"的总体思想应当是可行的，因为它体现了纯粹心智（自主性）与绝对物质（计算机模拟）的融合，同时也可规避"理性模拟感性"的缺陷。

（四）关于"思维界定"方面的问题

自语境化认知是作为一种思维界定的新标准被提出来的。而思维如何界定？机器与思维的关系为何？这本就是认知学界争论的焦点问题。如果将思维定义为"看似能够思维的东西就是真的能够思维"，那么智能机早已能够思维了；如果将思维定义为"人类的一种生物学特性"，那么它永远不可能思维，因为智能机就是机器，不可能是人类；如果将思维定义为"一种极限的自由意志"[①]，那么依据李百特实验，连人类都没有这种思维性，更何况智能机呢？那么，本书的智能机究竟采用的是哪种思维定义？它又是否能够思维呢？

其实，上述三者是认知学界对思维的三种基本界定。前两种是强人工智能和弱人工智能对思维的看法，前者认为智能机已经或者将来一定能够思维，但后者认为计算机因为缺乏人类的某些特性是永远无法思维的。而第三种类似于思维的反实在论，它否认人类的思维性。

在本书中，智能机自语境化认知研究并没有使用这三种思维界定中的任何一种，而是提出一种新的界定思维、心灵、认知的方式——自语境化认知。在这种认知模式中，思维并不是单一的，智能机能否思维也不能简单地用"是"或"否"一概论之，而应当采用一种发展的眼光来看问题。人类之所以能够达到自主思维的程度，是因为人类经历了无语境化、被语境化、拟自语境化的认知发展阶段，当智能机逐渐经历这些阶段以后，它也能像人类一样自主思维了。但是依据现有的人工智能水平，无法判定这个"将来"究竟会何时到来。因为

---

① 这里的"极限的自由意志"指的是一种"在先的欲望"，即人类意愿性行为的最初发起和执行者。Libet B, Wright E W, Gleason C A. Readiness-potentials preceding unrestricted "spontaneous" vs. pre-planned voluntary acts. Electroencephalography and Clinical Neurophysiology, 1982, 54：322-335.

它是一个"进化突现"的过程,当智能机经历了无语境化、被语境化、拟自语境化后,它在某一天会"突现"出自主思维意识或情感来的。

所以说,这里既没有采用强人工智能的思维定义,也没有采用弱人工智能的思维定义。当然,更没有采用反实在论的思维定义。因为本书的主要目的不是探讨思维的定义,也不是探讨"机器究竟能否思维"的问题,而是讨论"机器能否像人一样思维",也就是说,本书已经预设了"人能够思维",而且假设了思维所需要的条件,所论证的仅仅是机器是否能够或者将来能够具备这些条件。

（五）关于认知人本主义与认知科学主义的划界问题

智能机自语境化认知是作为认知人本主义和认知科学主义的交融点出现的,但是,"何谓认知人本主义或者何谓认知科学主义"在学界本就无固定的界限,在这种流派不清晰、界定不明确的情况下,如何能说智能机自语境化起着融合二者的作用呢?

需要承认的是,现代西方认知派系庞杂,不同流派间并非界限分明、首尾一贯,因而很难将某些流派硬性归入某一思潮。对认知科学主义和认知人本主义及其内部学派和理论的划分,也只是依据这两派的最典型特征对认知的两种对立思想进行的一个区分,因而只具有相对意义。

其实,对于认知的学习和研究来说,重要的不是确定究竟应采用何种划分标准最为恰当,而是善于从不同角度解释千姿百态的认知理论的个性和共性,以应对认知科学已经出现或可能出现的各种挑战。随着大科学时代的来临,如何构建一种合理、可行的认知研究进路,创建认知研究的中国学派,成为摆在每一个认知工作者面前的难题。用智能机自语境化认知来超越科学主义和人本主义的对立,并不意味着我们要放弃两类思潮的原则和信念,而只是不将其绝对化,用一种宽容和开放的姿态下来接受更多的新兴事物,形成一种独特的认知研究策略。

（六）关于智能机自语境化认知的哲学意义问题

智能机自语境化认知模型的建构是通过"智能机"这种检验工具来实现的,从中可见其对认知科学和人工智能的意义,前者假设了一种新的认知方式,后者为人工智能"理性模拟理性"提供了思路。那么,这一模型对于哲学有直接的意义吗?

"狄尔泰与他的同时代人马克思和尼采一样,认为如果哲学与人类意识无关，那它就一无所是。"① 这就是说，哲学与认知或者心灵本质地相关。在这种情况下，研究认知问题也就是在研究哲学问题。若要探究本书的直接哲学意义，则在于对身心问题的挖掘和剖析。

在 20 世纪的大多数岁月里，语言哲学一直占据着"第一哲学"的位置，哲学的其他分支看上去都是衍生于语言哲学的，并且其中相关问题的解决亦都依赖于语言哲学的成果。而现在，关注的焦点被转移到心灵或者认知哲学上，具而言之，此问题就是："作为明显有意识、有心的、自由的我们是如何栖身于这样一个被科学说成是纯然由无心的物理微粒所构成的世界中的呢？"这就是当代的身心问题。

为了解决这个问题，哲学家们开始诉诸科学，将探寻心灵的任务寄托于人工智能和计算机科学，试图通过科技的发展来解决身心问题。但是结果表明，这项举措并不是很成功，因为在一些学者看来，即使计算机能够进行同人类一模一样的行为，也不能认定它就能够思维、拥有心灵。用科学理性这种工具来模拟心灵的尝试是徒劳的，因为模拟不是复制，看上去能够思维也不代表真的能够思维。这就是强人工智能与弱人工智能争论的最关键、也最难调和之处。本书对身心问题的理解是这样的：身与心本就是一体的，二者无法分离，而认知的过程也是一个"心—身—心—身—心"的螺旋式上升过程，我们不能简单地将其割裂。正如我们不能评论在自语境化认知中究竟是自主性本身使我们获得了新的认识还是外界环境使我们了解了新知识，如果将人的内在自主性比为"心"，而将人类身体和外在环境比为"身"的话，人类获得认识的过程也是一个"心—身相结合"的过程。而且，人类的认知具有不可还原性，一旦产生就不可能再被还原为人类的脑细胞或者神经元活动，也就是说，在这条单行线上，"心"也无法被还原为"身"。这就是智能机自语境化认知的身心问题解释。

（七）关于使用新理念作为本书主题的问题

作为将要出版的哲学著作，选用新概念作为研究主题恐怕是比较冒险的。比如，选用"自语境化认知""智能机自语境化认知"等概念作为本书的核心理念，在认可度和公信力上就会大打折扣。那么，为什么还是会将其作为本书的主题呢？

这本是一个题外话，但又是一个不得不说的问题。如果说选择身心问题作为研究方向是一种挑战的话，那么，选取一个新理念的基本进路则确实称得上

① 里克曼. 狄尔泰. 殷晓蓉，吴晓明译. 北京：中国社会科学出版社，1989：7.

是一种冒险了。身心问题向来以理论纷杂、争论激烈而著称，前辈的诸多理论已经将认知研究者们搞得头昏脑涨了，再提出"自语境化认知""智能机自语境化认知"这样的新理论有必要吗？为什么需要提出这样一个概念呢？

初入哲学学习阶段，颇为自己的研究选题所苦，心灵、意识、自主意志、行为等诸多认知概念将笔者带入一个困惑、彷徨的境地，即使清楚地知道每一个概念的含义，但是具体应用起来却不得其门而入，始终徘徊于哲学门外。加之"心智哲学在当前哲学界并非'显学'"①，且哲学终结论喧嚣鼓噪，更增添了笔者对认知研究的失意和无奈。幸得各位老师的支持与帮助，使笔者认识到自己所从事的工作无疑是一项很有意义的事情。

在为自己选对研究内容窃喜的同时，又被另一难题绊住了手脚：如何将这众多的认知思想归纳总结起来呢？生搬硬套地组合只会混乱认知研究的步伐，在尝试过语言学、行为主义、生物自然主义等一系列研究策略后，最后选取语境论作为研究的方法。至此，以认知研究为目的、以语境论方法为手段的课题研究思路已初露端倪。

然而，在选择研究主体时，还是颇费周章的。从符合运算到心理实验，从内省主义到行为主义，从心理还原到功能建构，从形而上学思辨到人工神经网络，几乎每一个认知概念或知识点都在脑中、心中停留过，最后选择"自语境化认知"这样一个概念。除了它本身所体现出的"自主性""动态性""融合性"等认知特征外，还因为通过它能够将认知哲学和认知科学中涵盖的知识进行一个较为完整有序地梳理，如"思维""计算机思维""行为主义""功能主义""进化突现"等理论。

同时，以欧陆为主要阵地的人本主义思潮和以英美为主要阵地的科学主义思潮曾一度呈现出一种誓不两立的对立局面，虽然现在这种情势已有所好转，但是以"主体心灵"为宗的人本主义和以"精确实证"为要的科学主义却始终没有寻到一条很好的结合路径。因此，要解决这一积存已久的难题、延续这种融合的趋向，就需要反思以往的研究脉络，在一个新平台上重建一种主流路径。作为认知人本主义的趋向，自语境化认知是以面向本真的人为主旨的一种认知预设理论，而作为认知科学主义趋向的智能机验证则具有一种检验认知的应用性功效，二者的有机融合体现了学术的交织和渗透。至此，智能机自语境化方案应运而生。

---

① 塞尔. 心灵导论. 徐英谨译. 上海：上海人民出版社，2008：1.

　　智能机自语境化认知的提出不仅是必要的，而且是可行的。其必要性体现在它用一种"行为模拟行为"的方式弥补了以往"操作模拟心灵"的缺陷，为解决物理属性与意识概念之间的不搭界问题提供了新思路；而可行性体现在它的每一个部分都有相应的理论或实践检验，通过这种检验，我们能够更透彻地了解这一研究模型，为理性表征心灵提供一种新路向。

（八）关于本书的创新与不足

　　本书的创新有三点：

　　第一，在对自语境化概念进行剖析和研究的基础上提出一种认知新方式——自语境化认知，同时由它衍生出无语境化状态、被语境化行为、拟自语境化认知等理念。

　　第二，用"假设—检验"的方式来解读"机器能否思维"的问题规避了原来"理性模拟感性"的认知研究疏漏，为认知研究提供了新思路。

　　第三，以目前的人工智能水平，还无法制造出低阶意识机器，更遑论高阶情感机，甚至一些学者都在怀疑机器具有意识和情感的可能性。基于此，我们为低阶意识机器和高阶情感机构想了各自的思想实验，分别是"老虎思想实验"和"老虎思想实验升级版"。

　　本书的不足也有三点：

　　第一，对"自语境化"概念的界定、思考还不太成熟。这毕竟是一个全新的概念，无论是从理论积淀来说，还是就实践证明而言，所有的内容都包括在这十几万字之中，论证稍显单薄。比如，在理论积淀方面，认知语言学、认知心理学的相关内容涉及的就比较少；在实践证明方面，神经生理学、计算机科学的专业论证也较为缺乏。

　　第二，"智能机"的分类稍显突兀。研究认知离不开对智能的探索，因此与智能相关的理论还有很多，有可能也能推出其他类型的智能机器。而本书仅将几个最主要的认知流派的智能概念加以列出，分类还不是很完善。

　　第三，"老虎思想实验"和"老虎思想实验升级版"在构想和阐释上还存在着不足。比如，在"老虎思想实验"中，老虎 T 如何能够被输入"生存繁衍程序"；在"老虎思想实验升级版"中的老虎 T' 的其他情感是否也能够如"亲情"般进化突现而得。这些内容和讨论在文中也未详尽展开。

　　总之，本书仅是笔者对与此相关的思想的点滴阐释，要想领略其深邃含义，还需于细微深处见真章，更多内容留待日后继续研究。

参考文献

贝尔纳. 2003. 科学的社会功能. 陈体芳译. 北京：商务印书馆.

本格. 1989. 科学的唯物主义. 张相轮，郑毓信译. 上海：上海译文出版社.

波普尔. 2005. 猜测与反驳——科学知识的增长. 傅季重等译. 上海：上海译文出版社.

蔡曙山. 2001. 哲学家如何理解人工智能. 自然辩证法研究，11：18-22.

蔡自兴. 2000. 机器人学. 北京：清华大学出版社.

柴晶，高新民. 2005. 人在什么意义上有"心灵"：由个例同一论引发的思考. 福建论坛，1：
62-67.

陈波. 2005. 逻辑与语言. 北京：东方出版社.

陈创生. 1989. 人的本质与人的主体性和自主性. 理论学习月刊，5：48-50.

陈刚. 2008. 亚里士多德的心灵哲学. 哲学动态，8：77-82.

陈嘉映. 2007. 哲学、科学、常识：神话时代以来的理知历程：人类心智所展现的世界图景.
北京：东方出版社.

陈恳等. 2006. 机器人技术与应用. 北京：清华大学出版社.

陈炼. 2007. 何谓计算主义？科学文化评论，4：5-16.

陈巍，丁峻. 2008. 感受性问题与当代心身关系功能主义的批判. 徐州师范大学学报，2：
129-133.

陈香兰. 2007. 功能主义研究概说. 外语研究，5：19-23.

陈晓平. 2006. 从心—身问题看功能主义的困境. 自然辩证法研究，12：17-21.

陈晓平. 2006. 关于"还原"和"突现"的概念分析：兼论心—身问题. 哲学研究，9：84-89.

陈晓平. 2007. 因果关系与心—身问题：兼论功能主义的困境与出路. 自然辩证法通讯，5：
26-30.

陈亚军. 2006. 杜威心灵哲学的意义和效应. 复旦学报，1：42-48.

陈亚军. 2008. 功能主义错在哪里：论普特南的反功能主义及其与罗蒂的分歧. 学术月刊，3：57-63.

陈英和. 1996. 认知发展心理学. 杭州：浙江人民出版社.

达尔文. 1989. 物种起源. 周建人等译. 北京：商务印书馆.

戴汝为. 1999. 人机共创的智慧：著名科学家谈人工智能. 南宁：广西师范大学出版社.

戴维森. 2006. 试图定义真乃愚蠢的. 王路译. 世界哲学，3：1-5.

戴振宇. 2002. 对功能主义心身理论的反思. 孝感学院学报，2：17-21.

丹尼尔·阿门. 2003. 大脑处方. 肖轶，郭小社译. 北京：中国社会科学出版社.

德雷福斯. 1986. 计算机不能做什么. 宁春岩译，北京：生活·读书·新知三联书店.

狄尔泰. 2002. 精神科学引论. 童奇志，王海鸥译. 北京：中国城市出版社.

杜建国，郭贵春. 2006. 论意义及其构造的语境化过程. 天津社会科学，4：22-31.

恩卡西尔. 1985. 人论. 甘阳译. 上海：上海译文出版社.

范冬萍，张华夏. 2005. 突现理论：历史与前沿. 自然辩证法研究，6：5-10.

范冬萍. 2005. 突现论的类型及其理论诉求：复杂性科学与哲学的视野. 8：49-53.

范冬萍. 2006. 英国突现主义的理论价值与局限：从复杂性科学的发展看. 系统科学学报，4：37-40.

范莉，魏屹东. 2007. 语境分析方法在科学史研究中的应用. 自然辩证法通讯，4：57-61.

费定舟. 2004. 心灵与机器的界线. 自然辩证法研究，9：22-25.

费定舟. 2009. 心灵即计算：哲学、逻辑和实践. 计算机科学，4：56-59.

冯广艺. 1999. 语境适应论. 武汉：湖北教育出版社.

弗洛伊德. 1984. 精神分析引论. 高觉敷译. 北京：商务印书馆.

弗洛伊德. 2010. 弗洛伊德全集（第10卷）. 车文博译. 长春：长春出版社.

符征，李建会. 2011. 计算功能主义：普特南的早期论证及其后来的反驳. 自然辩证法研究，1：7-12.

高新民，储昭华. 2002. 心灵哲学. 北京：商务印书馆.

高新民，刘占峰. 2003. 心理的反作用何以可能？福建论坛，2：12-18.

高新民，刘占峰. 2003. 意向性·意义·内容：当代西方心灵哲学围绕心理内容的争论及其思考. 哲学研究，2：86-91.

高新民，沈学君. 2003. "心灵就是大脑内的计算机"：福多的心灵哲学思想初探. 华中师范大学学报，6：126-132.

高新民，宋荣 .2008. 心灵哲学中的思想实验 . 福建论坛，8：44-48.

高新民，吴胜锋 .2009. 泛心论及其在当代心灵哲学中的复兴 . 江西社会科学，4：51-56.

高新民，殷筱 . 2005. 戴维森的解释主义及其心灵哲学 . 哲学研究，6：76-81.

高新民. 1993. 当代西方心灵哲学发展的两种倾向及其意义 . 自然辩证法研究，7：22-30.

高新民. 1995. 现代西方心灵哲学的知觉研究述评 . 华中师范大学学报，4：1-7.

高新民. 1998. 随附性：当代西方心灵哲学的新"范式" . 华中师范大学学报，5：1-8.

高新民. 1999. 心理世界的"新大陆"：当代西方心灵哲学围绕感受性质的争论及其思考 . 自然辩证法通讯，5：6-13.

高新民. 2000. 广义心灵哲学论纲 . 华中师范大学学报，4：5-12.

高新民. 2002. 心灵哲学对心身问题的最新解答 . 学术论坛，5：11-15.

高新民. 2005. 解释与解构：丹尼特的心灵哲学及其意义 . 天津社会科学，3：38-42.

高新民. 2005. 民众心理学：心灵哲学研究的新亮点 . 襄樊学院学报，1：5-11.

高新民. 2008. 心理内容：心灵自我认识的聚焦点 . 甘肃社会科学，4：91-96.

高新民. 2008. 意向性研究的心灵哲学进路 . 学术月刊，10：47-55.

高新民. 2009. 感受性质：新二元论的一个堡垒 . 甘肃社会科学，5：34-39.

葛欢欢. 2012. 意向性与心灵的"分界面"：普特南实在论思想探析 . 晋阳学刊，1：53-56.

郭斌. 2005. 塞尔"中文屋"思想实验的哲学意蕴辨析 . 自然辩证法研究，12：29-32.

郭翠菊. 1992. 行为与认知的统一：评介托尔曼的目的行为主义 . 殷都学刊，4：72-74.

郭贵春，成素梅. 2009. 当代科学哲学问题研究 . 北京：科学出版社 .

郭贵春，郝宁湘. 2004. 丘奇：图灵论点与人类认知能力和极限 . 5：65-70.

郭贵春. 2005. "语境"研究的意义 . 科学技术与辩证法，4：1-4.

郭贵春. 2007. 隐喻、修辞与科学解释：一种语境论的科学哲学研究视角 . 北京：科学出版社 .

郭垒. 2003. 还原论、自组织理论和计算主义 . 自然辩证法研究，12：83-87.

哈贝马斯. 1999. 作为"意识形态"的技术与科学 . 李黎，郭官义译 . 北京：学林出版社 .

汉弗莱斯. 2011. 情景突现论：心灵与基础物理学的关系 . 哲学研究，11：94-99.

郝宁湘. 1997. 丘奇：图灵论点与认知递归计算假说 . 自然辩证法研究，11：19-23.

胡霞. 2005. 认知语境研究 . 杭州：浙江大学出版社 .

华生. 1998. 行为主义 . 李维译 . 杭州：浙江教育出版社 .

怀特海. 2003. 过程与实在 . 杨富斌译 . 北京：中国城市出版社 .

灰触、图灵显灵：聊天机器人 Cleverbot 成功欺骗人类通过测试 . http://paper.taizhou.com.cn/tzsb/html/2011-10/16/content_370862.htm［2011-10-16］.

霍兰．2001.涌现——从混沌到有序．陈禹译．上海：上海科技出版社．

卡尔•波普尔．1987.科学知识进化论．纪树立编译．北京：生活•读书•新知三联书店．

卡尔•波普尔．1987.客观知识．舒炜光等译．上海：上海译文出版社．

康德．2003.实践理性批判．邓晓芒译．北京：人民出版社．

孔狄亚克．1997.人类知识起源论．洪丕柱译．北京：商务印书馆．

库恩．1981.必要的张力．范岱年，纪树立译．福州：福建人民出版社．

黄益民．2006.心灵哲学中反物理主义主要论证编译评注．世界哲学，5：16-22.

黄益民．2008.公共疼痛及孪生地球疼痛：对心灵哲学中渐逝型取消主义的一种阐述．哲学研
　　究，7：65-74.

拉卡托斯．1986.科学研究纲领方法论．兰征译．上海：上海译文出版社．

乐国安．2001.当代美国认识心理学．北京：中国社会科学出版社．

李伯聪．2008.选择与建构：大脑和认知之谜的哲学反思．北京：科学出版社．

李东，1996.科学语境论，哈尔滨：哈尔滨出版社．

李恒威．2010.认知主体的本性：简述《具身心智：认知科学和人类经验》．哲学分析，4：
　　176-182.

李建会．1995.还原论、突现论与世界的统一性．科学技术与辩证法，10：5-8.

李克特．1989.科学是一种文化过程．顾昕译．北京：生活•读书•新知三联书店．

李平．2004.科学•认知•意识：哲学与认知科学国际研讨会文集．南昌：江西人民出版社．

李烨.2010.社交机器人的自主性和群组倾向对于人做决策产生的影响.北京:清华大学出版社．

里克曼．1989.狄尔泰．殷晓蓉，吴晓明译．北京：中国社会科学出版社．

郦全民．2003.认知可计算主义的"困境"质疑：与刘晓力教授商榷．中国社会科学，5：
　　149-152.

郦全民．2004.认知计算主义的威力和软肋．自然辩证法研究，8：1-3.

郦全民．2006.计算与实在：当代计算主义思潮剖析．哲学研究，3：82-89.

廖备水．2007.多主体智能系统与自主计算．长春：吉林人民出版社．

刘放桐．2004.新编现代西方哲学．北京：人民出版社．

刘高岑．2006.当代科学意向论．北京：科学出版社．

刘青，郭成．2009.假设检验思维策略的研究述评．宜宾学院学报，4：117-120.

刘琼．2007.图灵测试、中文房间理论及其对功能主义的影响．湘潭：湘潭大学出版社．

刘澍心．2006.语境构建论．长沙：湖南人民出版社．

刘晓力．2003.计算主义质疑．哲学研究，4：88-94.

刘晓力. 2010. 延展认知与延展心灵论辨析. 中国社会科学，1：49-57.

刘占峰，赵泽林. 2008. 取消主义与心灵哲学本体论的变革. 云南大学学报，4：18-24.

刘占峰. 2003. 心灵哲学视野下的常识人的概念图式. 上海：华中师范大学出版社.

卢永欣. 2012. 对意识形态的结构功能主义分析. 思想战线，4：63-66.

罗宾·柯林伍德. 1999. 自然的观念. 吴国盛，柯映红译. 北京：华夏出版社.

罗姆·哈瑞. 2006. 认知科学哲学导论. 魏屹东译. 上海：上海科技教育出版社.

洛伦佐·玛格纳尼. 2006. 发现和解释的过程：溯因、理由与科学. 李大超，任远译. 广州：
　　广东人民出版社.

洛伦佐·玛格纳尼. 2006. 认知视野中的哲学探究. 李平译. 广州：广东人民出版社.

马俊领. 2012. 意识形态嵌入与认知合理性生成：以阿尔都塞悖论为考察起点. 思想战线，4：
　　59-62.

马克思，恩格斯. 1985. 马克思恩格斯全集（第42卷）. 中共中央马克思恩格斯列宁斯大林
　　著作编译局译. 北京：人民出版社.

米德. 2008. 心灵、自我与社会. 赵月瑟译. 上海：上海译文出版社.

尼采. 1991. 权利意志：重估一切价值的尝试. 张念东，凌素心译. 北京：商务印书馆.

尼古拉·别尔嘉耶夫. 2007. 自我认知. 汪剑钊译. 上海：上海出版社.

尼古拉斯·布宁，余纪元. 2001. 西方哲学英汉对照辞典. 北京：人民出版社.

倪梁康. 2001. 中国现象学与哲学评论（第4辑）. 上海：上海译文出版社.

欧阳红晋. 2004. 基于人工生命理论的机器人群体智能行为研究. 哈尔滨：哈尔滨工程大学.

欧阳康. 2005. 当代英美著名哲学家自述. 北京：人民出版社.

庞学铨. 2001. 身体性理论：新现象学解决心身关系的新尝试. 浙江大学学报，6：5-13.

庞元正，李建华. 1989. 系统论控制论信息论经典文献选编. 北京：求实出版社.

彭孟尧. 2006. 人心难测——心与认知的哲学问题. 北京：生活·读书·新知·三联书店.

皮亚杰. 1989. 成功与理解. 陆有铨译. 济南：山东教育出版社.

齐磊磊，张华夏. 2007. 论突现的不可预测性和认知能力的界限：从复杂性科学的观点看. 自
　　然辩证法研究，4：18-21.

邱江，张庆林. 2003. 假设检验策略研究进展述评. 西南师范大学学报，4：38-41.

邱仁宗. 1991. 国外自然科学哲学问题. 北京：中国社会科学出版社.

任晓明，胡宝山. 2007. 为认知科学的计算主义纲领辩护：评泽农·派利夏恩的计算主义思想.
　　江西社会科学，2：44-49.

任晓明，张昱. 2008. 计算主义纲领的功过得失. 科学技术与辩证法，6：7-11.

萨迦德. 1999. 认知科学导论. 朱菁译. 合肥：中国科学技术大学出版社.

塞尔. 1993. 控制论与心灵哲学. 高新民译. 现代外国哲学社会科学文摘，7：27-29.

沙格里厄. 2003. 计算机科学是研究什么的？杨富斌译. 世界哲学，2：39-50.

邵明. 2010. 一个哲学神话：论自然主义对心灵主义的批判. 江海学刊，2：5-12.

申归云. 2011. 论赖尔的行为主义对他心问题的消解. 上海：华中师范大学.

沈骊天. 2006. 心灵的哲学求索与科学探索. 华中科技大学学报，5：103-110.

沈亚生. 1998. 哲学人学与心灵哲学研究述介. 哲学动态，11：26-29.

施太格·缪勒. 1986. 当代哲学主流. 王炳文，燕宏远，张金言译. 北京：商务印书馆.

史蒂夫·巴特森. 2002. 突破维数障碍——斯梅尔传. 邝仲平译. 上海：上海科技教育出版社.

史新颖. 2007. 认知计算主义的源起与当代发展. 上海：东华大学出版社.

史忠植. 2008. 认知科学. 合肥：中国科学技术大学出版社.

叔本华. 1982. 作为意志和表象的世界. 石冲白译. 北京：商务印书馆.

斯蒂芬·梅森. 1980. 自然科学史. 周煦良等译. 上海：上海译文出版社.

宋荣，高新民. 2010. 当代西方心灵哲学中的非概念内容范畴分析. 自然辩证法研究，4：6-11.

宋伟刚. 2007. 机器人学. 北京：科学出版社.

唐魁玉. 2007. 虚拟空间中的心身问题：对心灵哲学观点的辨识与吸纳. 哲学动态，4：30-34.

唐热风. 1997. 论功能主义. 自然辩证法通讯，1：6-12.

唐晓嘉. 2004. 主体间的互动性与多主体认知推理模型的建构. 自然辩证法研究，9：31-35.

田平. 2005. 关于理性能力的当代思考：当代心理学、认知科学、心灵哲学理性能力研究述评. 自
　　然辩证法通讯，3：40-45.

田平. 2000. 自然化的心灵. 长沙：湖南教育出版社.

田平. 2003. 物理主义框架中的心和"心的理论"：当代心灵哲学本体和理论层次研究述评.
　　厦门大学学报，6：22-29.

田平. 2005. 符号计算主义与意向实在论. 北京师范大学学报，6：105-109.

瓦托夫斯基. 1982. 科学思想的概念基础：科学哲学导论. 范岱年译. 北京：求实出版社.

王华平. 2008. 心灵与世界：一种知觉哲学的考察. 杭州：浙江大学出版社.

王曼. 2011. 从还原主义批判到个例物理主义：福多身心关系思想探析. 广西大学学报，1：
　　103-107.

王黔玲. 2002. 驳西尔勒对图灵测验的诘难. 社会科学研究，3：47-49.

王荣江. 2002. 算法、图灵机、哥德尔定理与知识的不确定性. 自然辩证法研究，3：48-51.

王世鹏，高新民. 2010. 取消论、实在论和解释主义. 福建论坛，4：48-52.

王姝彦. 2005. 当代心灵哲学视阈中的意向性问题研究. 山西：山西大学出版社.

王姝彦. 2006. 意向解释的自主性. 哲学研究，2：92-98.

王文斌. 2007. 隐喻的认知构建与解读. 上海：上海外语教育出版社.

王晓阳. 2008. 意识研究：一项基于神经生物学立场的哲学考察. 广州：中山大学出版社.

王晓阳. 2008. 论意识的认知神经科学研究及哲学思考. 自然辩证法研究，6：33-36.

维特根斯坦. 1992. 哲学研究. 汤潮译. 北京：三联书店.

维特根斯坦. 1996. 逻辑哲学论. 郭英译. 北京：商务印书馆.

魏屹东，安晖. 2012. 意识的语境认知模型：兼评巴尔斯的意识理论. 人文杂志，4：15-21.

魏屹东，樊岳红. 2011. 遵守规则与人工智能：维特根斯坦与图灵人工智能理论的交集. 山西
    大学学报，9：24-29.

魏屹东，郭贵春. 2002. 论科学与语言的关系. 科学技术与辩证法，2：34-39.

魏屹东，杨小爱. 2008. "计算机理解"论题的探究：从"中文屋论证"到"比较三段论".
    心智与计算，3：244-251.

魏屹东，杨小爱. 2009. 语境框架：计算机能否造就心灵的核心问题. 洛阳师范学院学报，1：
    31-34.

魏屹东，杨小爱. 2011. "中文屋"论证过程与目的类比关系分析. 人文杂志，5：27-33.

魏屹东. 2002. 科学社会学方法论：走向社会语境化. 科学学研究，2：127-132.

魏屹东. 2002. 科学哲学方法论：走向语境化. 洛阳师范学院学报，3：5-9.

魏屹东. 2003. 计算——表征认知理论的认知语境分析. 自然辩证法通讯，1：37-43.

魏屹东. 2003. 认知科学方法论：走向认知语境化. 洛阳师范学院学报，1：10-13.

魏屹东. 2004. 广义语境中的科学. 北京：科学出版社.

魏屹东. 2006. 作为世界假设的语境论. 自然辩证法通讯，3：39-45.

魏屹东. 2008 认知科学哲学问题研究. 北京，科学出版社.

魏屹东. 2010. 认识的语境论形成的思想根源. 社会科学，10：107-114.

魏屹东. 2012. 语境论与科学哲学的重建. 北京：北京师范大学出版集团.

吴建国. 2009. 建构论语境下的科学知识"碎象"与"重塑". 南京邮电大学学报，4：74-78.

吴凯伟. 2007. 科学冲击下的"心灵"尚能存否? 自然辩证法通讯，3：6-10.

吴彤，蒋劲松，王巍. 2004. 科学技术的哲学反思. 北京：清华大学出版社.

谢爱华. 2000. "突现论"中的哲学问题. 北京：中国社会科学院.

谢爱华. 2003. 突现论：科学与哲学的新挑战. 自然辩证法研究，9：84-87.

熊哲宏. 2002. 认知科学导论. 武汉：华中师范大学出版社.

徐冰，刘肖健. 2012. 基于动机模型的自主性虚拟人行为选择研究. 计算机应用与软件，4：71-74.

徐世红，张文鹏. 2010. 认知语境的哲学阐释对实证研究的启示. 西安外国语大学学报，2：31-34.

徐向东. 1993. 心灵哲学（1950—1990）回顾与展望（一～五）. 哲学动态，5-9.

徐英瑾. 2008. 对"汉字屋论证"逻辑结构的五种诊断模式. 复旦学报，3：82-89.

许珍琼，高度. 2004. 突现论与心身问题. 武汉大学学报，6：776-780.

亚里士多德. 2003. 尼各马可伦理学. 廖申白译. 北京：商务印书馆.

阎岩，唐振民. 2012. 基于云模型的地面智能机器人自主性评价方法. 南京理工大学学报，3：420-426.

颜泽贤，陈忠，胡皓. 1993. 复杂系统演化论. 北京：人民出版社.

杨足仪. 2009. 心灵哲学的脑科学维度：埃德尔曼的心灵哲学及其意义. 上海：华中师范大学.

仰海峰. 1999. 人本主义、科学主义与马克思哲学的当代阐释. 社会科学辑刊，5：13-18.

叶闯. 2010. 语言、意义、指称：自主的意义与实在. 北京：北京大学出版社.

叶浩生. 1992. 行为主义的演变与新的新行为主义. 心理学动态，2：19-24.

殷杰，韩彩英. 2005. 视域与路径：语境结构研究方法论. 科学技术与辩证法，5：38-52.

泽农·派利夏恩. 2007. 计算与认知：认知科学的基础. 任晓明，王左立译. 北京：中国人民大学出版社.

曾方本. 2006. 动态语境新论. 吉林师范大学学报，2：98-101.

曾向阳. 1996. 突现思想及其哲学价值. 南京社会科学，6：37-42.

曾向阳. 1999. 行为主义的哲学困境透视. 自然辩证法通讯，4：6-12.

曾向阳. 2005. 心灵的计算理论的哲学评析. 中共南京市委党校南京行政学院学报，2：11-14.

曾志. 2008. 西方哲学导论. 北京：中国人民大学出版社.

张国锋. 2009. 情绪驱动的人工生命行为选择机制研究. 重庆：重庆大学学位论文.

张华. 2008. "心寓于身"论的发展历程. 哲学动态，11：46-51.

张华夏. 2011. 突现与因果. 哲学研究，11：105-109.

张娜. 2009. "中文屋论证"问题的探讨："系统回应"后的认知科学发展. 上海：复旦大学.

张庆林，王永明，张仲明. 1997. 假设检验思维过程中的启发式策略研究. 心理学报，1：29-36.

张守刚，刘梅波. 1984. 人工智能的认识论问题. 北京：人民出版社.

张小川. 2007. 基于人工生命行为选择的智能体决策的研究. 计算机科学，5：213-251.

张晓荣. 2007. 计算主义：从 Cyborg 走向人工生命. 青海社会科学，1：133-135.

张秀宠，马敏. 2008. 后现代语境下的科学与信仰. 哈尔滨：黑龙江人民出版社.

张珍. 2007. 精神性质的依随还原与突现. 广州：华南师范大学学位论文.

张舟. 2008. 当今心灵哲学关于意识与意向性关系的思想评析. 上海：华中师范大学.

赵敦华. 2000. 西方哲学简史. 北京：北京大学出版社.

赵敦华. 2007. 西方哲学经典讲演录. 南宁：广西师范大学出版社.

赵亮英，陈晓平. 2012. 语境、意向与意义：兼评塞尔的意向性意义理论. 逻辑学研究，2：
105-115.

赵南元. 2002. 认知科学揭秘. 北京：清华大学出版社.

赵泽林，高新民. 2007. 计算主义在心灵哲学中的两大前沿论题述评. 科学技术与辩证法，8：
36-39.

赵泽林，严景阳，高新民. 2008. 当代心灵哲学境遇下计算主义之解读与批判. 江西社会科学，
1：71-74.

赵泽林. 2010. "智能"的界定：心理学与心灵哲学的探究. 自然辩证法研究，6：18-23.

郑祥福，洪伟. 2005. "认识论的自然化"之后：哲学视野中的智能及其模拟. 上海：上海三
联书店.

周昌乐，刘江伟. 2011. 机器能否拥有意识. 厦门大学学报（哲学社会科学版），1：1-8.

周农建. 1987. 功能主义：人文科学研究中的一种方法论. 6：59-61.

周晓亮. 2005. 自我意识、心身关系、人与机器：试论笛卡儿的心灵哲学思想. 自然辩证法通
讯，4：46-52.

周晓亮. 2008. 试论西方心灵哲学中的"感受性问题". 黑龙江社会科学，6：24-29.

周燕，闫坤如. 2007. 科学认知的哲学探究：观察的理论渗透与科学解释的认知维度. 北京：
人民出版社.

朱福喜，杜友福，夏定纯. 2006. 人工智能引论. 武汉：武汉大学出版社.

朱永生. 2005. 语境动态研究. 北京：北京大学出版社.

Akamatsu S. 1997. Science and technology in human information processing 3/4 computational studies on
KANSEI information conveyed by human face. ATR Technical Publications，2：239-242.

Akman V. 2000. Rethinking context as a social construct. Journal of Pragmatics，32：743-759.

Anderson L，Rosenberg G. 2008. Content and action: the guidance theory of representation. The
Journal of mind and Behavior，1：59-60.

Andy Clark，David J Chalmers.1998. The Extended Mind. Analysis，58：10-23.

Annis D. 1978. A contextualist theory of epistemic justification, American Philosophical Quarterly, 15: 213-219.

Armstrong D M. 1978. Naturalism, materialism and first philosophy. Philosophia, 8: 1-9.

Armstrong D. 1993.A Materialist Theory of the Mind. London: Routledge.

Arntzenius F. 1995. A heuristic for conceptual change. Philosophy of Science, 3: 357-369.

Astunore M. 1989. The Reflexive Thesis: Wrighting Sociology of Scientific Knowledge. London : The Universily of Chicago Press.

Bacharach M. 1999. Interactive team reassoning: a contribution to the theory of cooperation. Research in Economics, 53: 117-147.

Baier B, Karnath H. 2008. Tight link between our sense of limb ownership and self-awareness of actions. Stroke: Journal of the American Heart Association, 39: 486-488.

Bardsley N. 2007. On collective Intentions: collective intention in economics and philosophy. Synthese, 157: 141-159.

Barnes A, Thagard P. 1997 Empathy and analogy. Dialogue: Canadian Philosophical Review, 36: 705-720.

Barnes B Dedge. 1982.Science in context, Cambridge: The MIT Press.

Barry Loewer. 2002. Commenta on Jaegwon Kim's mind and the physical world. philosophy and Phenomenological Research, 3: 652-661.

Barsalou L W. 1982. Context-independent and context-dependent information in concepts. Memory & Cognition, 10: 82-93.

Bartlett S J Suber P. 1987. Self-Reference: Reflections on Reflexivity. Dordrecht: Martinus Nijhoff Publishers.

Bar-Yam Y, Bar-Yam S. 2013. A complexity science approach to healthcare costs and quality. Handbook of Systems and Complexity in Health, 11: 855-877.

Blumberg B. 1994. The Third International Conference on Simulation of Adaptive Behavior. Cambridge: The MIT Press.

Boden M A. 1990. The Philosophy of Artificial Intelligence. New York: Oxford University Press.

Borst C. 1970. The Mind-Brain Identity Theory. New York: St. Martin's Press.

Braddon-Mitchell D, Jackson F. 2000. Philosophy of Mind and Cognition. London: Blackwell Publisher Ltd.

Braddon-Mitchell D, Jackson F. 2000. Philosophy of Mind and Cognition. London: Blackwell

Publisher Ltd.

Brendan Sean Graves. 1995. A Generalized Tele-autonomous Architecture Suing Situation-Based Action Selection. Texas: Texas A & M University.

Brentano F. 1973. Psychology from an Empirical Standpoint. Rancurello A, Terrell D, Linda L, trans. London: Routledge & Kegan Paul.

Broadbent D. 1958. Perception and Communication. London: Pergamon Press.

Bronfrenbrenner U. 1986. Ecolgy of the family as a context for human development. Development Psychology, 22: 723-742.

Brooks R A. 1986 A. Robust layered control system for a mobile Robot. IEEE Journal of Robotics and Automation, 2(1): 14-23.

Bunge M. 1981. Scientific Materialism. London: D. Reidel Publishing Company.

Bunge M. 2003. Emergence and Convergence: Qualitative Novelty and the Unity of Knowledge. Toronto: University of Toronto Press.

Bunzl M. 1993. The Context of Explanation. Dordrecht: Kluwer Academic.

Burge Tyler. 1992. Philosophy of language and mind: 1950-1990. Philosophical Review, 100: 3-52.

Caplan Ben. 2003. Putting things in contexts. Philosophical Review, 2: 191-214.

Carnap R. 1958. An Introduction to Symbolic Logic and its Applications. New York: Dover Publications.

Carruthers P. 2005. Consciousness: Essays from a Higher-Order Perspective. New York: Oxford University Press.

Chalmers D. 1996. The Conscious Mind: in Search of a Fundamental Theory. New York: Oxford University Press.

Clark A. 1999. An embodied cognitive science? Trends in Cognitive Science, 3: 345-351.

Cohen Stewart. 1999. Contextualism, skepticism, and the structure of reasons. Philosophical Perspective, 13: 57-89.

Crance T. 2001. Elements of Mind. London: Oxford University Press.

David Annis. 1978. A contextualist theory of epistemic justification. American Philosophical Quarterly, 15: 213- 219.

Delgado-Mata C, Ibanez-Martinez J. 2006. An Emotion Affected Action Selection Mechanism for Multiple Virtual Agents. Piscataway: IEEE.

Dembski W A. 1994. The fallacy of contextualism. The Princeton Theological Review, 10: 56-67.

Dennett D. 1991. Consciousness Explained. New York: Little: Brown and Company.

Descartes R. 1985. The Phiosophical Writing of Descartes. Collinghgan J, Stoothoff R, Murdoch D, tran. Cambridge: Cambrideg University Press.

Dolan R. 1999. Feeling the neurobiological self. Nature, 401: 847-848.

Dong-Hyun Lee, Ki-Back Lee, et al. 2007. Reflex and emotion-driven behavior selection for Toy Robot // 16th IEEE International Conference on Robot & Human Interactive Communication. Jeju: IEEE.

Edelman G. 1989. The Remembered Present: A Biological Theory of Consciousness. New York: Basic Books.

Firth J R. 1951. Papers in Linguistics 1934-1951. London: Oxford University Press.

Fodor J, Lepore E. 2004. Out of context. Proceedings and Addresses of American Philosophical Association, 2: 77-94.

Follette W C, Houts A C. 1992. Philosiphical and theoretical problems for behavior therapy. Behavior Therapy, 23: 251-261.

Francis Crick. 1994. The Astonishing Hypothesis: The Scientific Search for the Soul. New York: Charles Scribner's Sons.

Frankfurt Harry. 1971. Freedom of the will and the concept of a person. Journal of Philosophy, 68: 5-20.

Frege G. 1953. The Foundations of Arithmetic: A Logico-mathematical Enquiry into the Concept of Number. Austin J, trans. New York: Harper & Brothers.

Gabriella Bottini, et al. 2002. Feeling touches in someone else's hand. Neuro Report, 11: 249-252.

Gardner M. 1970. Mathematical games: the fantastic combinations of John Conway's new solitaire game "Life". Scientific American, 223: 120-123.

Gelder T. 1995. What might cognition be, if not computation? Journal of Philosophy, 92: 345-381.

George Stuart Fullerton. 1913. An introduction to philosophy. New York: The Macmillan Companv.

Georgeff M P, Lansky A L. 1987. Reactive reasoning and planning// Proceedings of the Sixth National Conference on Artificial Intelligence (AAAI-87). Seattle: 677-682

Giere R N. 1999. Science Without Laws. Chicago: The University of Chicago Press.

Goldman A. 1976. Discrimination and perceptual knowledge. Journal of Philosophy, 73: 771-791.

Goldstein J. 1999. Emergence as a construct: history and issues. Emergence: Complexity and

Management, 11: 285-291.

Harré R. 2002. Cognitive Science: a Philosophical Introduction. London: SAGE Publications Ltd.

Hayes S C, Hayes L J. 1992. Some clinical implications of contextualism: the example of cognition. Behavior Therapy, 23: 225-249.

Heeten Choxi, Meghannn Lomas, et al. 2006. Using motivations for interactive robot behavior control proceedings // 2006 Conference on International Robotics and Automation. Piscataway: IEEE.

Hiebert E N. 1994. On demarcation between science in context and the context of science. Boston Studies in the Philosophy of Science, 151: 87-105.

Hoyningen-Huene P. 1987. Context of discovery and context of justification studies in the history and philosophy of science. Philosophy of Science, 18: 501-510.

John Preston, Mark Bishop. 2002. Views into the Chinese Room: New Essays on Searle and Artificial Intelligence. New York: Oxford University Press.

Johnson-laird P. 1988. The Computer and the Mind. Cambridge: Harvard University Press.

Johnson-laird P. Mental Models, Towards a Cognitive Science of Language. Inference and Consciousness. Cambridge: Harvard University Press.

Jonathan L, Stroud B. 1984. The disappearing "We". Proceedings of the Aristotelian Society, Supplementary Volumes, 58: 219-258.

Kamppinen M. 1993. Consciousness, Cognitive Schemata, and Relativism: Multidisiciplinary Explorations in Cognitive Science. Dordrecht: Kluwer Acaclmil Publishers.

Kim J. 1993. Supervenience and Mind. London: Cambridge University Press.

Klein P. 2004. What is wrong with foundationalism is that it cannot solve the epistemic regress problem. Philosophy and Phenomenological Research, 1: 166-171.

Klein P. 2007. Human knowledge and the infinite progress of reasoning. Philosophical Studies, 134: 1-17.

Klemke D. 1998. Introductory Readings in the Philosophy of Science. New York: Prometheus Books.

Koch C. 2004. The Quest for Consciounsess: A Neurobiological Approach. Englewood: Roberts and Co.

Korez K. 1997. Recent work on the basing relation. American Philosophical Quarterly, 2: 171-191.

Koza J. 1992. Genetic Programming. London: The MIT Press.

Langton C. 1984. Self-reproduction in cellular automata. Physica D, 10: 135-144.

Laszlo E. 1969. System, Structure and Experience. New York: Routledge.

Laszlo E. 2004. Science and the Akashic Field: An Integral Theory of Everything. Rochester: Inner Traditions.

Legg Shane, Hutter Marcus. 2007. Universal intelligence: a definition of machine intelligence, Minds & Machine, 4: 391-444.

Libet B, Wright E W, Gleason C A. 1982. Readiness-potentials preceding unrestricted "spontaneous" vs. pre-planned voluntary acts. Electroencephalography and Clinical Neurophysiology, 54: 322-325.

Libet B. 2004. Mind Time. New York: Harvard University Press.

Lowe E J. 2004. An Introduction to the Philosophy of Mind. Cambridge: Cambridge University Press.

Mahoney T A. 1997. Contextualism, decontextualism, and perennialism: suggestions for expanding the common groud of the world's mystical traditions. http://www.phil.tamu.edu/philosophy/papers.htm [2010-10-4].

Marcelo Sabatés. 2002. Mind in a physical world? Philosophy and Phenomenological Research, 3: 665-667.

Marr D C. 1977. Artificial intelligence: a personal view. Artificial Intelligence, 9: 37-48.

Martin M. 2002. Knowledge and the internal revisited. Philosophy and Phenomenological Research, 1: 97-105.

Martin P, Bateson P. 1993. Measuring Behavior, an Introductory Guide. 2nd ed. Cambridge: Cambridge University Press.

Matthew Botvinick, Jonathan Cohen. 1998. Rubber hands "feel" touch that eyes see. Nature, 391 (6669): 753-758.

Maurice Schouten, Huib Looren De Jong. 2007. The Matter of The Mind. Oxford: Blackwell Publishing Ltd.

Mellor D H. 1980. On Things an causes in spacetime. British Journal for the Philosophy of Science, 31: 282-288.

Merriam-Webster. 2004. Merriam-Webster Collegiate Dictionary. 11th ed. Merriam Webster.

Moro V, et al. 2004. Changes in spatial position of hands modify tactile extinction but not disownership of contralesional hand in two right brain-damaged patients. Neurocase, 6: 437-443.

Murdoch J E, Sylla E D. 1975. The Cultural Context of Medieval Learing. London: BSPS.

Nelson R J. 2000. An Introduction to Behavior Endocrinology. 2nd ed. Sunderland: Sinauer Associates, Inc.

Newell A, Simon H. 1958. Heuristic problem solving: the next advance in operations research. Operations Research, 6: 2-6.

Newell A. 1983. Intellectual Issues in the History of Artificial Intelligence. New York: Wiley.

Owen J L. 1997. Context and Communication Behavior, Reno, Nevado, Context Press.

Penfield W. 1975. The Mystery of the Mind: a Critical Study of Consciousness and the Human Brain. Princeton: Princeton University Press.

Peter Marton. 1999.Ordinary versus super-omniscient interpreters. The Philosophical Quarterly, 194: 72-7.

Picard R W. 2002. Frustrating the user on purpose: a step toward building an affective computer. Interacting with Computers, 14: 93-118.

Pinker S. 1994. The Language Instinct: How the Mind Creates Language. New York: William Morrow and Company.

Place T. 1956. Is consciousness a brain process? British Journal of Psychology, 47: 44-50.

Plantinga Alvin. 1991. An evolutionary argument against naturalism. Logos: Philosophic issues in Christian Perspective, 12: 27-49.

Popper K. 1978. Natural selection and the emergence of mind. Dialectics, 32: 348.

Robert A Wilson, Franke K. 1999. The MIT Encyclopedia of the Cognitive Science. Cambridge: The MIT press.

Rogers G. 1975. The veil of perception. Mind, 334: 210-224.

Rosenthal D. 1991. The Nature of Mind. New York: Oxford University Press.

Ryle G. 1949.The Concept of Mind. London: Hutchinson.

Sacks Mark. 2005. The nature of transcendental arguments. International Journal of Philosophical Studies, 4: 439-460.

Sandywell B. 1996. Reflexivity and the Crisis of Western Reason. London: Routledge.

Savage C. 1978. Minnesota Studies in the Philosophy of Science. vol. 9. Minneapolis: University of Minnesota Press.

Schmid H. 2008. Plural action. Philosophy of the Social Sciences, 1: 25-54.

Searle J. 1983. Intentionality: An Essay in Philosophy of Mind. New York: Cambridge University Press.

Searle J. 1984. Minds, Brains and Science. New York: Harvard University Press.

Searle J. 1992. The Rediscovery of the Mind. Cambridge: The MIT Press.

Searle J. 1997. The Mystery of Consciousness. New York: NYREV.

Searle J. 1998. Mind, Language and Society. New York: Basic Books.

Searle J. 2004.Mind: A Brief Introduction. Oxford: Oxford University Press.

Shapiro Stewart. 2005. Context, conversation, and so-called "higher-order" vagueness, Proceedings of the Aristotelian Society, 105: 147-165.

Steel D. 2004. Social mechanisms and causal inference. Philosophy of the Social Sciences, 1: 55-78.

Stinchcombe A. 1991. The conditions of fruitfulness of theorizing about mechanisms in social science. Philosophy of the Social Sciences, 3: 367-388.

Terence Horgan. 1999. Kim on the mind-body problem. British Journal for the Philosophy of Science, 50: 582.

Thorpe W. 1963. Learning and Instinct in Animals. London: Methuen.

Tsankova D. 2002. Emotionally influenced coordination of behaviors for autonomous mobile robots. Proceedings of the International IEEE Symposium on Intelligent Systems. Piscataway: IEEE.

Tyrrell T. 1993. Computational Mechanisms for Action Selection. Edinburgh: University of Edinburgh.

Velleman J D. 1997. How to share an intention. Philosophy and Phenomenological Research, 57: 29-50.

Waldrop M. 1992. Complexity: The Emerging Science at the Edge of Order and Chaos. New York: Simon & Schuster.

Way E C. 1997. Connectionism and conceptual structure. American Behavioral Scientist, 40: 729-753.

Wertsch J L, Tulviste P L. 1992. Vygotsky and contemporary developmental psychology. Development Psychology, 28: 548-557.

Whorf B. 1979. Language, Thought and Reality. Cambridge: The MIT Press.

Williamson Timothy. 2004. Philosophical "intuitions" and scepticism about judgement. Dialectica, l: 109-153.

Winsten P. 1975. The Psychology of Computer Vision. New York: Mc Graw-hill.

Woodward J. 2000. Explanation and Invariance in the Special Sciences. British Journal for the Philosophy of Science, 2: 197-254.

后　记

　　列夫·托尔斯泰曾说过这样一段话："理想是指路明星。没有理想，就没有坚定的方向，而没有方向，就没有生活。"哲学之于我而言就是这样的理想。

　　从进入大学到硕士毕业、博士毕业，愈在哲学的海洋中徜徉，我便愈加感觉到哲学的力量。它虽无形，却如实质般充斥于人们生活的每个角落。很早以前，我便对一个问题特别感兴趣，那就是"何谓人心？"幼年时曾想过，为什么妈妈的想法和我的总不一样？为什么别人不理解我？为什么不能有一面可以直接透视人心的镜子，这样我们便不用相互猜忌、相互怀疑了。学习哲学后才知道，原来这是哲学家们一直思考的一个问题，"心灵究竟从何而来""心灵如何施作用于身体"，这正是认知哲学研究的最主要问题。

　　无数哲学家、心理学家、生物学家都对这一问题有自己的看法和认识。近年来，随着人工智能的发展，一些学者试图从人工智能的角度对"心灵来源"的问题进行重新诠释。可以说，这种做法在某种程度上获得了不小的成功，它是继行为主义、功能主义之后的又一个重要的物理主义流派——计算表征主义，这一流派的重要观点就是认为可以用计算机模拟心灵的方式来揭开人类心灵之谜。但反对它的声浪也不低，多数学者都认为，行为与心灵之间存在一条意识鸿沟，单纯用行为模拟心灵的方式来获得心灵奥秘的做法是不可靠的，模拟并不是复制，计算机模拟更不可能真正解决心灵的来源问题。

　　在认知哲学领域，这种物理主义与反物理主义的对抗旗帜鲜明，两派学者各不相让。在深入研究的过程中，我认为既然不能用"行为模拟心灵"，那么是否可以用"行为模拟行为"的方式来探索心灵或思维的形成过程呢？也就是将人类心灵或思维的形成过程进行假设，这样计算机模拟的就不再是人类的心灵或思维本身，而只是人类心灵／思维出现的假设过程，也就是用"计算机行为"模拟"心灵形成过程"，这里的过程不再是心灵或思维那样非理性的东西，这样就避开了原来"行为模拟心灵"的弊端，转而从"行为模拟（假设）过程"的角度对心灵来源进行透析。但在具体操作过程中，我发现这种研究方案有两个难题：首先，心灵形成过程如何假设是一个难题；其次，就算这种假设能够成立，就目前的计算机水平而言，模拟这种假设也仍是天方夜谭。

在那段日子里，我白天上课、晚上读书，甚至吃饭、做梦也在思考这两个问题。我一度怀疑自己原来的设想，它好像根本就不可能实现，这两个难题就如同两条无法跨越的深渊一样挡在我面前，令我束手无策。在同我的导师魏屹东老师的无数次交流中，在对这两个问题无数次的分析中，我们终于寻到了"自语境化"这样一个认知界定，并在之后的验证中发现，它能够很好地表征"人类心灵／思维的形成过程"。它将人类自主性认知发展分为四个阶段：无语境化状态、被语境化行为、拟自语境化认知行为和高阶自语境化认知行为；人类的心灵或思维正是经由这四个阶段发展而来的，这是全书的假设基础。而以目前的计算机水平确实无法完全模拟出这四个阶段的发展过程，于是我设想了一种智能机，这种智能机也有四种形式：狭义数字计算机、单纯行为机器、低阶意识机器和高阶情感机，它们所包含的智能是呈逐级递增趋势的。这四种智能机分别对应人类心灵产生的四阶段，也就是说，只要这四种智能机可能成型，那么就代表心灵形成过程也可能是具有类似发展过程的。接下来的问题就是这四种智能机可能成型么？从目前的科技水平来看，狭义数字计算机和单纯行为机器已经成型，而低阶意识机器和高阶情感机也可以用认知哲学中的思想实验来加以表征，至此，用"计算机行为模拟心灵产生过程"的思路基本成型。以上是本书得以完成的最根本思路与前提。

本书得以付梓，最应感谢的就是我的导师魏屹东老师。魏老师的博学和睿智为我展示了一个广阔的研究领域，他严谨的治学态度、精益求精的工作作风让我领略到了认真的魅力，他那诲人不倦的高尚师德、谦逊平和的为人之道也深深地影响着我，令我终身受益。2006 年，当魏老师将我招为他的研究生时，我深为这来之不易的机会而兴奋，同时也担心自己天性愚钝，会有负师恩。但是，魏老师循循的引导让我明白了：千淘万漉虽辛苦，吹尽黄沙始到金。只要付出足够的努力，就一定会迎来丰硕的成果。魏老师一直秉持着"严要求、倾真情、尽心力、求完美"的人生信条，他的成果也是丰厚的：一本本的学术论著、一篇篇的高质量论文、一位位的优秀学生，无不浸润着老师的心血。同时，我的同学、同事甚至家人在本书完成过程中都予以我极大的帮助与支持，在此表示衷心感谢。本书的出版，得到了科学出版社牛玲老师、刘溪老师、乔艳茹老师还有实习生南一荻的帮助与大力支持，深表谢意！

掩卷而思，我虽疲惫，但心甚愉悦，多年辛苦的成果终于能够呈现在大家面前；但另一方面也感到惴惴不安，这些成果能否为大家接受，能否产生预期的效果，诸如此类的问题大概也是我接下来几年甚至几十年需要重点关注的。

杨小爱

2015 年 11 月